孙民 著

社会现实生活的历史唯物主义向度

中国社会科学出版社

图书在版编目（CIP）数据

社会现实生活的历史唯物主义向度 / 孙民著. -- 北京：中国社会科学出版社，2025.3. -- ISBN 978-7-5227-4725-5

Ⅰ.B03

中国国家版本馆 CIP 数据核字第 202580CE19 号

出 版 人	赵剑英	
责任编辑	杨晓芳	
责任校对	罗婉珑	
责任印制	张雪娇	

出　　版	中国社会科学出版社	
社　　址	北京鼓楼西大街甲158号	
邮　　编	100720	
网　　址	http://www.csspw.cn	
发 行 部	010-84083685	
门 市 部	010-84029450	
经　　销	新华书店及其他书店	
印　　刷	北京君升印刷有限公司	
装　　订	廊坊市广阳区广增装订厂	
版　　次	2025年3月第1版	
印　　次	2025年3月第1次印刷	
开　　本	710×1000　1/16	
印　　张	19	
插　　页	2	
字　　数	283千字	
定　　价	118.00元	

凡购买中国社会科学出版社图书，如有质量问题请与本社营销中心联系调换

电话：010-84083683

版权所有　侵权必究

序

读完孙民新作《社会现实生活的历史唯物主义向度》，我陷入了沉思，这是一位知名学者，从社会现实生活出发，在吸收了前人先进思想的基础上，针对资本霸权，从时代精神的高度，对新时代历史唯物主义提出的呼唤。本书在内容上，感情真挚、思想深邃、功底扎实，见解新颖，表现了一位学者的应有风范。我想分几个部分论述它的时代意义。

一 时代呼唤新时代的历史唯物主义

作者在导论中集中论述了这一思想。哲学是时代精神的精华，引领着时代的发展，但现在哲学引领时代的功能减弱了，究其根源，我们已进入新时代，而我们分析时代的概念、范畴、逻辑还是资本主义的。作者认为这违背了历史唯物主义的本性。历史是人创造的，但它前进的每一步都是有现实原因和既定条件的，历史唯物主义就是研究影响人类生存和发展的最重大事件的本质及其发展规律的科学，它关注的是最重大事件，由于这些事件将影响整个人类的生存和发展，因而它也是世界观，是对世界的根本看法。在现今，资本是影响人类生存和发展的最重要力量，所以历史唯物主义必然要呈现出新的形式和内容，这就是马克思的现代史观，即以《资本论》为代表的新的世界观。

资本不仅是分析现代社会的基本经济范畴，而且也是分析现代社会的根本哲学范畴，因为它在资本主义社会，不仅是支配劳动及其产品的权力，而且是支配一切的权力。正如恩格斯所指出的："资本和劳动的关系，是我们全部现代社会体系所围绕旋转的轴心。"离开资本，我们不可能真正认识现代社会，因而历史唯物主义必然要在内容和形式上进行升华，正如恩格斯所说，每一个时代都有自身的理论思维，在不同的发展时代，理论思维所表现出来的形式和内容也完全不同。这正是作者发自内心的呼唤。因而我非常赞成作者的如下观点："《资本论》是真正的马克思，是历史唯物主义集大成的著作；这部著作是现实的存在论，也就是说，《资本论》是活的历史唯物主义，是历史唯物主义的经典之作，也就是说，《资本论》深刻地表征了历史唯物主义如何从理论和实践切入社会现实。"离开了《资本论》为代表的新的世界观，我们就失去了引领世界的理论制高点。正如作者所讲："新世界观的实质就是新历史观，新历史观的真实意义是新世界观。"《资本论》所代表的新世界观就是时代的最强音。"为了深刻认识《资本论》所代表的新世界观，作者在第一章、第二章集中论述了资本、交往和社会，从而展开了现代文明的两条不同路经。

作者认为《资本论》世界观的基础是历史唯物主义，而历史唯物主义的内核是实践唯物主义，这种实践唯物主义是建立在生存论基础上的。由于现实的人不可能停止对幸福生活的追求，因此生产力不可能永远停止在一个水平上，生产关系和其他关系也不可能永远停止在一个水平上，历史必然表现为有规律的发展过程。

由此，作者提出了马克思哲学的三重哲学范式：生活世界范式、实践批判范式和人民至上范式，首先是生活世界范式。历史的起源是生活，为了生活，人们必须劳动，为了更好的生活，人们必须要发展生产力，创造有利于自身发展的生产关系和社会关系，这是历史的原动力。关注生活，就是关注原动力。历史唯物主义必须关注现实，首先就是要关注历史事件对生活的影响。生存和发展，是人类生活的动力因。但是，传统的历史唯物主义教科书不研究生活，因此，"回到历史唯物主义研究范式首先就是回到生活世界的研究范式，就是面向问题意识的研究范式。"其次，实践批判范式。"社会生活本质上是实践的。凡是把理论导致神秘主义方面去的东西，都能在人的实践中以及对这个实践的理解中得到合理的解决。"①因此与理论批判相比，实践批判具有更加根本的性质。"我们看到，理论的对立本身的解决，只有通过实践方式，只有借助于人的实践力量，才是可能的；因此，这种对立的解决决不只是认识的任务，而是一个现实生活的任务"。②"对实践的唯物主义者即共产主义者来说，全部问题都在于使现存世界革命化，实际地反对并改变现存的事物。"③整个人类史本质上就是在实践的基础上旧事物不断灭亡，新事物不断产生的过程。由于奠基于以实践为基础的人类史，"马克思的世界观是实践的世界观"，"马克思的实践批判是马克思哲学的基础和核心"，"实践批判是马克思哲学的活的灵魂"，"马克思确立了实践批判的哲学范式"。最后是人民至上范式，"实践批判的人民主体性"。历史是人民自己创造的，人民作为实践主体，同样是有价值指向的，追求人民的共同利益，追求每一个人的平等、自由存在，终将为人类历史开辟道路。作者认为"马克思实践批判的辩证法要素、现实性、彻底性、生存论、人民主体性构成了马克思实践批判的鲜活的整体，这也是马克思哲学的根本要义"。因此，"以哲学的方式表征社会现实生活的局限性及其内在矛盾，在对社会现实生活批判和反思中揭示社会生活的本质，并提出社会生活的意义和价值指向，进而建构新的社会现实生活和价值目标，这就是马克思实践批判的核心内涵。""在这个意义上说，马克思哲学所开创的实践批判哲学范式是哲学史上的'哥白尼式革命'"。作为"马克思主义研究者，不能在书斋中自娱自乐，也不能成为政策注解的跟风虫，更不能沉湎于对文本的注解。马克思关注社会现实，不仅致力于对现实的解释，更执着于对社会现实的变革。这意味着，真正的马克思主义者，必须不畏强权，坚持真理，敢于批判现实中落后的、不合理的、腐朽的一切制度和实践活动，并揭示它们的来源和实质。真正的马克思主义者，应该深刻领悟马克思实践批判的精髓，敢于揭示和解决社会矛盾，即使牺牲生命也在所不惜。"正是基于这种认识，作者以六章

---

① 《马克思恩格斯文集》第 1 卷，人民出版社 2009 年版，第 501 页。
② 《马克思恩格斯全集》第 42 卷，人民出版社 1979 年版，第 127 页。
③ 《马克思恩格斯文集》第 1 卷，人民出版社 2009 年版，第 527 页。

十八节篇幅，深刻分析了现代社会与人类命运密切相关的十几个问题，充分展现了马克思的现代世界观，也展现了中国特色社会主义理论与实践的世界意义。

二 现时代的本质特征：市场与资本主体性

现代社会是建立在市场经济基础上的。在《资本论》第一手稿中，马克思提出了人类历史的三大社会形态，第一大社会形态对应于自然经济，社会交往很不发达，人与人之间表现为直接的依赖性，"人的生产能力只是在狭窄的范围内和孤立的地点上发展着"。第二大社会形态以市场经济为基础，形成普遍的社会物质变换和全面的能力体系，这时候人不再依赖于人，而形成了"以物的依赖性为基础的人的独立性"。导致上述两大社会形态转换的根本力量是市场经济，即马克思所讲的："家长制的，古代的（以及封建的）状态随着商业、奢侈、货币、交换价值的发展而没落下去，现代社会则随着这些东西一道发展起来。"[①] 这是对市场经济历史地位的最高概括，也是对人类历史发展规律的最深刻揭示。马克思现代史观揭示的是第二大社会形态，即以市场经济为基础的社会形态的根本历史规律。

市场经济的真正起点是劳动力成为商品，是资本的形成。"一旦劳动人口不再作为商品生产者进入市场，不再出卖劳动产品，而是出卖劳动本身，或者更确切地说，出卖他们的劳动能力，那么，生产就会在整个范围内，在全部广度和深度上成为商品生产，一切产品都变成商品，每一个个别生产部门的物的条件本身都作为商品进入该部门。"[②] 由于任何人都必须凭借货币才能生存，人对物的依赖性社会才真正形成。"资本是对劳动及其产品的支配权"。[③] 资本由于支配了劳动及其产品而一跃成为生产主体。资本是支配别人的社会权力，资本家正是通过这种权力获得对劳动、科学、技术、管理的支配权，而上升为"一切社会生产能

[①]《马克思恩格斯文集》第8卷，人民出版社2009年版，第52页。
[②]《马克思恩格斯全集》第一版，第47卷，第353页。
[③]《马克思恩格斯全集》第一版，第42卷，第62页。

力的主体。"① 因此,资本主义生产本质上就是以资本为主体的生产,资本主义竞争本质上就是以资本为主体的竞争。"没有资本就没有资本主义生产。"② 这是一个以资本为生产和竞争主体的时代,"资本一出现,就标志着社会生产过程的一个新时代。"③ 在这个新时代,"资本调动科学和自然界的一切力量,同样也调动社会结合和社会交往的力量,以便财富的创造不取决于(相对地)耗费在这种创造上的劳动时间。"在开辟世界市场的过程中,"资产阶级,由于一切生产工具的迅速改进,由于交通的极其便利,把一切民族甚至最野蛮的民族都卷到文明中来了。"④ "它迫使一切民族——如果它们不想灭亡的话——采用资产阶级的生产方式;它迫使它们在自己那里推行所谓的文明,即变成资产者。"然而这一切都是以工人的异化、生态的破坏、社会的分裂为代价的。因此,不认识资本,就不可能认识这个时代,这是马克思哲学现代性的根本标志。资本成为理解现代社会的最核心概念。可以说,一切离开资本的现代社会分析方法都是非现代的。正如作者所指出的:"资本主体论是马克思历史唯物主义的核心思想,也是马克思对现代社会批判的理论支点。"

在第二章,作者还专门研究了马克思的交往理论,认为"交往理论是马克思历史唯物主义的重要组成部分,也是我们理解马克思历史唯物主义的重要理论切入点。"交往古已有之,货币也古已有之,但资本主义与以往不同的是建立了一个以货币为中介的普遍商品交换体系,正像马克思所说:"人们彼此间的世界主义的关系最初不过是他们作为商品所有者的关系。"⑤ 货币成为当代社会"发展一切生产力即物质生产力和精神生产力的主动轮。"⑥ "过去那种地方的和民族的自给自足和闭关自守状态,被各民族的各方面的互相往来和各方面的互相依赖所代替

---

① 《马克思恩格斯全集》第一版,第46卷(下册),第83页。
② 《剩余价值理论》第3册,第397页。
③ 《马克思恩格斯全集》第一版,第23卷,第193页。
④ 《马克思恩格斯文集》第2卷,人民出版社2009年版,第35页。
⑤ 《马克思恩格斯全集》第一版,第13卷,第142页。
⑥ 《马克思恩格斯全集》第一版,第46卷(上册),第178页。

了。"市场经济"首次开创了世界历史，因为它使每个文明国家以及这些国家中的每一个人的需要的满足都依赖于整个世界，因为它消灭了各国以往自然形成的闭关自守的状态。"作者认为："民族历史向世界历史的发展，交往所发挥的作用是不容质疑的。""各个相互影响的活动范围在这个发展进程中越是扩大，各民族的原始封闭状态由于日益完善的生产方式、交往以及因交往而自然形成的不同民族之间的分工消灭得越是彻底，历史也就越是成为世界历史。"因此，不了解交往，尤其是资本主义商品交换，就不可能理解现代社会，不能理解今天一系列的国际摩擦、冲突与战争。

在第一章和第二章，作者还讨论了"社会"和"人类命运共同体"两个概念。在传统的哲学教科书看来，社会等同于社会的经济形态，这是片面的，其实质是把生活世界排除在社会研究之外，使社会的政治、经济生活失去了本体论基础。作者认为："马克思的'社会'概念并非是'狭义'的，而是具有实践生存论的'广义'的概念。'社会'是创新发展马克思历史唯物主义的当代视阈。长期以来，马克思的'社会'思想在相当程度上被误解和遮蔽了。"因此，"深化马克思的'社会'思想研究，是一项刻不容缓的理论任务。"

市民社会是指社会的经济领域，如马克思在《德意志意识形态》中所说："市民社会包括各个人在生产力发展的一定阶段上的一切物质交往。它包括该阶段的整个商业生活和工业生活，……真正的市民社会只是随同资产阶级发展起来的。"而人类社会是指人们生活的总体，包括每一个人，他们的生活和他们的生活世界。这是一个更大的概念，包括人的所有活动和所有生活。如果从结构上看，现代社会好比三层楼的圆锥体，最上面那层是政治上层建筑，中间这一层是市民社会或经济社会，底下最大的那层是所有人共同的生活世界或民生世界，真正的人类社会是包括生活世界在内的社会生活总体。因而市民社会与人类社会是两个不同的概念，旧唯物主义维护市民社会的利益，新唯物主义维护人类社会的利益。从内涵和结构上讲，只有人类社会是生活总体，而政治和经济只是社会生活的一小部分。离开了生活世界，旧唯物主义所理解的社会只是小社会,即我们平时所说的经济基础与上层建筑的统一,它是不包含所有人共同生活的生活世界的。而马克思所理解的人类社会是大社会,即不仅包括经济基础与上层建筑,而且包括生活世界或民生世界,在这里生活是作为政治和经济的本体论基础出现的。现在学界和社会生活中的主要问题,是人们只从经济角度思考问题,只关注政治与经济之间的关系,而忽视民生,忽视生活世界,从而忽视政治与大社会、经济与大社会之间的关系,这是社会生活普遍异化的根本原因。

现代市民社会本质上就是以市场经济为内核的经济过程,即以雇佣劳动为基础,以金钱为目的,以资本为竞争主体的经济过程。如果把市民社会立场作为国家治理的根本立场,把市民社会利益作为国家维护的最高利益,把市民社会原则作为国家治理最高原则,其结果必然背叛人民,背叛大社会。马克思反对的正是作为国家最高理念的市民社会立场。这种立场的实质是把人看作经济人,把社会看作经济社会,把金钱原则、财富原则、利润原则、竞争原则看作社会运作的最高原则,其结果必然导致社会的两极分化,导致自然生态的破坏,导致社会共同生活原则的瓦解,导致生活世界殖民化和人民群众的边缘化。由于这种立场在客观上维护了资本的利益,因此这个立场本质上就是资本立场。马克思反对的正是以资本为最高原则的市民社会立场,在这种治国理念下,不是资本为人民和社会服务,而是人民和社会成为资本增值的工具。

在市民社会中,资本不仅统治着经济,而且统治政治,使国家异化为资本的工具,正如马克思所说:"现代国家政权不过是管理整个资产阶级的共同事物的委员会罢了。"① 在资本和国家的双重统治下,社会也发生了普遍异化,"整个人类社会只是成为创造财富的机器。"② 列菲弗尔所批评指出,现代社会的本质是没有人性的,只是金钱,"道德和意识、爱情和科学都成了贸易手段。……金钱的需要成为人的唯一主要的品质。……社会的本质是没有人性的,只是金钱。它的本质就成了纯粹经

---

① 《马克思恩格斯选集》第1卷,人民出版社1976年版,第253页。
② 《马克思恩格斯全集》第一版,第42卷,第263页。

济的了。……一种没有人性的力量支配着一切。"① 不难发现，当今世界的两极分化，当今世界的金钱化、资本化，正是资本原则统治世界500年的必然结果，是市民社会哲学立场统治世界的必然结果。面对这样的结果，我们必须要反思。

社会和人类命运共同体主体地位的确立，实际上提出了两条不同的建国路线和两条不同的国际交往路线。在国内，是以资本为治理国家的最高原则，还是以人民为治理国家的最高原则？在国际，是维系以美国为首的资本霸权，还是建立以人类命运共同体为最高原则的世界秩序？这是当代哲学思考的最高问题。

社会和人类命运共同体的提出，实际上提出了我们处理国内和国际问题的根本立场和方法：中国特色社会主义不能遵循资本至上的逻辑，而必须遵循社会至上、人民至上的逻辑，"应该彻底打破GDP崇拜，建构以民生为根基，坚持'个人的现实幸福'的社会发展观，"在国际上则高举"人类命运共同体"的旗帜，反对资本霸权。我赞同作者的观点："人类命运共同体是解决全球现代性难题的中国方案，"这表明了中国解决人类问题的哲学立场，找到了"解决强权政治、霸权主义、恐怖主义、难民危机、生态环境危机等重大全球性问题的方法。"

三 超越资本主义文明

现代文明的本质是资本主义文明，而资本主义文明实际上就是资本原则高于一切的文明，是资本掌控经济、政治、法律、意识形态和生活世界的假文明。从社会、人民、人类命运共同体的原则看，资本主义文明已经过时，且千疮百孔，已经严重阻碍人类的全面发展。从社会生活的全面性而言，资本的合理领域在经济，一旦资本原则占领政治，政治必将腐败，占领道德，道德必将堕落，占领生活世界，生活世界必将殖民化，人民群众必将边缘化。换言之，资本为了自身的利益，是不会顾

---

① 《西方学者论〈1844年经济学哲学手稿〉》，复旦大学哲学系现代西方哲学研究室编译，复旦大学出版社1993年版，第194页。

及社会和谐的，并在相当程度上构成社会不和谐的根源。资本主义的一切是建立在工人、社会和自然界的全面异化基础上的，资本越发展，社会越两极分化。因此，现在到了创建人类新文明的历史阶段，这就是中国道路的世界历史意义。针对资本文明的局限性，作者从以下五个方面，展开了批判，以展现中国道路的世界历史意义。这些问题都是现代性的问题，是现代社会才有的问题，是资本逻辑和资本霸权必然产生的问题，因而是马克思主义哲学必须思考的时代问题。

1. 资本至上还是人民至上？

资本是市场竞争的主体，发展市场经济不能离开资本，但是我们发展市场经济的目的究竟是什么？是为了资本，还是为了人民？作者认为"物的发展和人的全面异化是资本主义文明的本质。"因而，资本主义认为资本统领经济，统领政治，统领意识形态，统领生活世界是历史的必然。而社会主义则认为这是对人的奴役和摧残，按照资本逻辑，劳动人民永远无出头之日，因此要"推翻那些使人成为被侮辱、被奴役、被遗弃和被蔑视的东西的一切关系。"在共产党领导的社会主义国家，指导国家的最高原则必须是人民至上，而不是资本至上，人民利益高于一切，而不是资本利益高于一切，人民是国家主人，而不是资本是国家主人。这就是一种新的文明，一种新的现代化实践。它充分吸收了资本主义文明的一切合理内核，同时又超越了资本主义文明。由于它把人民至上的原则贯彻到社会生活的各个方面，因而它也是一种全新的整体文明。如作者所说："人类新文明形态是以人民至上为文明的核心，人民创造文明与享用文明是统一在一起的，这是马克思历史唯物主义人民创造历史和享用历史成就统一的观点在人类新文明形态的实践体现。""人类新文明形态是以人民至上为核心的整体文明，即物质文明、政治文明、社会文明、精神文明、生态文明，五大文明构成有机的内在联系的整体文明。"在国际上认为人类命运共同体的原则高于资本原则，主张合作共赢，和平发展，认为"资本逻辑是国际间不平等交往的根源，""唯有和平与发展才是开创美好新世界的重要途径，战争与暴力违背了人民的意愿，""人类命运共同体在根本上是一个人类文明的共同体。"

在第五章，孙民还分析了幸福观，认为"在传统的历史唯物主义教科书中，幸福问题是一块飞地，这在某种程度上遮蔽了马克思历史唯物主义的本真精神，"实际上正是对幸福生活的追求，才构成历史进步的无尽动力。"在当代马克思历史唯物主义创新中，应该把幸福观作为历史唯物主义的核心思想"，并"从资本逻辑批判，劳动的解放和自由时间的获取三个维度展开幸福的实现路径。"

2. 掠夺自然还是保护自然？

第四章，作者讨论了生态问题，即人类应该如何对待自然？自然是人类休养生息的地方，离开了自然，人类无法生存，因此，马克思把它看作"人的无机身体"，但在资本的破坏下，自然界发生了异化。"资本主义生产方式以人对自然的支配为前提。"为了获得利润，资本不仅榨干工人的血汗，而且榨干自然的有用性。"异化劳动从人那里夺走了他的无机的身体即自然界。""异化劳动使人自己的身体，同样使在他之外的自然界，使他的精神本质，他的人的本质同人相异化。""资本主义生产发展了社会生产过程的技术和结合，只是由于它同时破坏了一切财富的源泉——土地和工人。""一个国家，……越是以大工业作为自己发展的起点，这个破坏过程就越迅速。"① 因此作者断言："生态危机的根本原因在于现代资本主义文明所奠定的生产方式、生活方式和价值理念。"（163页）"一旦这条河流归工业支配，一旦它被染料和其他废料污染，……这条河的水就不再是鱼的'本质'了，它已经成为不适合鱼生存的环境。"② 这条河的水也不适合人类饮用而与人相异化。资本主义的发展是以千百条河流被污染，千万种鱼类、植物、家畜以及人类的疾病和死亡为代价的。水污染、空气污染、工业污染、核污染以及由污染而引起的细菌、病毒变异所产生的生态破坏，严重破坏了自然界的生态平衡，生态问题已经成为当代影响人类生存和发展的最重大问题之一。

针对这一问题，中国提出了"建设美丽中国，走向生态文明"的历

---

① 《马克思恩格斯全集》第46卷（上册），人民出版社1979年版，第488页。
② 马克思：《1844年经济学哲学手稿》，人民出版社2000年版，第55页。

史使命。习近平总书记指出:"我们要建设的现代化是人与自然和谐共生的现代化,既要创造更多物质财富和精神财富以满足人民日益增长的美好生活需要,也要提供更多优质生态产品以满足人民日益增长的优美生态环境需要。""走向生态文明新时代,建设美丽中国,是实现中华民族伟大复兴的中国梦的重要内容。"① 因而作者提出,我们"应该倡导新的人类中心主义,其内涵是:既要考虑人类的利益,又要考虑自然界的内在价值,也就是说,要尊重自然界的生态内在平衡。换言之,坚持人类的利益是以尊重自然界的生态平衡为前提,从而实现人类与自然界的和谐共生。"

3. 需要什么文化?

在第三章,作者讨论了文化问题。文化,通常指的是一个社会或群体共享的价值观、信仰、习俗、艺术、语言和其他社会行为模式,包括人们的生活方式、思维方式以及表达方式。文明,则是指一个社会或群体的共同生活原则,尤其指共同的政治、经济、宗教信仰中的原则以及确保这些原则相应的组织机构。文明是文化的内核,而文化则是文明的表现形式。资本主义文明产生以后,极大地冲击了前资本主义的文明和文化。现在的西方世界是金钱统治的世界,那里的人不相信合作共赢,而相信强者为王。如作者所指:"在经济资本主义之外还有一个文化资本主义,从这方面讲,法兰克福学派文化批判理论……在某种程度上都是这一路向上思考的,因为整个资本主义正是利用科学技术,通过文化工业,通过'仿真'、'拟真'、'拟像'等文化手段,从意识形态上全面控制人们的心理,引导整个社会的消费,从而批量产出'单面人'、'单面社会'"。② 因而,对于社会主义新文明而言,同样有一个文化问题,但这个文化不能是资本主义文化,而必须是以人民幸福为主导的新文化。

文化是为文明服务的,并极大地推进着文明的发展。中华民族要

---

① 习近平:《携手共建生态良好的地球美好家园》,载《光明日报》2013年7月21日。
② 孙民:《政治哲学视阈中的意识形态领导权》,人民出版社2012年版,序言第3页。

创建的文明"是以人民至上为核心的整体文明",因而反映这种文明的文化必将全面超越金钱至上的资本主义文化。这种文化有三个来源,一是中国的优秀传统文化,这是中华民族历史传承的文化基因,对于中华民族的生存发展具有生存论的意义。二是资本主义文化,尤其是它重视经济、尊重市场、发展科学、鼓励创新的文化精神对于全球经济的发展具有重大意义。三是马克思主义文化。马克思认为,劳动是一切文化的源泉。① 因而,"在马克思看来,文化发展的主体是人民群众,"因此,"文化的发展必须尊重真正的历史创造者,不能将现实的人的主体颠倒为资本的主体。"我们讲文化自信,根本原因是坚持了马克思主义的文化观,"如果没有人民群众这个主体性存在的话,文化自信将是一个模糊的概念,"因为正是人民群众的主体地位才指明了现代文明的真正方向。"如果说历史与传统为文化自信提供了沃土,那么现实生活世界就为文化自信的巩固提供了实践平台,唯物史观语境中人的全面发展就是文化自信的价值目标。"文化反映并推动着人类文明的进步。

4. 是理想还是现实?

在书稿的最后,作者讨论了共产主义问题,并指出共产主义是中国道路的指路明灯,它的内在精神应该体现在中国道路的每一步实践中。共产主义是对资本主义的扬弃,它指向的是人类整体的自由和解放,因而它对人类超越以资本为最高原则的资本主义具有根本的导向作用。但是,共产主义本质上是改变旧世界的实践,"是人民群众作为社会实践的主体,改造社会,创造历史,使人民享受美好生活的实践活动。""那种脱离生存实践活动抽象地谈论共产主义是没有意义的,那种只考虑当下,脱离共产主义目标的活动,仍然是背离马克思共产主义观的危险行为。马克思共产主义观是在实践中对资本主义的扬弃,是对资本主义生产方式、生活方式和价值理念的总体扬弃。""马克思共产主义观不是凝固不变的终极理想,而是随着时代和社会的发展不断地丰富自己的内涵,从而不断地回应和解答人类的重大问题,是对人类社会之谜的

---

① 《马克思恩格斯文集》第3卷,人民出版社2009年版,第429页。

解答。"

今天，面对世界范围的资本霸权，中国要走出一条新的文明之路，何其困难。正像马克思所说："要扬弃私有财产的思想，有思想上的共产主义就完全够了。而要扬弃现实的私有财产，则必须有现实的共产主义行动。"因此，超越资本主义文明，不是一个观念的问题，而是一个实践的问题。在今天如何战胜资本霸权，如何让世界人民都过上有尊严的生活，是一个极其困难的实践问题。所以，共产主义不是纯粹的理论构想，而是脚踏实地改变现状的运动。脱离了实现共产主义的真实条件，而把共产主义看成一种主观模式，是国际共产主义运动左倾实践的根本原因。我们要直面现实，思考每一时代影响人类生存和发展的最根本问题，并努力解决这些问题。"任何把马克思共产主义观作为脱离社会现实的乌托邦，都从根本上背离了马克思共产主义观的真谛。""共产主义不是遥远的未来，而是在我们的生活实践之中，"它像灯塔指引着我们，而它的精神则贯穿于我们的整个实践。

在这一部分，孙民还对"每个人的自由发展"的丰富内涵作了历史唯物主义的深刻说明，这部分很有特色，有助于加深对共产主义观念和实践的理解。

5. 引领时代还是回避时代？

统观全文，我们可以发现，作者的研究具有强烈的时代意识，他所思考的问题本质上都是现代社会的根本问题。学者的良心和崇高的学术自觉使他强烈意识到历史唯物主义必须直面现实，引领时代。"历史唯物主义本真精神体现在不断地破解时代提出的重大理论与实践问题。"（13页）"正因为历史唯物主义真正地切入社会现实，它的学术性并不是抽象地、教条地在纯粹的概念中自娱自乐，而是不断地反思和批判社会现实生活，从而始终保持与时代对话的理论与实践自觉。正是在不断地批判和反思中，历史唯物主义从理论与实践深处引导、规范和建构社会现实生活。"

然而当前的现状是马克思主义理论研究队伍严重脱离实际。在资本霸权面前，在关涉人民根本利益的大是大非面前，在党和国家所遭遇的百年之未有的大变局面前，我们的马哲界几乎失声，这是马哲界的一场危机。作者总结"当前马克思主义哲学研究的危机体现在：一、马克思主义哲学研究在概念和范畴中自娱自乐，根本无视于社会现实问题；二、马克思主义哲学研究不是为了解决当代中国的社会现实问题，而是为了获得经费和学科点博士学位的获批；三、马克思主义哲学研究不是建立在信仰马克思主义的基础上，而是把马克思主义哲学视为发财致富的途径。"（238页）马克思主义哲学研究应是我们的事业，现在却变成了职业。一些研究者并没有真正理解马克思，他们接触马克思主要是通过苏联模式的教科书，而不是研究马克思的著作和人类的实践，尤其是没有系统研究过《资本论》及其内含的现代世界观，如此理论储备是无法面对现代世界的。

恩格斯讲，马克思一生有两个伟大贡献，一是发现了人类历史一般发展规律，二是发现了现代资本主义社会的发展规律。这个第二大规律就是以《资本论》为代表的现代史观，也就是马克思的现代世界观。马克思并没有停留在对历史的一般认识，而是倾全力研究了影响现代社会的根本问题，因而《资本论》世界观是历史唯物主义的最新发展，是现代社会的理论制高点，是穿透现代社会的最深刻理论，因为"资本和劳动的关系，是我们全部现代社会体系所围绕旋转的轴心。"

解决上述问题的最高逻辑就是马克思的现代史观，即马克思的现代世界观。作者的全部思考与探索说明了掌握马克思现代世界观的重要性，马克思的现代世界观是中国特色社会主义理论的真正基础，没有这个世界观，我们将处于理论与现实的茫茫黑夜，这正是这一著作的全部意义。谨以此祝贺孙民著作的出版。

孙承叔

2024 年 8 月 10 日

目录

导论 历史唯物主义对社会现实生活密码的破译 ………… 1

第一节 马克思历史唯物主义创新内涵及其当代启示 ……… 1
第二节 从历史唯物主义看人类文明新形态三重意蕴 ……… 16

第一章 实践批判的社会现实生活意蕴 ………………………… 29

第一节 马克思实践批判的价值旨趣及其当代意义 ………… 29
第二节 历史唯物主义视野中的资本主体思想 ……………… 43
第三节 马克思历史唯物主义中的"社会"概念 …………… 58

第二章 马克思交往理论的社会现实生活根基 ……………… 73

第一节 马克思现代性语境中的"交往"概念 ……………… 73
第二节 马克思交往理论视域中的"民族观" ……………… 86
第三节 马克思交往理论视域下的人类命运共同体 ………… 99

第三章 社会现实生活视域中的文化批判 …………………… 115

第一节 马克思文化哲学的创新及其当代启示 ……………… 115
第二节 唯物史观视域中的文化自信探析 …………………… 128

第三节 唯物史观视域中的"美丽中国"建设 …………………… 141

第四章 生态文明的社会现实生活基础 …………………… 156
第一节 马克思生态哲学的基本概念 …………………………… 156
第二节 马克思实践观的生态意蕴 ……………………………… 169
第三节 实践异化与生态危机 …………………………………… 182

第五章 当代中国社会现实生活视域中的中国道路 ………… 197
第一节 马克思幸福观的历史唯物主义向度 …………………… 197
第二节 中国道路与马克思主义实践观 ………………………… 213
第三节 理解中国道路的马克思主义哲学中国化创新向度 …… 223

第六章 共产主义的社会现实生活之维 …………………… 235
第一节 马克思共产主义观的哲学意蕴及其当代意义 ………… 235
第二节 每个人的自由发展：历史唯物主义的最高价值诉求 … 250
第三节 重思马克思主义现实与理想的关系 …………………… 267

参考文献 ………………………………………………………… 280
后　记 ………………………………………………………… 287

导论　历史唯物主义对社会现实生活密码的破译

第一节　马克思历史唯物主义创新内涵及其当代启示

在马克思的经典著作中，虽未直接提出历史唯物主义的概念，却蕴含着丰富的历史唯物主义创新思想。毋庸置疑，相较于传统哲学思想，马克思的历史唯物主义具有理论的创新性。应当指出，马克思历史唯物主义创新是建立在哲学思想变革的基础上的，并最终确立了科学的历史唯物主义研究范式。正是在这个层面上，本书论述了马克思历史唯物主义创新的多重维度，即现实之维、批判之维、实践之维、价值之维。对马克思历史唯物主义创新内涵的深刻阐释，有助于推动新时代中国历史唯物主义的创新与发展，有助于构建中国特色哲学社会科学理论，进而助推中国全面现代化的建设。

在马克思主义哲学中，马克思虽然没有直接对历史唯物主义做过专门的界定，但是这绝不表明马克思缺乏对历史唯物主义的认识与理解。恰恰相反，通过深入研究发现，马克思主义经典著作中蕴含着丰富的历史唯物主义创新内涵，对历史唯物主义创新的认识构成了马克思哲学的重要组成部分。通过学习马克思哲学思想史，历史唯物主义创新内涵以多种形式呈现在我们面前，看似零碎化的哲学思想却体现着完整的历史唯物主义创新内涵。正是在这个意义上，对马克思历史唯物主义创新内涵的理解，不仅要分析马克思历史唯物主义思想的变革，而且要阐释马克思历史唯物主义创新所体现的多重维度，进而更好地指导中国的具体实践。

一　马克思历史唯物主义创新的哲学思想变革

毋庸置疑，马克思历史唯物主义开创了哲学研究的新范式，是马克思哲学思想变革的理论产物。在马克思之前，近代西方哲学形成了理性主义的传统，自始至终以理性作为哲学的研究内核，主要表现为思想中的自我意识哲学，即在精神层面探讨思想与存在的关系。然而，马克思在批判和继承以往哲学家思想的基础上，进行了历史唯物主义的创新，开创了新的哲学研究范式，无疑是近代西方哲学史上的一次革命。尽管如此，也不能忽视马克思哲学思想变革的过程，因为这是研究马克思历史唯物主义创新内涵的重要一环，是马克思哲学思想变革的本质所在。正是在这个层面上，深入探究马克思历史唯物主义创新的哲学思想变革，必须坚持从马克思哲学发展的思想史入手，这样才能赋予历史唯物主义独特的思想境遇和理论内涵。

不论是笛卡儿的"我思故我在"、康德的"人为自然界立法"，还是黑格尔的"绝对精神"，实质上都是西方理性主义传统的内在表现。必须指出，在青年黑格尔学派时期，马克思的哲学思想同样受到启蒙理性主义的影响，在某种程度上具有浓厚的黑格尔色彩。众所周知，马克思早期的哲学思想主要表现为自我意识哲学，倡导在社会的发展中要具有独立的自我意识，这本质上是源于当时的德国社会现实缺乏独立性和自由性。在哲学的表现层面，马克思对伊壁鸠鲁和德谟克利特自然哲学进行比较研究时，就指出德谟克利特原子论的缺陷在于，原子的运动缺乏自主性、独立性、自由性。正如戴维·麦克莱伦所说："因此马克思倾向伊壁鸠鲁的观点有两个原因：首先，他强调了人类精神的绝对自主性，它把人从一切超验对象的迷信中解放出来；其次，对'自由个体的自我意识'的强调，为人们指出了一条超越'总体哲学'体系的道路。"① 无疑，马克思接受了伊壁鸠鲁的原子论哲学，试图通过自我意识的独立性和自由性来解决德国社会的现实问题。

也正是在自我意识哲学的影响下，马克思在碰到真正的物质利益问题时，则转向了自我意识哲学的人本主义批判。在《莱茵报》工作期间，马克思认识到德国的社会发展现实表明自我意识有自身的理论缺陷，要想真正解决德国社会的现实问题，就应当深入挖掘自我意识的内在社会关系。当时德国的社会现实就是：农民的物质利益受到了侵占，社会底层的农民并无自由性和独立性可言。"人们的社会关系会变成'崇拜物'（即死的事物还继续神秘地统治着活人）；自然的支配和占有关系被颠倒了，人被林木所左右，因为林木只是客观地表现了社会政治关系的一种商品。"② 也就是说，在某程度上，人们的社会关系已经异化，自我意识哲学理论并不能真正确保人们的物质利益不受损害。因此，马克思深刻认识到，必须关注社会现实，就是从社会关系出发认识影响人们物质利益的政治经济学根源。

如上所述，马克思在《黑格尔法哲学批判》中逐渐清算黑格尔理性主义哲学思想的影响。在自我意识哲学之后，由于受到费尔巴哈人本主义哲学思想的影响，马克思在批判和继承费尔巴哈类哲学的基础上，最终超越了人本主义的类哲学理论。在费尔巴哈看来，类哲学应该建立在自然界的基础上，人本质的异化根源在于宗教，人实质上是自然的存在物。无疑，相较于以前的哲学家而言，费尔巴哈的类哲学思想具有唯物主义的意蕴，是近代西方哲学发展的唯物主义转向。然而，费尔巴哈人本主义哲学的缺陷就在于：把人理解为感性直观的人，人的本质被视为爱与意志力。费尔巴哈指出："一个完善的人，必定具备思想力、意志力和心力。思想力是认识之光，意志力是品性之能量，心力是爱。理

---

① [英]戴维·麦克莱伦:《马克思传》，王珍译，中国人民大学出版社2010年版，第41页。
② [英]戴维·麦克莱伦:《马克思传》，王珍译，中国人民大学出版社2010年版，第59页。

性、爱、意志力，这就是完善性，这就是最高的力，这就是作为人的绝对本质，就是人生存的目的。"① 很显然，费尔巴哈虽然揭示了人本质异化的根源在于宗教，但对人本质的理解始终没有摆脱理性和意识的范畴，这是费尔巴哈人本主义哲学思想的理论缺陷所在。

相较于费尔巴哈的类哲学思想，马克思从劳动的视角来认识类存在物的异化。马克思认为，人作为类存在物，本质上反映的是理论与实践的统一，人自身作为类存在，是把自身的类当作自己的对象；同时，人是一种有生命的类，是普遍而自由的存在物。马克思认为，人作为类存在物，不能仅仅在自我意识中确证自身，而是应该从现实社会生活中来表征自身的存在。毋庸置疑，这是对费尔巴哈在爱与意识中探讨类存在物本质的超越。马克思进一步认为，人作为存在物，就在于人具有有意识的、自由的类特性。然而，在社会现实中，由于异化劳动的存在，"类主体"出现了异化。"异化劳动也就使类同人相异化；对人来说，异化劳动把类生活变成维持个人生活的手段。第一，它使类生活和个人生活异化；第二，它把抽象形式的个人生活变成同样是抽象形式和异化形式的类生活的目的。"② 这也就是说，异化劳动把类特性变成了人自我持存的手段，个人的生活目却成为维持生活的手段。

正是在上述层面上，马克思认为应当对异化劳动进行扬弃，这样才能实现人的类本质。诚然，此时的马克思哲学思想还具有人本主义的批判色彩，真正体现马克思哲学思想变革的就是对实践的独特理解。以往的哲学家也谈论实践的内涵，例如亚里士多德把实践视为一种追求"善"的目的性活动，康德和黑格尔将实践理解为理性精神层面的存在。马克思对实践的创新理解就表现为，实践应当从社会关系变革的角度去理解，物质生产实践是最为关键的。马克思指出："全部社会生活在本质上是实践的。凡是把理论引向神秘主义的神秘东西，都能在人的实践

---

① ［德］路德维希·安德列斯·费尔巴哈:《基督教的本质》，荣震华译，商务印书馆1997年版，第30页。
② 《马克思恩格斯文集》第1卷，人民出版社2009年版，第161—162页。

中以及对这种实践的理解中得到合理的解决。"①这也就是说，全部社会生活的内容都能找到实践的依据，人类理论思想的正确与否都能通过实践来验证。这也就启示我们，马克思立足于现实社会生活，通过实践对社会进行变革，从而开创了哲学研究的新局面，真正实现了马克思哲学思想变革的关键一环。

最为重要的是，在《德意志意识形态》中，马克思形成了丰富的历史唯物主义思想。无疑，马克思立足现实社会生活，在对以往哲学家理论的批判和继承的基础上，创新了哲学研究的范式，即马克思历史唯物主义的新哲学范式。对马克思历史唯物主义创新的哲学思想变革的把握，就是要从马克思哲学史的发展演进入手，探究马克思哲学思想的变化过程，这样才能更为深刻地理解马克思创立历史唯物主义的理论前提。总而言之，马克思历史唯物主义是区别于其他哲学家哲学思想的显著标志，是马克思哲学思想创新的本质表现，真正彰显了马克思哲学思想的创新意蕴。

二　马克思历史唯物主义创新内涵的几重维度

对马克思历史唯物主义创新内涵的理解，不同的人有着不同视角。但总的来说，马克思历史唯物主义创新有着丰富而深刻的内涵，有着独特的理论维度，这些理论维度是不容忽视的。马克思的历史唯物主义创新具有现实之维、批判之维、实践之维、价值之维等多重维度。不难发现，这些维度是对历史唯物主义哲学的进一步探究，不仅有助于更深刻理解马克思的历史唯物主义哲学思想，而且有助于进一步夯实历史唯物主义的理论基础。

第一，马克思历史唯物主义创新的现实之维。马克思所处的时代，正值资本主义的兴起和发展阶段。通过工业革命的发展，资产阶级在世界范围内进行殖民扩张和文明输出。在当时的社会发展中，资产阶级的文明占统治地位，迫使其他落后民族接受资本主义的文明。马克思认

---

① 《马克思恩格斯文集》第1卷，人民出版社2009年版，第501页。

为，资产阶级文明的发展迫使除它之外的一切民族，如果想保持自身的发展，就必须采用资产阶级的生产方式，这是因为这些资产阶级要变成资产者，就需要推行他们的"文明"。总之，一个新的世界被资产阶级按照他们的面貌创造出来。① 此时社会的现实情况就是，资产阶级通过先进的生产力，不仅掠夺落后地区的资源，而且把资产阶级所谓的文化输出到这些地方，迫使他们接受资本主义生产方式和生活方式，企图从精神上对落后民族进行统治。在这个过程中，一些民族传统的古老文明正在消失，取而代之的是所谓的"资产阶级文明"。

在马克思看来，所谓的"资产阶级文明"让农村从属于城市，文明的国家应统治开化和半开化的国家，资产阶级的民族也应让农民的民族服从，东方社会也必须从属于西方社会。② 这也就是说，资产阶级在殖民掠夺的同时，也进行着文化的掠夺，试图让资产阶级的文明成为大家普遍遵守的文明。在马克思看来，资产阶级文明的传播有其有益的一面，也有其弊端。马克思正是深刻洞察了资本主义虚伪的精神实质，认识到只有阐释资产阶级的文化观，才能为推翻资本主义的统治做好准备。依据马克思的观点，资产阶级的哲学思想是一种虚假的文化，其目的在于维护资本主义的统治。从马克思的经典著作可知，其实马克思非常支持人类文化的多样性，鼓励多种人类文明的继承与发展，但是对资产阶级的哲学思想持批判的态度。

随着历史向世界历史的转变，文化的传播和文明的传承已是不争的事实。马克思已经看到，所谓的西方文明的传播，从某种程度上说，只不过是资产阶级政治史和宗教史的传播。马克思认为，尤其是对所谓的文化史而言，所有的对观念和现实的历史性叙述的关系，都表明文化史的全部内容是政治史和宗教史。③ 不难发现，在资本主义生产方式向世界传播的过程中，资产阶级都是将自己的政治制度和宗教观念向外兜

---

① [德]卡尔·马克思，[德]弗里德里希·恩格斯：《共产党宣言》，中共中央马克思恩格斯列宁斯大林著作编译局译，人民出版社1997年版，第31—32页。
② 《马克思恩格斯文集》第2卷，人民出版社2009年版，第36页。
③ 《马克思恩格斯文集》第8卷，人民出版社2009年版，第33页。

售。从本质上讲，这是资本主义哲学文化的诸多外在表现形式。然而，不能否定的是，马克思也对世界历史形成过程中交往的普遍化促进文化的传承持肯定态度。在《德意志意识形态》中，马克思就深刻认识到，各个地区建立的贸易关系，除了取决于交通工具和政治关系，也取决于交往地区的文化水平。这也就是说，建立在交往发展水平基础上的文化联系，对于民族地区摆脱落后的发展状态有着重要的影响。

面对工业文明的不断发展，资产阶级哲学思想永远服务于资产阶级的统治。在这种哲学发展背景之下，人的发展具有强烈的工具主义色彩，人更多的是一种资本化的人。马克思在深刻分析了资本主义的社会现实之后，通过著书立说，宣传服务于无产阶级之觉醒的历史唯物主义哲学理念。在行动实践上，马克思也积极参加工人阶级政党，组织工人运动，不断提升工人阶级的文化理论素养，为积极反抗资产阶级的残酷统治做准备。这就启发我们，马克思注重从理论与实践相结合的角度去阐释如何反抗奴役与剥削，这就把无产阶级的进步提升到了历史唯物主义哲学生存论的高度。

第二，马克思历史唯物主义创新的批判之维。毋庸置疑，马克思对资本主义的批判，实质上是对资产阶级虚假哲学观的批判。反过来讲，对资本主义虚假哲学思想的批判，其实也反映了资本主义社会现实的内在矛盾。马克思进一步认为，在哲学的发展进程中，意识只是处于从属性的地位，对抽象思辨的哲学本身的批判，都不能以某种形式和某种结果的意识为根本依据。这也就是说，对意识文化历史的批判不能从外部现象和观念进行分析。批判的内在本质在于事实同另外一种事实的比较，而不是把事实和观念相对照。① 这就告诉我们，对文化意识本身的批判，不能以某种意识为出发点，也不能将观念和现实进行比较，而是要在现实的内在矛盾中去把握。其实，这也是马克思哲学思想的基本立场，是我们进行历史唯物主义哲学批判的前提。

资本主义的社会现实，是一个异化的社会现实。尤其是在异化劳动

---

① 《马克思恩格斯文集》第5卷，人民出版社2009年版，第21页。

的促使之下，人的类本质出现了异化。建构在异化劳动基础上的人的自我发展的异化，其实是社会异化的外在表现，并最终导致了人的主观能动性的丧失。对于受压迫的工人而言，在工厂里进行机械化的操作，仅仅是为了维持生存的需要，提升精神文化是一件奢侈的事情。马克思曾经指出，在中世纪社会，封建主义意识形态的主要代表是僧侣，这部分人深切地感受到了历史转折的重大影响。由于商业发展的兴盛和书报印刷业的发展，打破了僧侣对读书写字的垄断，同时比较高层次的文化事业的垄断也被打破。[①]虽然说接受较高等教育的垄断被打破，但是在分工日益细化的时期，工人只是为了生存而被迫学习文化的，这种文化建立在资本的基础上，是已经被异化了的文化。

进一步思考可知，马克思的历史唯物主义哲学具有意识形态的性质，而意识形态是马克思哲学理论的重要组成部分。根据马克思的观点，哲学的、宗教的、艺术的、政治的、法律的，等等，这些都被称为意识形态的形式。毫无疑问，以资本主义经济为基础的上层建筑，势必服务于资产阶级的统治。在马克思看来，资本主义的意识形态是一种虚假的意识形态，这种虚假性就表现为满足少部分人的利益，从而牺牲绝大多数人的幸福。马克思认为，社会上占统治地位的物质力量和精神力量都是由这个统治阶级本身所决定的。总而言之，每一个时代具有统治性的思想都是统治阶级的思想。[②]统治阶级的思想表现在上层建筑的各个方面，统治阶级的合法性地位是通过意识形态的手段来实现的，尤其是以哲学理论的精神力量来支撑的。

所以，马克思要批判的就是这种虚假的意识形态，虚假的社会共同体。正是在这种虚假意识的统治下，资本主义鼓吹的民主、自由、博爱等口号，仅仅表达了资产阶级在精神上的满足。进一步讲，这些意识形态是通过一些资产阶级的思想家主观臆断而完成的，是通过思想意识来决定意识形态，而并非通过现实的社会生活来思考的。很明显，马克

---

① 《马克思恩格斯文集》第2卷，人民出版社2009年版，第225页。
② 《马克思恩格斯文集》第2卷，人民出版社2009年版，第550页。

思所要批判的就是这种"天国"的上层建筑,支持的是反映无产阶级真实的哲学意识形态。尤其是在《资本论》中,马克思深入分析了精神的资本化,资本对上层建筑的影响日益加深。一旦将资本引入意识形态领域,资本就会左右哲学理论的发展方向,就会牢牢拴住所谓思想家的思想观念。在马克思看来,要破除这种局面,还哲学发展一片净土,就应该对资本异化进行积极扬弃,科学看待资本在社会发展中的作用。

第三,马克思历史唯物主义创新的实践之维。在《政治经济学批判序言》中,马克思对历史唯物主义进行了深刻的阐释。在这篇文章中,马克思说明了包括精神生活、政治生活等在内的全部社会生活,都受物质生活的生产方式所制约。在人类的发展过程中,人与动物的区别不仅在于人类会制造和使用生产工具,而且还在于人类有自身文化的积淀。依据马克思的观点,从最开始的人从动物界分离来看,动物和人在根本上是不自由的,然而人类迈向自由的每一步,都是人类文化的进步。[①]很显然,文化上的真正发展,才在本质上把人类和动物区别开来。在这里,文化的进步其实伴随着生产力的进步,传统优秀文化的积淀有助于实践智慧的创造;反过来,生产力的进步拓展了文化的领域。不论是中国的华夏发明,还是西方的希伯来文明和古希腊文明,其本质都是体现了历史唯物主义哲学的理论视野。

马克思历史唯物主义创新的实践之维,还体现为劳动在哲学创造中的重要作用。在马克思之前,由于受到工业革命的影响,黑格尔就尝试着把人的意识和社会的发展看成劳动的结果。之后,马克思高度评价了黑格尔的劳动理论,称赞黑格尔精神现象学最伟大的地方在于黑格尔认识到了劳动的本质性特征。马克思借鉴了黑格尔劳动理论积极的一面,同时也指出黑格尔忽视了劳动消极的一面,即在资本主义私有制当中,劳动所产生的消极后果。马克思指出,历史上任何社会的前进都不能离开劳动,包括任何财富和任何文化的发展都是源于劳动。从对立面来

---

① 《马克思恩格斯文集》第9卷,人民出版社2009年版,第120页。

看，我们发现离开社会的任何"有益的"劳动也是不存在的。①很明显，根据马克思的观点可知，劳动创造财富，劳动创造哲学精神文化。对于何是"有益的"劳动，马克思指出，能够达到预期有益结果的劳动就是"有益的"劳动。

马克思进一步指出，在分工的条件下，人们可以追求真正有价值的东西，即历史唯物主义哲学的内涵。明确的分工应该在所有人中进行，所有社会成员丰裕的消费和充足的物资储备都是通过分工生产来获得的，并且保证每个人都有充分的自由时间去获得历史发展中真正有价值的东西，即包括艺术、科学、社交方式等在内的历史遗留的东西。②在这里有两层意思：其一，马克思把科学、艺术、社交方式等看成文化的一部分，而且是最为有价值的一部分；其二，分工是保证人们有闲暇丰富自身文化的基本条件。分工本身就是劳动产物，只有生产力不断进步，分工不断细化，人们才会有多余的时间进行自我安排。归结为一点，劳动是文化的源泉，也是历史唯物主义哲学发展的保障。

然而，现实的情况是，无产阶级备受欺压，历史唯物主义哲学的实践受到了限制。在《1844年经济学哲学手稿》中，马克思谈道，由于资本主义的私有制，异化劳动制约了无产阶级的全面发展。马克思认为，工人需要的生活要素，主要涉及肮脏、堕落、腐化等被称为文明阴沟里的东西，然而工人真正的需要并不是阳光、空气以及动物层面简单的爱清洁的生活习性，即工人的生活要素主要是由违反自然规律和日益腐化的自然界产生的。工人的任何一种感觉都不会以作为人的真正方式、非人的方式、动物的方式而存在。③从这段话可知，人们在异化劳动中，走向了文明的阴沟，走向了腐化堕落的深渊。其实，这也就是马克思较黑格尔对劳动的认识更科学的地方，马克思看到了劳动消极的一面。正是以异化劳动的形式所表现出来的消极劳动，使历史唯物主义的实践方式变了样。

---

① 《马克思恩格斯文集》第3卷，人民出版社2009年版，第429页。
② 《马克思恩格斯文集》第3卷，人民出版社2009年版，第258页。
③ 《马克思恩格斯文集》第1卷，人民出版社2009年版，第225页。

第四，马克思历史唯物主义创新的价值之维。马克思始终关注人类社会的命运，通过变革旧的社会生产关系，积极构建人类社会发展的真实共同体。在马克思晚年，他把关注的目光转向了世界的东方，提出了著名的"跨越卡夫丁峡谷"的理论。从当时的社会发展情况来看，东方的俄国是世界资本主义发展比较落后的地区，然而这里的无产阶级运动却很高涨。对于俄国能否过渡到高级的共产主义社会，马克思认为，对于这个层面的问题，在目前可能进行的回答就是，当今俄国的土地公有制想成为共产主义社会发展的逻辑起点，就必须使得俄国自身的革命成为西方资产阶级革命的信号且二者能够进行相互补充。① 对于俄国而言，需要坚守的是自己特有的文化传统，需要补充的是西方先进的生产力。只有这二者相互补充，俄国才有可能"跨越卡夫丁峡谷"。

除了对东方落后地区的关注，马克思也十分关注人类社会的发展形态。马克思所处的时代，已经由传统的农业文明逐步过渡到工业文明，生产方式发生了翻天覆地的变化。对于整个人类社会而言，文化发展的最高价值目标，就体现为人类文明形态的不断演进。在《1857—1858年经济学哲学手稿》这部著作中，马克思明确提出人类发展三形态说，即以人为依赖的阶段，在此基础上的以物为依赖的阶段，以及人的自由全面发展阶段。这三个阶段的发展演变，无疑是随着生产力的进步，人类的文明程度不断提高。在人类社会发展初期，人类的活动只能局限在狭小的空间，发展程度受自然条件的制约。在第二发展阶段，随着生产力的进步和普遍交往的确立，人类社会的文明程度才得以提升。对物的依赖性的阶段，其实主要是以工业社会为代表的资产阶级文明。

第三个发展形态，即建立在个人全面发展基础上的自由个性的实现。这个高级形态的人类文明，只有在共产主义社会才会实现。原因就在于，共产主义社会的生产力绝对高度发达，物质财富也极大丰盛，共产主义文化也是丰富多彩的。在这个高度文明的社会，资本主义异化的哲学已经得到了扬弃，随之而来的是共产主义新哲学。当真实的社会共

---

① 《马克思恩格斯文集》第 2 卷，人民出版社 2009 年版，第 8 页。

同体被建构，就没有异化劳动和私有制的压迫，人的体力和智力能够得到全面发展。不难发现，马克思从全人类的高度出发，不仅关注整个人类社会的命运走向，而且力争构建一个能实现每一个人的自由发展和全面发展的高级人类文明社会。在马克思看来，共产主义社会是历史唯物主义哲学的实践，人们能够根据内心真实的想法去从事某种职业，而非为了维持生存被迫牺牲自身。

总而言之，马克思历史唯物主义哲学的价值目标体现了对人类社会美好未来的向往，是我们为之奋斗的动力所在。站在人类命运发展的高度，立足于历史唯物主义，把握人类社会的发展规律，有助于推进人类文明形态不断演进。应当指出，马克思历史唯物主义创新的科学内涵绝不只上述几重维度，深刻把握马克思历史唯物主义哲学的深邃意蕴，最重要的是能从实践的高度去把握。因为，在马克思看来，理论的东西再美好，如果不能从改造世界的角度出发，那就只会停留在解释世界的层面。

三 马克思历史唯物主义创新的当代启示

马克思历史唯物主义的创立，本身就是哲学发展在理论上创新的表现。马克思启示我们，走出精神哲学的误区，抓住社会发展现实，以实践推动社会问题的解决，这才是历史唯物主义创新的本质所在。有鉴于此，应当继承马克思历史唯物主义思想内核，秉承马克思历史唯物主义哲学的创新精神，立足现实的社会生活，在实践创造中不断丰富自身的内涵，从而彰显马克思历史唯物主义哲学思想的当代生命力。当前，中国正在积极构建新时代中国特色哲学社会科学理论，应当创新马克思历史唯物主义在中国的发展形态，为中国全面现代化的实践提供价值指引和理论支撑，进而夯实马克思主义在当今中国的指导地位。具体而言，马克思历史唯物主义创新对当代中国的启示，主要表现在以下几个方面。

首先，有助于新时代历史唯物主义的创新与发展。众所周知，历史唯物主义是马克思整个思想的核心，最根本的就在于对人类社会发展规律的探究，这贯穿于马克思哲学思想的始终。不难理解，历史唯物主义不仅具有理论的现实性，而且可以运用于实践层面，这是马克思历史唯物主义思想的时代性张力所在。然而，面对新时代中国社会主要矛盾的变化，为了防止马克思哲学思想发展的教条化，应当在坚持历史唯物主义创新的立场上，创新历史唯物主义在新时代中国的发展形态。这不是对马克思历史唯物主义哲学思想的歪曲，而是对其在新时代现实社会中的创新，这样才能体现出马克思哲学思想的时代特征和理论魅力。正如马克思所说："任何真正的哲学都是自己时代精神的精华。"[①]这也就是说，哲学发展实质上离不开特殊的时代，同时也反映了整个时代的精神内核。

因此，历史唯物主义在当今中国的创新与发展，一方面要继承其理论内核，另一方面也要结合当今时代的情况，这样才能真正创新历史唯物主义的发展。从中国的时代现实来看，中国社会的进步需要历史唯物主义的价值指引，中国现代化的发展目标始终坚持历史唯物主义的立场，创新历史唯物主义已经成为理论与实践发展的必然要求。正如马克思指出："理论需要是否会直接成为实践需要呢？光是思想力求成为现实是不够的，现实本身应当力求趋向思想。"[②]现如今，中国已经进入了全面现代化建设的关键时期，坚持以人民为中心的原则实质上就是历史唯物主义哲学创新的时代表现，对新时代社会主要矛盾的诊断同样是历史唯物主义的创新发展。有鉴于此，就要在理论需要和实践需要双向发展中，在继承马克思哲学思想科学内涵的基础上，秉承哲学创新的思想方法，真正地推动新时代中国历史唯物主义的创新与发展。

其次，推动新时代中国特色哲学社会科学理论的建构。无疑，历史唯物主义不仅是我们的认识工具，而且是改造现实世界的实践工具，是马克思哲学思想的精华。历史和实践表明，维护广大人民的根本利益，致力于人民群众的自由全面发展，本质上都是在积极践行历史唯物主义

---

① 《马克思恩格斯全集》第1卷，人民出版社1956年版，第121页。
② 《马克思恩格斯文集》第1卷，人民出版社2009年版，第13页。

的理论精神。习近平指出:"坚持以马克思主义为指导,是当代中国哲学社会科学区别于其他哲学社会科学的根本标志,必须旗帜鲜明加以坚持。"① 从习近平的讲话中可知,马克思主义的指导地位,最根本的就在于历史唯物主义的理论特色,这是同其他哲学社会科学的最显著区别。换言之,对马克思主义的坚持,就在于吸收其重要的理论内核;对历史唯物主义的继承和坚持,贵在创新其理论发展的形态。概言之,中国特色哲学社会科学理论的建构,不仅在于抓住马克思主义中历史唯物主义的内核,同时还在于创新历史唯物主义的理论成果,从而才能为新时代中国特色哲学社会科学的建构提供理论源泉。

必须指出,用马克思历史唯物主义哲学创新推动中国特色哲学社会科学的发展,也不能在丢掉其精神本质的基础上进行,而是要本着全面辩证的理论态度。正如戴维·麦克莱伦所言,很多人不能真正理解马克思本人的思想,就在于这部分人没能剥去历史的外壳,这就使得马克思真实的思想被差异性的解释所遮蔽。② 正是在这个层面上,我们应该弄清楚两个问题:马克思历史唯物主义哲学思想的内涵到底是什么?中国特色哲学社会科学与马克思历史唯物主义哲学思想之间的耦合性到底是什么?最重要的就在于哲学的创新,正如习近平指出,哲学理论生命力的本质在于创新,没有创新就不能推动实践向前发展。因此,推动中国特色哲学社会科学理论的建构,一方面,要继承马克思历史唯物主义的理论视野;另一方面,也要真正发挥历史唯物主义哲学在推动新时代中国特色哲学社会科学理论建构中的作用。

最后,助推中国实现全面的社会主义现代化。中国特色现代化的本质,根本上是人的现代化的实现,也就是说,要实现人的全面而自由的发展。在这一理论目标上,历史唯物主义也在探究人类社会的发展,最终也是为了实现真正意义上自由而全面的人。这也就进一步启示我们,应当创新历史唯物主义哲学在当今中国的理论发展,旨在为中国

---

① 习近平:《在哲学社会科学工作座谈会上的讲话》,《人民日报》2016年5月19日。
② [英]戴维·麦克莱伦:《马克思传》,王珍译,中国人民大学出版社2010年版,第465页。

现代化实践提供宝贵的精神资源，进而开创新时代中国式现代化建设的新征程。毋庸置疑，历史唯物主义不仅具有当下的现实性，同样也具有超越现实社会的理想性，即为了人真正意义上的解放。然而，社会主义现代化建设，需要历史唯物主义的理论支撑，也需要历史唯物主义的实践推动。正如卢卡奇所言，历史唯物主义不仅是科学的思想方法，而且是一种行动。正是在这个意义上，历史唯物主义哲学的创造性才能真正体现。

中国特色现代化建设事业是开创性的事业，只有在现代化建设实践中才能丰富历史唯物主义创新的内涵，这也进一步印证了历史唯物主义哲学创新的实践来源问题。随着中国特色社会主义现代化的不断发展，实现人的现代性已经迫在眉睫，这是衡量中国发展内涵的重要体现，同样也表征了历史唯物主义哲学独特的思想境界。众所周知，西方现代性道路理论的建构是启蒙理性推动的，而中国特色社会主义现代化道路理论则是以历史唯物主义为基础的，这是东方和西方在发展道路上的本质区别。事实证明，历史唯物主义是以人的发展为核心的，是对启蒙理性中资本逻辑的扬弃和超越，彰显了历史唯物主义在中国现代化进程中独特的理论魅力。中国式现代化建设的全面性，最根本上体现的是每一位中国人的全面发展以及中华民族的真正复兴，这才能真正彰显历史唯物主义创新的真实内涵。

总而言之，对马克思历史唯物主义创新内涵的探究，一定要在马克思哲学思想发展史的脉络中考察。唯有如此，才能深刻把握历史唯物主义创新的现实之维、批判之维、实践之维、价值之维。只有立足现实社会生活，以全面辩证的观点看待历史唯物主义的发展，才能丰富历史唯物主义的时代内涵，进而为新时代中国特色哲学社会科学理论的建构和全面现代化的实现提供价值指引。因此，要在继承马克思历史唯物主义本真精神的基础上，以创新推动新时代历史唯物主义的发展，彰显马克思哲学在新时代实践中的现实意蕴。

| 社会现实生活的历史唯物主义向度

第二节　从历史唯物主义看人类文明新形态三重意蕴

习近平总书记在党的二十大报告中指出："中国式现代化的本质要求是：实现高质量发展，发展全过程人民民主，丰富人民精神世界，实现全体人民共同富裕，促进人与自然和谐共生，推动构建人类命运共同体，创造人类文明新形态。"① 中国式现代化的过程就是创造人类文明新形态的过程，中国式现代化的内涵与人类文明新形态是内在统一的。人类文明新形态内涵深刻，蕴含着重大的理论与实践创新。人类文明新形态是习近平新时代中国特色社会主义思想的重要组成部分，是习近平新时代中国特色社会主义思想的世界观和方法论的鲜明表征，深刻回答了时代之问、世界之问。

人类文明新形态立足于马克思主义文明观的发展与创新，充分吸收了中华优秀传统文化的思想，并在新的历史境遇中创新发展，在马克思主义中国化时代化的文明观中丰富发展，在中国特色社会主义伟大实践中创新发展，是马克思主义文明观发展的新的里程碑，是历史唯物主义发展的新的里程碑。人类文明新形态的理论和实践品格鲜明地体现在它的三重意蕴之中，即实践性意蕴、历史性意蕴和世界性意蕴。深刻把握人类文明新形态的三重意蕴，不断丰富和发展人类文明新形态理论的内涵，对于深刻理解和践行习近平新时代中国特色社会主义思想的世界观和丰富论，具有极为重要的理论意义与现实意义。

---

① 习近平：《高举中国特色社会主义伟大旗帜　为全面建设社会主义现代化国家而团结奋斗——在中国共产党第二十次全国代表大会上的报告》，人民出版社2022年版，第23—24页。

一　人类文明新形态的实践性意蕴

马克思认为，全部社会生活都是实践的，凡是把理论引向神秘性的东西，都能在实践中得到合理的解答。实践是马克思主义的鲜明品格。人类文明新形态扎根于中国特色社会主义伟大实践之中，扎根于世界历史的实践之中，扎根于人民的生活实践之中，从而以实践的方式不仅对中国特色社会主义现代化建设和中华民族伟大复兴，而且对人类新文明的生成发挥着不可替代的重大作用。中国特色社会主义实践是在世界历史中形成和发展的。世界历史是形成现代文明的物质基础，没有世界历史，就没有现代文明，也就是说，世界历史与现代文明是紧密结合在一起的，是同一个问题的两个方面。

从世界历史的观点看，中国在世界历史中经历了资产阶级文明，也就是说，资产阶级文明把资本逻辑作为内在的发展规律，以一种特殊方式经历了资本主义发展的最残酷、最残暴、最非人道的历史进程。在这一历史进程中，资产阶级文明，也就是资本主义现代化的一切灾难都转嫁到中国人民身上，使中国人民受尽了各种苦难和蹂躏。在马克思看来，极为相似的事情在不同的历史环境中会产生完全不同的结果。在这样的历史环境中，中国式现代化必须走自己的路，以最人道的方式超越资产阶级文明给人类带来的灾难，这是因为在不同的历史环境中，必然走不同的道路。如果硬要发展资产阶级文明，也就是走资本主义现代化的道路，则意味着错过历史机遇，犯下历史性和时代性的错误。因此，中国式现代化是超越资本主义现代化的新型现代化，是真正的世界历史事件，是世界历史的重要组成部分。[①] 这意味着，中国特色社会主义实践开创的人类文明新形态与资产阶级文明，虽然都在世界历史中，但在不同的历史环境中，它们的内涵具有根本的不同。这是因为，资产阶级文明以资本为核心，创造了极大的物质财富，但是它创造的物质财富并不是为了人的全面发展，而是服务于资本本性的需要。物的发展和人的

---

① 刘奔：《刘奔文集》，中国社会科学出版社 2008 年版，第 27 页。

全面异化是资产阶级文明的本质。

马克思在对资产阶级文明批判中坚持的是历史唯物主义的观点，即历史评价与道德评价的统一。在马克思看来，异化的扬弃与异化走的是同一条道路，在异化的发展中扬弃异化的客观物质条件。正是从这个意义上说，资产阶级文明本身为自己被超越创造了物质条件，也就是说，资产阶级文明必然灭亡，被新的文明所代替。但是，资本的发展有利于人类物质财富的多样化，全面地、多维度地打开了使用价值的领域，资本导致了使用价值在数量、种类和质量上的丰富。资本的发展使人类的生产力和生产关系以异化的形式获得了极大的发展，也使人类文明达到了前所未有的高度。资本的发展使人类的物质财富不局限于仅有的几种使用价值种类和范围，这为未来人的全面发展奠定了坚实的物质基础，从而为人类新文明的形成提供了物质保证。[①]中国式现代化对现代文明，即资产阶级文明的创造性吸收，使现代文明的积极成果成为自己的重要内涵。中国特色社会主义实践利用资本、壮大资本、发展资本，从而使资本在中国特色社会主义文明中发挥巨大的功能。要言之，中国特色社会主义文明利用资本、发展资本与限制资本，也就是说，在经济领域充分利用资本、发展资本，从而打下坚实的物质基础，为人民美好生活的实现提供了物质条件。在政治领域、文化领域、精神领域、社会领域、生态领域则限制资本，杜绝资本对这些领域的侵袭，从而保证人民的全面发展。一言以蔽之，人类文明新形态是实践的，也就是说，人类新文明形态是以人民至上为文明的核心，人民创造文明与享用文明是统一在一起的，这是马克思历史唯物主义人民创造历史和享用历史成就统一的观点在人类新文明形态上的实践体现。人类新文明形态是以人民至上为核心的整体文明，即物质文明、政治文明、社会文明、精神文明、生态文明，五大文明构成有机的内在联系的整体。

人类文明新形态与中国道路、中国式现代化是内在统一的。中国道路是把马克思主义基本原理与中国实际相结合，与中华民族优秀文化

---

① 王德峰：《寻觅意义：王德峰人文讲座·随笔》，上海锦绣文章出版社2007年版，第67页。

相结合的中国特色社会主义道路，这条道路开辟了人类文明新形态。中国特色社会主义道路是实践的。一方面，中国特色社会主义道路在与马克思主义基本原理相结合的过程中，创造性地发展了马克思主义基本原理，使马克思主义基本原理获得了新的内涵，就是马克思主义中国化时代化的新境界。习近平新时代中国特色社会主义思想就是马克思主义中国化时代化的新境界，是马克思主义发展的新的里程碑，是21世纪的马克思主义。中国特色社会主义道路也不断地发展与创新，是在践行马克思主义立场观点方法基础之上的创新，从而使中国特色社会主义道路表现出强大的生机和活力。换言之，中国特色社会主义道路与马克思主义基本原理的结合是在实践中的结合，是在创新发展变化的社会现实中的结合。在结合的过程中，无论是马克思主义基本原理，还是中国特色社会主义道路，都获得了新的发展内涵。马克思主义基本原理视域中的中国特色社会主义道路和中国特色社会主义道路视域中的马克思主义基本原理是内在统一的。另一方面，中国特色社会主义道路不光与马克思主义基本原理相结合，还与中华民族优秀的传统文化相结合，这是同一个问题的两个方面，本身就是一回事。这里的结合是创造性的结合，也就是说，在结合的过程中，中华优秀传统文化在新时代获得新的内涵，从而成为中国特色社会主义道路的内在组成部分。很显然，中国特色社会主义道路与中华优秀的传统文化相结合是实践的结合，开放创造的结合，从而使中华民族优秀传统文化在新时代表现出勃勃生机和活力，也使中国特色社会主义道路获得了中国智慧的哲学内涵。

中国特色社会主义道路是中国式现代化的道路，也就是说，中国特色社会主义道路与中国式现代化本身就是一回事。中国特色社会主义道路开辟的中国式现代化道路，就是人民至上的现代化道路，就是共同富裕的现代化道路，就是物质文明、政治文明、精神文明、社会文明、生态文明协调发展的现代化道路，就是人民过上美好生活的现代化道路，就是人的全面发展的现代化道路，就是和平与发展的现代化道路。中国特色社会主义道路蕴含的经济、政治、文化、生态体现着人类文明新形态。中国特色社会主义道路、中国式现代化和人类文明新形态本身就是统一在一起的，这是由中国特色社会主义道路的性质决定的。人类文明新形态、中国式现代化与中国特色社会主义道路本身就是在实践中统一的，本身就是有机的整体。当然，人类文明新形态、中国式现代化与中国特色社会主义道路不是完成时，而是进行时，随着时代的发展，它们本身也在发展，从而破解时代的重大问题，在解决人类重大问题的过程中获得新的内涵，从而对人类文明的发展做出重大贡献。

人类文明新形态，无论是实践、理论、价值、精神、范式，还是显现出来的各种特征，都与现代文明表现出根本的不同。这是因为，中国化马克思主义的理论形态就是中国特色社会主义实践的理论表征。中国化马克思主义理论形态就是习近平新时代中国特色社会主义思想。中国化马克思主义理论形态与中国特色社会主义实践是同一个问题的不同方面，这构成中国式现代化的理论与实践基础，同时，也是人类文明新形态的理论与实际基础。人类文明新形态是新时代中国特色社会主义实践的深刻表征。新时代中国特色社会主义实践是践行习近平新时代中国特色社会主义思想的创新实践，是中国共产党领导全体中国人民创造美好生活的实践，从根本意义上说，中国特色社会主义实践也是中国特色社会主义文明的实践，同样也是中华文明崛起的实践，还是新的世界文明生成的实践。人类新文明新形态的实践内涵蕴含着马克思主义文明观的创新实践、中国特色社会主义文明观的创新实践、全面建成社会主义现代化强国和实现中华民族伟大复兴的创新实践。

文明是人类实践活动的结晶，是衡量人类进步程度的标尺。恩格斯说："文明是实践的事情，是社会的素质。"[①] 习近平新时代中国特色社会主义思想是在实践中形成的，从而指导社会实践。习近平新时代中国特色社会主义思想是人类文明新形态的理论与实践基础，是对马克思主义文明观的原创性贡献，是马克思主义文明观在当代中国的发展与创新，是马克思主义文明观发展的新的里程碑。习近平不仅继承了马克思、列宁、毛泽东、邓小平的人类文明思想，而且以马克思主义理论家和人民

[①] 《马克思恩格斯全集》第3卷，人民出版社2002年版，第536页。

领袖的气魄,在新时代中国特色社会主义伟大实践中,对马克思主义文明观进行发展与创新,从而作出了原创性贡献。如果说马克思、列宁、毛泽东、邓小平分别代表了马克思主义文明思想形成、发展的第一、第二、第三、第四个里程碑,那么,习近平则代表了马克思主义文明思想发展的第五个里程碑,这是我们理解习近平新时代中国特色社会主义思想作为当代中国的马克思主义、21世纪马克思主义的根本问题,理解和践行习近平新时代中国特色社会主义思想的世界观和方法论的根本问题。如果说马克思恩格斯创立了人类文明的科学理论,从而使人类文明的未来走向有了科学的理论和思想指导;列宁和毛泽东在理论与实践的结合中发展了马克思主义文明思想,从而使马克思主义文明观从理论变成了现实;邓小平在发展马克思主义文明观的基础上,根据时代的重大变化,继续对马克思主义文明思想在实践中进行发展与创新,从而使马克思主义文明思想获得了新的内涵。那么,习近平的重大贡献则在于,结合百年未有之大变局,在创造性地理解马克思主义文明观的基础上,创立了人类文明新形态理论,从而为破解人类文明发展的诸多困难和难题,为人类文明的新发展,作出了划时代的原创性贡献。随着时代的发展,习近平新时代中国特色社会主义思想的重要性将更加显现出来,而习近平对马克思主义文明观的巨大贡献将不断地彰显出来,从而引导人类文明的发展与创新,从而使人类的未来更加美好。①

二 人类文明新形态的历史性意蕴

历史唯物主义认为,人民群众创造历史就是人民群众创造文明的过程,同时也是人民群众享用文明成果的过程,实践是人民群众创造历史和文明的前提和基础。文明是衡量历史进步程度的重要标尺,是人类在实践基础上改造自然和社会的结果,从而使人类生活更加美好。

马克思对资产阶级文明的批判,也就是对现代文明的批判,至今仍

---

① 俞吾金:《重新理解马克思——对马克思哲学的基础理论和当代意义的反思》,北京师范大学出版社2005年版,第171页。

然是不可超越的，具有强大的生命力和现实指导意义。今天，我们所处的时代与马克思所处的时代有较多的不同，但从本质上看，并没有变。也就是说，不论资产阶级文明，也就是现代文明如何变化，其本质都不会变，资产阶级文明是以资本逻辑为核心的，这是无论什么时候都不会改变的。

习近平总书记指出，只有在整个人类发展的历史长河中，才能透视出历史运动的本质和时代发展的方向。马克思主义理论是我们透视历史运动本质和时代发展方向的科学理论，是我们理解人类文明新形态历史性意蕴的理论依据。马克思的两形态理论认为，人类社会经过两大社会形态，即人类社会的史前时期和真正的人类社会。人类文明新形态是对人类社会史前时期的超越，是真正的人类社会的开始。按照马克思的三形态理论，人类社会经过三大社会形态，即"人的依赖性社会""物的依赖性社会"和"自由人联合体的社会"，人类文明新形态是从"物的依赖性社会"向"自由人联合体"的社会的跨越。从马克思的人的全面发展思想看，人类文明新形态是践行人的全面发展思想的文明。从历史唯物主义关于人类社会发展的规律看，人类文明新形态是超越资本主义社会的新的社会形态。很显然，立足于历史唯物主义的基本理论，我们清晰地看到，人类文明新形态是人类社会发展规律的彰显，具有历史的必然性，是人类社会发展规律与人民能动性创造历史的有机统一。

人类文明新形态是中国特色社会主义的文明形态。资产阶级文明与社会主义文明的根本区别在于，是否把生产力发展的成果造福于人民。资产阶级文明以资本逻辑为核心，生产力发展了，人民生活更加异化，并没有享用生产力发展的成果，物的发展与人的发展成反比。中国特色社会主义文明把发展成果造福于人民，实现共同富裕，避免两极分化，这对于资产阶级文明以资本为核心导致贫富两极分化的超越。

人类文明新形态是现代文明的改弦更张，是具有中国特色、中国风格和中国气派，蕴含着中国智慧的现代化。现代文明已经走到了危急关头，需要新的文明代替。核威慑、恐怖主义、生态危机均是现代文明开出的恶之花，人类社会到了生存与发展的边缘。超越现代文明，需要用中国智慧，而人类文明新形态就是中国智慧的表征。人类文明新形态是中华民族崛起的文明。众所周知，中华文明长期在人类历史上占有主导地位，为人类文明作出了重大贡献。由于清朝政府的腐败和帝国主义的侵略，使中国人民遭受欺凌和蹂躏，中华民族甚至到了最危急的时候。由于中国共产党的领导，由于马克思主义的指导，由于走社会主义道路，中华文明才重新崛起。苦难是人生的老师。历史与实践告诉我们，中华民族崛起的文明是和平发展的文明，是造福于世界人民的文明。

从根本意义上说，人类文明新形态是马克思主义文明观在当代中国的具体实践，是马克思主义中国化、时代化的最新结晶，不仅是马克思主义发展的新的里程碑，而且是马克思主义中国化、时代化发展的新的里程碑。人类新文明、新形态，不仅对全面建成社会主义现代化强国，而且对于人类新文明的构建，都具有极为重要的意义。事实上，全面建成社会主义现代化强国和实现中华民族伟大复兴，不仅是中华文明崛起的重要标志，而且是世界新文明发展的重要历史事件。从根本意义上说，人类文明新形态，是社会主义性质的文明表征，是中华文明崛起的表征，是世界新文明生成的表征。

习近平新时代中国特色社会主义思想作为"时代精神的精华"和"人类文明活的灵魂"，深刻回答了时代之问、世界之问，蕴含着深刻的理论与实践自觉。在习近平总书记看来，马克思主义传入中国后，科学社会主义的主张受到中国人民热烈欢迎，并最终扎根中国大地、开花结果，绝不是偶然的，而是同我国传承了几千年的优秀历史文化和广大人民日用而不觉的价值观念相融通的。中国特色社会主义实践是中国式现代化的实践，还是人类文明新形态的实践。这是因为，它们都植根于中国优秀的传统文化的历史底蕴之中，都植根于马克思主义发展与创新之中，都植根于全面建成社会主义现代化强国和实现中华民族伟大复兴的实践之中。正因如此，人类文明新形态不仅具有深厚的历史底蕴，而且具有现实的实践自觉，还有面向未来的方向标。

从哲学的高度看，人类文明新形态不仅具有当下的现实性，而且具有超越当下的未来性，现实性与未来性紧密地联系在一起，从而使人类文明新形态的价值与意义不断地彰显出来。从这个意义上说，人类文明新形态的历史意蕴蕴含着过去、现在、未来的内在统一性，这种内在统一性是历史的统一性、整体的统一性。这是因为，人类文明新形态的理论基础是习近平新时代中国特色社会主义思想，习近平新时代中国特色社会主义思想是当代中国的马克思主义，是21世纪的马克思主义，占据真理和道义的制高点，是时代的真理和良知。人类文明新形态的实践基础是中国特色社会主义伟大实践，中国特色社会主义伟大实践彻底扬弃资本主义实践，是人类文明史上最伟大的实践，是吸收了人类一切文明的优秀成果的实践。

从马克思主义哲学的观点来看，实践是马克思主义哲学的根本观点。实践不仅具有认识论的意义，更具有生存论的意义。也就是说，实践生存论把人的生存与发展作为一切的根本，是一切的出发点和落脚点，是衡量一切的根本。人类文明新形态蕴含着马克思主义哲学的实践自觉，也就是说，人类文明新形态的出发点和落脚点是人民生活美好和世界美好，人民生活美好和世界美好构成人类文明新形态的实践生存论，表征着人类文明生成和发展的内在根据。这个内在根据是人类文明新形态超越现代文明的内在根据，是开创人类美好未来的内在根据，是人类克服危机的内在根据。从历史唯物主义观点看，这个内在根据也不是静止的，而是历史的、发展的、实践的、创新的。

人类文明新形态是人类创新性活动的表征，这里的创新性活动，不是观念的创新性活动，而是现实的创新性活动，现实的创新性活动就是占据真理和道义的制高点，吸收人类一切文明的优秀成果，并且成为自己的重要组成部分。人类文明新形态既是对现代文明的扬弃，又是开创人类新文明的实践自觉，对现代文明的扬弃和开创人类新文明的实践自觉是同一个过程。这就是说，人类文明新形态建立在人类实践活动的基础之上，以马克思主义历史辩证法和人的全面发展的哲学自觉，在对现代文明的扬弃中，建构自己的丰富内涵。人类文明新形态吸收了现代文明创造的物质财富，扬弃了人的全面异化，从而使人类文明朝着人民生活的美好和世界的美好的方向前进。人类文明新形态是马克思主义实践智慧的彰显，从而不断显现理论创新与实践创新的内在统一。人类文明新形态走向历史的深处，是对现实的历史的深刻反思，因而具有强烈的历史自信和文化自信，因为人类文明新形态扎根于中华民族五千年的文明中，是对中华民族五千年文明的提升，这种历史底蕴使人类文明新形态始终站在历史的制高点、现实的制高点和未来的制高点上。

因此，人类文明新形态不是完成时，而是进行时；不是静止的、固定的，而是不断发展的，从而获得新的内涵。正因如此，人类文明新形态具有卓越的历史眼光和敏锐的未来眼光，卓越的历史眼光和敏锐的未来眼光的哲学智慧，使人类文明新形态站得高、看得远，始终走在时代的前列，解决人类当下和未来存在的问题，从而使人类的当下和未来更加美好。很显然，人类文明新形态具有历史自信、实践自信和未来自信。从深层次上说，人类文明新形态是人类文明发展规律的彰显，是人类社会发展规律的彰显，是人类美好生活规律的彰显。

三 人类文明新形态的世界性意蕴

马克思说，问题是时代的呼声和格言。人类文明新形态从理论和实践上回答了时代之问、世界之问、未来之问，为人类文明的未来走向指明了方向。

习近平总书记指出，中国共产党领导人民成功走出中国式现代化道路，创造了人类文明新形态，拓展了发展中国家走向现代化的途径，给世界上那些既希望加快发展又希望保持自身独立性的国家和民族提供了全新选择。

以中国式现代化推进中华民族伟大复兴，内涵丰富，蕴含着人类文明新形态的历史与实践自觉，本身就是对人类文明的贡献。中华民族伟大复兴实际上是中华民族文明的崛起。中华文明的崛起是在习近平新时代中国特色社会主义思想指导下，在中国特色社会主义实践中进行的。也就是说，中华民族的崛起是由中国共产党的领导，习近平新时代中国特色社会主义思想的指导，以中国式现代化来实现的。这意味着，中华文明的崛起不是以资本为核心，而是以人民为中心，这是由中国共产党的性质、马克思主义的性质和中国式现代化的性质所决定的。这深刻地表明，中华民族伟大复兴意味着人类新文明形态在生成，中华民族伟大复兴就是中华文明崛起，就是人类新文明形态生成，这三者是有机地结合在一起的，是同一个问题的不同方面。很显然，人类文明新形态不仅具有中国意义，而且具有世界意义。按照黑格尔在《历史哲学》中的观点，一定的民族、国家为民族复兴、国家富强所做的一切事情，不仅具有本民族、本国家的意义，而且具有世界意义。

中国式现代化彻底扬弃了西方现代化，从而使人类文明发生根本的转向，这个根本的转向是文明的本质转向。世界历史逐渐从西方转向东方，新的世界历史是以和平发展为核心的，人类文明新形态以和平主义为前提和基础，这就彻底扬弃了西方现代化以征服与被征服为前提，以霸权扩张和丛林法则为基础的思想。从理论基础看，支撑西方现代化的理论基础是旧唯物主义，是以市民社会为基础的，这就是说，市民社会是原子式个人，是一切人反对另一切人的战争，旧唯物主义是以敌视人为前提的。中国式现代化是以历史唯物主义及其中国化为基础的。历史唯物主义立足于人类社会，这里的人类社会是超越人类社会的史前时期的真正的人类社会。中国共产党的领导和历史唯物主义中国化规制着中国式现代化的性质和本质。习近平新时代中国特色社会主义思想是历史唯物主义发展与创新的新的里程碑。习近平新时代中国特色社会主义思想作为中国式现代化的灵魂，同样也是人类文明新形态的灵魂，使中国式现代化处处闪耀着真理的光芒。中国式现代化是实现人类新文明形态的现代化，它的性质是社会主义文明在当代中国的实践。从人与自然的关系看，中国式现代化是人与自然和谐共生的现代化，从而使人民生活在天蓝地绿水清的美好生态环境中，美丽中国则是这一现代化的鲜明表征。从人与社会的关系来看，中国式现代化是生产力与生产关系和谐统一的现代化，从而使人民享用一切发展和创新成果，使人民生活在心情舒畅、感情丰富、信仰坚定的社会环境中。更为重要的是，在和谐的社会环境中，公平、正义、平等构成社会的基础。从人与自我的关系看，中国式现代化是实现人与自我和谐的现代化，从而使人民内心充满自豪。

中国式现代化和人类文明新形态是紧密结合在一起的。中国式现代化的性质也就是人类文明新形态的性质，二者构成有机的联系。人类文明新形态是对现代文明的扬弃，从而生成一种新的文明形态；对现代文明的扬弃，是积极地吸收现代文明的一切优秀成果，从而超越现代文明，进而成为高于现代文明的文明。人类文明新形态有多种表现，诸如以人民为中心的发展理念、人民至上的世界观和方法论、共同富裕、人民对美好生活的向往、人类命运共同体，等等。

进一步说，中华民族伟大复兴使中国成为社会主义现代化强国，中华民族伟大复兴和社会主义现代化强国在本质上是统一的。这里有两个重要方面：一是社会主义，二是现代化强国。现代化有资本主义现代化，有社会主义现代化，而且资本主义现代化与社会主义现代化有着本质的不同。不是说资本主义现代化与社会主义现代化没有任何联系，它们是有联系的，这种联系体现在社会主义现代化对资本主义现代化的超越，超越就是对资本主义现代化成果的积极吸收，并且创造性地成为自己的东西。正因如此，社会主义现代化高于资本主义现代化，是对资本主义现代化的扬弃。正是社会主义现代化与资本主义现代化的本质不同，才使中国式现代化成为人类文明新形态的现代化。正如吴晓明教授所指出的，中华民族伟大复兴不是使中国成为资本主义现代化强国，如果成为资本主义现代化强国，就不是中华民族伟大复兴了，也就不会具有世界意义了，那仍然处在旧的文明，即资产阶级文明，即现代文明的范围内。只有当中华民族伟大复兴，消化并积极占有资本主义现代化的一切成果，这里的积极占有，是扬弃，是对资本主义现代化的积极方面的占有，对消极方面的抛弃，中华民族伟大复兴的世界意义才能彰显出来。① 人类文明新形态的世界意义，可以有多种表现，但最为本质和关键的是，人类文明新形态超越资产阶级文明，并且积极地占有资产阶级文明的一切优秀成果。从现代化的视域看，资本主义现代化与资产阶级文明是本质联系的，资本主义现代化构成资产阶级文明的内在根据；中

---

① 吴晓明：《世界历史与中国道路的百年探索》，《中国社会科学》2021年第6期。

国式现代化与人类文明新形态是本质性地结合在一起的，中国式现代化构成人类文明新形态的内在根据。因而，中国式现代化是开启人类新文明形态的现代化，中国式现代化开启了新的世界历史，人类文明新形态与新的世界历史密切联系。

德国诗人海涅说过，每一个时代都有它的重大问题，解决了它，人类社会就向前推进一步。人类文明新形态是时代的真理和良知，为解决时代的重大问题提供了重要的世界观和方法论，它的重大意义将不断地显现出来。

第一章　实践批判的社会现实生活意蕴

第一节　马克思实践批判的价值旨趣及其当代意义

批判精神是哲学永葆生机和活力的强大动力。马克思的新唯物主义，是"从物质生活出发来解释观念的东西"，建立在实践批判基础之上。实践批判是从物质生活的内在矛盾中，是从生产力与生产关系的内在矛盾中，揭示社会现实生活的真正内涵。正因如此，马克思尽管立足于资本主义矛盾和结构的实践批判，但是，马克思的实践批判不仅具有现实性维度，而且还具有超越性维度。也就是说，马克思实践批判，不仅是马克思生活时代的精华，而且超越了马克思生活的时代。只要人类的实践是异化的，马克思实践批判的价值旨趣就会不断地彰显。马克思实践批判深入历史与未来的内在张力之中，从而不断地解答人类面临的重大问题。

近年来，对马克思哲学的实践批判研究，已经成为学术界研究的热点问题，这对于理解马克思哲学的本质精神具有不可或缺的重要意义。不过，对马克思实践批判的内涵，学术界的理解存在诸多分歧。有学者认为，马克思的实践批判仅限于资本主义实践批判，存在限度，这在某种程度上遮蔽了马克思实践批判的内涵。事实上，马克思立足于资本主义社会矛盾和结构的实践批判，不仅具有现实性维度，而且具有超越性维度，这即是马克思新唯物主义的内在特性。马克思的新唯物主义，是"从物质实践出发来解释观念的东西"。本书解决的问题包括：马克思哲学革命的实质是什么？马克思实践批判在何种意义上是马克思哲学的灵魂？马克思实践批判的内涵是什么，这对于理解马克思新唯物主义具有何种意义？马克思实践批判的意义何在？以求教于学界同人。

一 批判与超越"解释世界"的哲学：马克思哲学革命的变革

众所周知，马克思的批判是实践批判、理论批判和自我批判的有机统一。马克思更注重于实践批判，实践批判不但蕴含理论批判，而且蕴含马克思的自我批判。作为革命家、思想家与实践家的马克思，终生的事业是无产阶级和人类的解放。这不仅需要马克思澄清各种错误思想，而且需要马克思不断地发展和创新无产阶级和人类解放的思想，更为重要的是，需要马克思从实践上回答无产阶级和人类解放的重大问题。这意味着，马克思需要批判与超越传统的批判理论，从而开实践批判之先河。西方马克思主义的创始人之一葛兰西把马克思哲学理解为实践哲学。自改革开放以来，由于受到西方马克思主义的影响，从实践哲学层面理解马克思哲学获得了学术界的共识，这在某种程度上切入了马克思主义的本质精神。但是，究竟应该如何理解马克思的新唯物主义与马克思实践哲学的关系，仍然存在诸多分歧。

关于马克思实践哲学的限度问题。张盾教授曾经指出，实践哲学是以资本主义时代的工业和科技作为人的实践的范本而言的，而这就意味着实践哲学有其限度。这就是说，马克思从社会现实生活的本质问题出发，以主要精力剖析资本主义主要矛盾。因此，实践的中介性原理在资本主义时代发挥作用的极限形态是自然的绝对征服和人的生活的彻底异化。这就标志着现实的人的实践有其限度，马克思将其分析为资本主义的历史限度，而在哲学上，这也是实践哲学的限度。究其实质，实践哲学是从资本主义历史发展的内在过程中形成的对资本主义的批判意识。在这个意义上，实践哲学和康德、黑格尔哲学一样，都是近代社会意识的特定理论形式，而非超历史的纯粹抽象的观念建筑物。①这种观点有一定的合理性，因为马克思确实是立足于资本主义的实践，来展开对资本主义内在矛盾的批判，进而揭示出资本主义必然灭亡，共产主义必然胜利。马克思对资本主义商品拜物教、货币拜物教和资本拜物教的批判，揭示了物对人的统治的社会现实基础，只有推翻这个现实基础，才能彻底根除物对人的支配和宰制，实现人的自由全面发展。这也是通常人们对马克思实践哲学的理解。那么这个通常对马克思实践哲学的理解是否真正切入马克思哲学的本质精神？这是需要进一步研究的问题。在笔者看来，问题并不是如此简单的。一方面，把马克思实践哲学与康德、黑格尔哲学相提并论，都视为近代哲学的产物，这就使得马克思的哲学创新在某种程度上被遮蔽了。马克思哲学是现代哲学，是对康德、黑格尔哲学的批判与超越。另一方面，马克思实践哲学的批判性内涵没有凸显出来，马克思划时代的哲学革命被遮蔽了。这就需要我们回到马克思实践批判的内涵上来。我们知道，批判是哲学的本质属性，是哲学发展与创新的源泉。从苏格拉底、柏拉图、亚里士多德到康德、黑格尔等，都把批判精神作为哲学的主旨。但是，他们的批判都没有达到彻底性。这里所说的彻底性是指他们的批判都是解释世界，而不是改造世界，正如怀特海所说，两千多年的西方哲学都是柏拉图主义，从未在根本上超越柏拉图的哲学。因为不能从根本上超越柏拉图的哲学，所以两千多年来的西方哲学一直沉浸在"解释世界"的哲学之中，即是说，它们一直着力于通过理性、逻辑和推理来规制世界；它们都是从观念出发解释社会现实生活，而不是从物质实践出发揭示社会现实生活的内涵。很显然，把马克思哲学视为近代哲学，没有真正理解马克思哲学的革命性变革，马克思作为现代哲学家的真实内涵被遮蔽了。

---

① 张盾：《马克思的"新唯物主义"如何可能？——论实践哲学的构成和限度》，《哲学研究》2019年第2期。

马克思在《关于费尔巴哈的提纲》中说，哲学家们只是解释世界，但问题在于改变世界。这表明，马克思之前的哲学家不是不想改变世界，而是他们的哲学特质决定了他们无法触及对世界的改造。尽管他们深刻地批判了前面哲学家的局限性，但是他们自己不知不觉又走上前面哲学家的老路。问题的关键在于，他们的批判因为滞留于理论批判，所以达不到实践批判的高度。在马克思看来，"哲学家"只是用不同的方式解释世界，是指"哲学家"只是对世界诉诸理论批判，也就是只拿起了批判的武器，这种对世界的理论态度根本不能变革和改造世界。实践批判就是改变世界，就是在批判旧世界中建设新世界，其真实内涵在于：对旧世界的物质生活的批判，揭示旧世界物质生活被异化的根本原因，从而建构扬弃异化社会生活的新世界。批判和超越"解释世界"的哲学，是马克思哲学革命的基础。在马克思看来，对实践的唯物主义者即共产主义者来说，全部问题都在于使现存世界革命化，实际地反对并改变现存的事物。这就启示我们，建立在马克思实践批判基础之上的新唯物主义，不是在观念世界中"批判"，而是立足于物质实践，彻底地变革旧世界，从而为人类的自由解放奠定坚实的物质基础。即是说，马克思的实践批判是对人的异化实践活动的批判，其价值旨趣是为人类的自由全面发展创造坚实的基础。从这个意义上说，马克思新唯物主义、共产主义、实践批判是内在统一的。

马克思的实践批判不是超历史的抽象批判，而是立足于现实的历史的批判。如果说，解释世界的哲学对问题的理解都是超历史的抽象理解，尽管黑格尔也强调历史性，但是他的历史是唯心主义的历史，也就是思想、观念的历史，不是现实的历史；那么，马克思对一切事物的理解都是从其历史性来理解的，这里的历史性不仅是现实的，而且是超越的，它根植于人们的社会实践活动。马克思的实践批判不断深入人类历史的过去和未来之间，又从过去和未来反观当下的历史境遇，从而不断地深化对人类重大问题的解答。马克思对重大问题的解答是建立在马克思的实践批判基础之上，也就是说，马克思对社会重大问题的解答，不仅立足于当下，而且展望着未来，从而使马克思对重大问题的理解具有深邃的历史眼光和超前意识。马克思的实践批判既是马克思实践哲学的生存论，又是它的方法论，它开启了对世界的建构与改造。实践批判是生活世界得以生成和发展的内在根据，还是生活世界创新和变革的前提，这表明，它既是人的现实生活的建构和创造活动，也是人的现实生活的意义的彰显活动。显然，马克思的实践批判不是死的，而是鲜活的创生活动；它不是业已完成的，而是不断生成的；它不仅改变当下，而且铸造未来。① 马克思的实践批判不断地面向现实，同时又超越现实，从而不断地在批判旧世界中建构新世界。在批判和建构新世界的过程中，马克思的实践批判对社会现实的变革发挥着世界观和方法论的功能。马克思的世界观是实践的世界观，实践的世界观就是改造世界的世界观，改造世界不是一劳永逸的，而是历史性的伟大实践。

实践批判是马克思哲学的灵魂，是马克思哲学的活力所在。恩格斯认为，辩证哲学推翻了一切关于最终的绝对真理和与之相应的绝对的人类状态的观念。在马克思辩证哲学面前，不存在任何最终的东西、神圣而不可改变的东西；马克思辩证哲学指出一切事物的暂时性；在马克思辩证哲学面前，除了生成和灭亡的不断过程，从低级向高级行进的不断过程，什么都不存在。这就深刻地启示我们：其一，世界上一切事物不是固定不变的，而是不断地生成和变革的；其二，在对世界上一切事物肯定的理解中蕴含着否定的理解，世界上一切事物都处在"暂时性"状态；其三，对任何事物的理解，都应避免教条、形式、僵化。这是马克思实践批判的核心内涵，也是马克思哲学的内在精神。马克思实践批判是通过两个端点体现的，一方面，通过对资本主义生产方式、生活方式以及它们的内在矛盾的批判，揭示资本主义生产方式、生活方式只适用于人类社会的史前时期，具有暂时性；另一方面，马克思通过对资本主义的批判，为无产阶级和人类解放开启道路，马克思实践批判的这两个端点是有机地结合在一起的。

---

① 张曙光：《马克思主义哲学研究应有的现实性与超越性——一种基于人的存在及其历史境遇的思考与批评》，《中国社会科学》2006 年第 4 期。

毋庸置疑，马克思的实践批判虽然立足于现代文明，但是，它的方法论意义又超越了现代文明，即只要人类的实践是异化的，也就是说，人类的实践不是以人类幸福、自由为宗旨的实践，那么马克思的实践批判的价值与意义就不会过时。从根本意义上说，人是统一现实性和超越性的存在，而实践是人独有的活动，所以它必然具有现实性和超越性的品格。人在现实生活中，不会满足于现状，而会不断追求超越自我的人生，这就需要不断地批判现状，从而为超越现状开辟道路。

马克思对解释世界的哲学的批判，并不是简单的放弃，而是在此基础上的扬弃与超越。正是马克思确立了实践批判的哲学范式，对解释世界的哲学的前提、实质做了彻底的批判，这使他的哲学克服了解释世界的哲学的局限，创建了对社会现实生活彻底批判的新唯物主义哲学，这种哲学不仅属于马克思所生活的时代，而且超越了这个时代。这就是马克思哲学革命的本真意蕴。

马克思的实践批判具有存在论意义，易言之，马克思的实践批判是马克思哲学的基础和核心。人们一般认为，实践是马克思哲学的核心和根本观点，实践出真知，这在某种意义上是对的。但问题的关键是，马克思的实践不是一般意义上的行动，而是具有创造性的感性对象性活动。作为具有创造性的感性对象性活动，它必然具有辩证的否定的元素。这明确地提示我们，马克思的实践是对世界创造性的改造，改造本身就是实践批判。改革开放之初，正是确立了实践是检验真理的唯一标准，才使40多年的改革开放取得了巨大的历史性成就。实践是检验真理的唯一标准的根本含义在于，实践与真理的关系是辩证统一的，真理是在实践基础上形成的，并一直接受实践的检验。真理在实践的检验中，不断地更新自身的内涵，即没有固定不变的真理。究其实质，真理本身也是实践的，也是自我批判和超越的。马克思实践批判视域中的真理观，不是静止的真理观，而是不断发展和创新的真理观，这就彻底解构了抽象的、教条的真理观，建构了实践批判的真理观。从根本意义上说，改革开放40多年，是不断地在实践批判中发现真理、探索真理、发展真理的历程，是在坚持实践优先、开放创造的真理观，是在不断纠正有局限性的发展方式的真理观。一言以蔽之，改革开放的伟大实践过程，是中国社会现实生活发生总体变革的过程，同时也是自我纠偏和自我创新的过程，这正是马克思实践批判在当代中国的发展与创新的鲜明体现。

二 马克思实践批判的价值旨趣

马克思对解释世界的哲学的批判与超越，不是建构另一种哲学体系，而是为无产阶级和人类的解放提供思想武器。正如上文所指出的，马克思实践批判是通过两个端点，即对资本主义生产方式、生活方式的批判和无产阶级为人类解放开辟道路体现的。这意味着，马克思实践批判有着鲜明的价值旨趣。

马克思实践批判的价值旨趣可以从以下若干方面理解。

第一，实践批判的辩证法内涵。在马克思看来，全部社会生活是实践的，凡是把理论引向神秘的东西，都能在实践中得到合理的解决。实践是具有创造性的感性对象性活动。一方面，它包含着对旧事物的否定，否定旧事物消极的、落后的、腐朽的因素；另一方面，它包含着建构性要素，即在否定旧事物的同时，建构新事物。马克思的实践批判内在地包含着否定和肯定两个方面，彼此有机地结合在一起。这意味着，马克思实践批判不只是对方法论的批判，而且是对具有实质性内涵的社会现实生活过程的批判，因为马克思的"辩证法在对现存事物的肯定的理解中同时包含对现存事物的否定的理解，即对现存事物的必然灭亡的理解；辩证法对每一种既成的形式都是从不断的运动中，因而也是从它的暂时性方面去理解；辩证法不崇拜任何东西，按其本质来说，它是批判的和革命的"[①]。这深刻地表明，马克思的实践批判是对社会现实生活的辩证批判，社会现实生活不是固定的、僵化的，而是辩证的、变革的，辩证的变革是现实的、历史的变革，现实的、历史的变革是辩证的变革。马克思实践批判的辩证法内涵，不仅具有改变世界的实践功能，

[①] 《马克思恩格斯全集》第23卷，人民出版社1972年版，第24页。

而且为人们正确地改造世界提供了重要的方法论意义。

第二，马克思实践批判的现实性。科尔施认为，马克思哲学是一种革命的实践哲学，它的重要任务是通过在一个特殊的领域，即哲学的领域里的战斗来参与在社会所有领域中进行的反对现存秩序的革命斗争。作为革命家和思想家的马克思，他的实践批判是社会革命斗争的重要组成部分。因此，只有像马克思那样，把批判视为社会现实改造的实践活动，而不是仅仅理论的、形式的批判，才能真正理解马克思实践批判的真谛。在马克思看来，一切神圣的东西，包括宗教都是实践的产物，对于神圣的观念，不能从神圣观念自身去理解，而应通过对神圣观念形成的前提，即社会实践去理解。比如，人们通常把道德问题看作思想、观念问题，其实，真正理解道德问题，需要理解道德形成的社会实践基础。马克思在批判瓦格纳的错误道德观时指出，在原始社会中，兄弟姐妹都能做夫妻，而且是合乎道德的。道德从来都不是抽象的，而是社会实践的产物。再比如，对当前文化虚无主义、新自由主义和保守主义的批判，不能仅仅针对这种观念本身进行批判，而是要对这种观念形成的社会现实基础进行批判，也就是要进行实践批判，才能彻底认清这种错误观念的实质并在实践批判中将之克服。马克思实践批判的现实性的形成，是奠基于马克思唯物史观的形成过程。马克思最初进行的批判，并不是实践批判，而是对"副本"的批判，这里的副本批判是指对德国哲学的批判。随着对现实问题研究的深入，马克思由对"副本"的批判转向对"原本"的批判，即对社会现实的批判。众所周知，1842—1843年，马克思在做《莱茵报》编辑时，遇到了对现实问题发表意见的难事。这直接促使马克思从对副本的批判转向对原本的批判，也就是要从社会实践的批判中审视和洞察社会现实问题。

福柯曾经指出，批判的问题应当转变为更积极的问题，面对我们认为是普遍性的、必然的、不可避免的东西，我们应该通过批判的眼光，分析哪些是个别的、偶然的、专制的元素，哪些是对时代的发展具有积极意义的元素。问题的重要性在于，把必然的限定形式中所做的批判转变为在可能的超越形式中的实践批判。马克思的唯物史观正是福柯所说的实践批判,"这种历史观和唯心主义历史观不同,它不是在每个时代中寻找某种范畴,而是始终站在现实历史的基础上,不是从观念出发来解释实践,而是从物质实践出发来解释各种观念形态"①。马克思实践批判不是解释世界,而是创造新世界,创造新世界就是从物质实践出发,彻底祛除旧思想、旧观念对社会现实生活的宰制,从而为开辟新世界扫清一切障碍。马克思实践批判的现实性,是我们现实地把握世界并使之发生创造性变革的思想武器。

第三,实践批判的彻底性。梅林指出,马克思的伟大之处鲜明地体现为实践的人与思想的人的有机统一。梅林给我们的重要启发是,理解马克思实践批判的彻底性,关键在于理解理论与实践的内在统一性。马克思实践批判的彻底性体现在,它是彻底的、革命的批判,"要扬弃私有财产的思想,有思想上的共产主义就完全够了。而要扬弃现实的私有财产,则必须有现实的共产主义行动"②。在马克思看来,资本主义实践把一切都物化了,人与人的关系通过物与物的关系表现出来。资本具有独立性,而现实的人没有独立性和个性。在资本主义社会中,人不再有个性和自由,一切都是资本逻辑运动的结果。只有彻底推翻资本主义制度,才能从根本上实现人的自由和解放。马克思实践批判是彻底的总体性批判。

法兰克福学派提出的久负盛名的社会批判理论,具有诸多原创性思想;但是,与马克思实践批判的彻底性相比,他们的批判理论仍然是不彻底的、思辨的。他们的批判不但没有超越马克思,反而彰显了马克思实践批判的彻底性。这是因为,法兰克福学派的批判从总体上看是理论批判,而不是彻底的实践批判;他们的批判是在维护资本主义制度下的批判,缺乏革命的、彻底的实践批判精神。无论是霍克海默的启蒙辩证法的批判、阿多诺的否定辩证法的批判,还是哈贝马斯的交往行为批判、霍耐特的承认理论批判、维尔默的妥协理论批判等,都是对当代资

---

① 《马克思恩格斯文集》第1卷,人民出版社2009年版,第544页。
② 《马克思恩格斯文集》第1卷,人民出版社2009年版,第231—232页。

本主义制度的修补式批判，而不是以推翻资本主义制度为前提的彻底性批判。总之，马克思实践批判的彻底性即是通过改变世界上不合理的制度和体制，建构以"每个人的自由发展"为基础的新世界。这个新世界就是共产主义的世界，共产主义的世界是对人类史前世界的扬弃，是真正人类社会的开始。很显然，马克思实践批判的彻底性启示我们，只有付诸伟大的社会实践变革，才能真正推动社会的进步。中国的社会主义现代化建设是通过新民主主义革命、社会主义革命和社会主义改革取得的，这是马克思实践批判在当代中国的具体化运用。

第四，实践批判的生存论维度。西方生存论或形而上学是思辨的、抽象的、逻辑的理性存在论，也就是说，它把人或人的存在，乃至社会的存在，通过逻辑的概念推理寻找根据，这个根据仍然是理性的、逻辑的、概念的。马克思扬弃了西方理性生存论，实现了生存论的"哥白尼革命的转向"。马克思哲学的生存论是实践批判生存论，即是关于现实的人及其在社会实践发展的"总根据"的批判，批判是历史性的过程，要言之，现实的人及其存在是在社会实践中的存在，社会实践中的存在不是抽象的、逻辑的、理性的存在，而是具体的、现实的、历史性的存在。这意味着，社会实践的存在是批判的存在，批判的存在是理解一切的前提和基础。需要说明的是，这里的存在是现实的人及其发展的存在的根据。作为人，不同于动物的地方在于，人在社会实践中追求意义与价值的存在，意义与价值必定是现实的、实践的，现实的、实践的又是超越的。在马克思实践批判的视域中，客观性不是指自然的客观性，而是指社会实践批判的客观性，没有纯粹的自然，自然是在社会实践意义上的自然。主体性是社会实践的主体性，是在改造社会实践过程中的主体性，客观性和主体性不存在二元对立，而是实践基础上的内在统一。

从根本的意义上说，马克思哲学之所以是改造世界的哲学，是因为马克思哲学是把客观性和主体性有机统一起来的实践批判的生存论哲学。马克思实践批判的特征还体现为，它开启了主体性和客观性辩证统一的思想方式，开启了以改造世界为宗旨的把握世界的方式。马克思对资本主义社会的具体的、现实的和矛盾的批判，是对资本主义社会实践异化的批判，是马克思实践批判的生存论彰显。马克思实践批判的生存论意蕴还体现为，不仅是对资本主义实践的元批判，而且是对共产主义实践的建构，这是同一个问题的两个方面。

第五，实践批判的人民主体性。作为时代精神的精华和人类文明的活的灵魂的马克思哲学，是代表广大人民利益的哲学，是为广大人民利益提供思想和实践智慧的哲学。鲜明的人民立场，是马克思实践批判的人民主体性的表征。因此，马克思的实践批判始终是对危害人民利益的各种制度、思想以及实践活动的批判。马克思的实践批判是一把利器和照妖镜，深刻地揭示了一切统治阶级对人民进行精神和实践统治的实质。在马克思看来，一切统治阶级不但在思想上表达自身的根本利益，而且更在实践活动中维护自身的根本利益，也就是说，统治阶级的一切实践都是为了捍卫统治阶级的物质利益和精神利益。因此，一切统治阶级的实践都是异化的实践，异化的实践是代表统治阶级利益的实践，它与广大人民的利益是格格不入的。

马克思实践批判的人民主体性体现在，人民的命运只能由人民掌握，人民只有掌握马克思哲学，并把它作为"物质武器"，思想的闪电才能射入人民的园地，人民才能真正把握自己的命运。因此，在马克思看来，生产力只有归人民所有，才是以人民的实践方式对待实践。实践异化是生产力归统治阶级所有。马克思曾经指出，从主体方面来看，只有音乐才能激起人们的音乐感；对于没有音乐感的耳朵来说，再美的音乐也没有意义。在社会主义前提下，人的需要具有丰富的内涵，从而新的需要以及新的生产方式、生活方式才会呈现出来；人的本质力量的新的证明和人的本质的新的充实才会表征出来。在以私有制为基础的资本主义社会，这一切都具有相反的意义。要言之，在私有制条件下，由于人的实践方式的全面异化，导致人的精神、思想等都全面异化了，人民的主体性根本不可能实现。实现人民的主体性，必须推翻代表统治阶级利益的实践异化，回归以人民利益为核心的马克思实践观。

总之，马克思实践批判的各个要素不是分离的，而是内在有机统一的。马克思实践批判的辩证法要素、现实性、彻底性、生存论、人民主体性构成了马克思实践批判的鲜活的整体,这也是马克思哲学的根本要义。这些要素之间彼此相互依赖,辩证地结合在一起。正因如此,马克思实践批判扎根于社会现实生活,又超越社会现实生活,浸润着强烈的时代感和价值旨趣,是马克思哲学革命的彰显。

三 马克思实践批判的当代意义

马克思实践批判清洗掉了非历史性和非现实性,是马克思哲学保持生命力和活力的根本原因。很显然,一种哲学不关注社会现实生活,必将被社会现实生活所抛弃,不关注社会现实生活的哲学不是真正的哲学;而不融入社会现实生活的哲学,只能是抽象的思辨哲学或者是虚假的哲学。因此,这种哲学是哲学家头脑中的精神思辨哲学,是哲学家自言自语的梦呓,而不能在改变世界的过程中使自己的本质力量得以呈现。社会生活本身是历史性的存在,历史性的存在有其内在的局限性,如何把握这种局限性以及导致这种局限性的深层社会矛盾,是马克思实践批判的出发点和落脚点。以哲学的方式表征社会现实生活的局限性及其内在矛盾,在对社会现实生活的批判和反思中揭示社会生活的本质,并提出社会生活的意义和价值指向,进而建构新的社会现实生活和价值目标,这就是马克思实践批判的核心内涵。① 毫无疑问,马克思实践批判及其价值旨趣在当今时代具有重要的理论与实践意义。

首先,它为我们重新理解马克思哲学提供了重要的问题视域。马克思哲学不仅批判旧唯物主义,而且批判唯心主义,唯物主义和唯心主义都不理解实践批判的内涵。马克思在《关于费尔巴哈的提纲》中指出:"从前的一切唯物主义(包括费尔巴哈的唯物主义)的主要缺点是:对对象、现实、感性,只是从客体的或者直观的形式去理解,而不是把它们当作感性的人的活动,当作实践去理解,不是从主体方面去理解。因此,和唯物主义相反,能动的方面却被唯心主义抽象地发展了,当然,

---

① 孙麾:《写在稿纸的边上》,中国社会科学出版社2011年版,第179页。

唯心主义是不知道现实的、感性的活动本身的。"①马克思在这里不仅批判了唯物主义的实践观,而且批判了唯心主义的实践观。因为,唯物主义的实践观缺乏主体性、能动性和创造性,而唯心主义实践观尽管具有主体性、能动性和创造性,但它只停留在精神实践中,无法直达现实的感性对象性活动。马克思实践批判把现实的客观性和能动的创造性有机地结合在一起。进一步说,作为实践批判的马克思哲学,实现了唯物性、辩证性、历史性、实践性、真理性和价值性的有机统一。从这个意义上说,马克思哲学所开创的实践批判哲学范式是哲学史上的"哥白尼式革命"。

其次,它为我们的马克思主义研究提供了重要的风向标。马克思主义研究者,不能在书斋中自娱自乐,也不能成为政策注解的跟风虫,更不能沉湎于对文本的注解。马克思关注社会现实,不仅致力于对现实的解释,更执着于对社会现实的变革。这意味着,真正的马克思主义者,必须不畏强权,坚持真理,敢于批判现实中落后的、不合理的、腐朽的一切制度和实践活动,并揭示它们的来源和实质。真正的马克思主义者,应该深刻领悟马克思实践批判的精髓,敢于揭示和解决社会矛盾,即使牺牲生命也在所不惜。那些将不知以为知的人,自欺欺人,欺上瞒下,弄虚作假,根本没有弄懂,也不想下大功夫弄懂,就以权势压人,同样不可能掌握马克思实践批判的内涵。马克思实践批判是一把利剑,彻底而尖锐地戳穿了一些虚假的卫道士。正如马克思所一针见血地指出的,医学上的妙手回春的神医和起死回生的仙丹是以对自然界规律的无知为前提的,社会领域的庸医和灵丹妙药是以对社会规律的无知为前提的。习近平总书记严厉地批评指出,有些人不读马克思主义经典著作,也敢对马克思主义呱呱叫。这就深刻地警示我们,真正掌握马克思实践批判的精神实质是多么的重要!这是真正的希望工程!

再次,它为我们理解中国特色社会主义的实践自信提供了思想武器。习近平总书记指出,当代中国的伟大社会变革,不是简单延续我国

---

① 《马克思恩格斯选集》第1卷,人民出版社2012年版,第133页。

历史文化的母版，不是简单套用马克思主义经典作家设想的模板，不是其他社会主义国家实践的再版，也不是国外现代化发展的翻版。改革开放40年，中国特色社会主义伟大实践是在马克思实践批判的精神指导下进行的，最鲜明的特点是实践自信。所谓实践自信，就是在实践中底气足，信心强，因为我们所从事的事业都是在实践基础上的自我批判、自我扬弃和自我纠偏中进行的，这是我们实践自信的体现。实践自信不是故步自封、封闭保守、强词夺理，而是开放包容、大胆创新，充分吸收人类文明创造的一切优秀成果。改革开放的40年本身就是马克思实践批判发展和创新的40年，也是我们不断纠偏的40年。人民群众是实践批判的主体。人民是创造历史的根本动力，又是享受历史发展一切成果的主体。人民的利益高于一切。习近平新时代中国特色社会主义思想以人民为主体，正是马克思实践批判在当代中国的发展和创新，是马克思实践批判中国化的最新成果。

最后，它有助于我们理解和把握当代人类实践。毫无疑问，我们所处的时代，与马克思所处的时代相比，发生了重大的变化，全球化、信息化和网络化成为当今时代的重要表征。与此同时，人类面临的风险也加大了：核威慑、恐怖主义、生态危机、公共卫生安全、单边主义等。这意味着，马克思的实践批判在现今时代仍是"在场"的，它仍是我们回应和解答当代人类实践中所有问题的必然选择。但是，科学的历史辩证法告诉我们，世界上一切事物都处在不断变化发展的过程中。在已经发生了翻天覆地变化的今天，用马克思的具体结论来套今天世界的社会现实，无疑是巨大的历史错位。虽然说世界上一切都是变化的，唯有变化是不变的，马克思批判的对象也在不断地变化；但是，马克思实践批判的方法论意义是不变的。德波的景观社会批判、鲍德里亚的消费社会批判，都是对马克思实践批判的发展与创新。马克思的实践批判要在与时代的对话中不断地丰富自己的内涵，这就需要我们，立足于当代人类的实践，创新、发展和丰富它的本真的批判精神，从而为人类新文明的形成提供强大的实践力量。这深刻地启发我们，马克思的实践批判既立足于我们这个时代，又超越我们这个时代，是我们走向人类新文明的指路明灯。

德国哲学家尼采曾经说过,他的思想、观念和想法超越时代,两百年之后,人们才能真正理解它的价值,才能跟上它的步伐。马克思的实践批判不仅具有现实性,而且具有超越性,乃是我们理解马克思哲学的根本所在,是中国特色社会主义实践的重要思想来源,也为我们反思现代社会提供了极为珍贵的思想资源。

马克思是我们这个时代乃至未来时代的真理和良知!

第二节　历史唯物主义视野中的资本主体思想

马克思对现代性的批判,其实质是对资本逻辑的批判。马克思"资本作为主体"的含义体现为:资本是资本主义社会的命脉,资本是社会关系,同时资本也是社会权力。"资本作为主体"具有历史性、辩证性和实践性的特征。很显然,深入研究马克思"资本作为主体"的含义,并揭示其特征,对于我们理解马克思历史唯物主义的真精神以及现代社会的本质具有重要的意义。

在马克思的哲学中,马克思很少提到"主体"这一概念,但这绝不是说马克思的哲学思想中缺乏对主体问题的研究。恰恰相反,马克思哲学思想中存在丰富的主体性思想。马克思"资本作为主体"的提出,意味着资本问题成为马克思哲学的核心问题,从而形成了丰富的资本主体论思想。资本主体论是马克思历史唯物主义的核心思想,也是马克思对现代社会批判的理论支点。因此,深入研究马克思"资本作为主体"的含义及其特征,对于我们理解马克思历史唯物主义的真精神及其现代社会的内涵具有重要的意义。

一　资本作为主体的含义

在近代西方哲学史的传统中，尤其是从笛卡儿之后，哲学家把对认识论的研究推到了极高的地位。对于主体论的研究，也只是从认识论的视角去解释，正如俞吾金教授所言，许多人已经习惯了从认识论的思想视角去解释主体性概念，马克思主体性概念的本体论维度被遮蔽了。[①]马克思在经历了哲学思想的变革之后，对现代社会中资本的存在进行了全面的考察，辩证地分析了资本在资本主义社会中所起到的作用，揭示了资本作为主体性概念而存在的现实性依据，从而丰富了资本作为主体论的内涵。

首先，资本是现代社会的命脉。长期以来，理性主义被人们推崇为认识自然界和人类社会的重要精神力量。在马克思看来，人类文明形态的演进中，理性的认识作用不可或缺，但理性背后现实物质利益的推动是原动力。毋庸置疑，从传统农业文明形态转向工业文明形态，资产阶级借助资本的力量，逐渐在世界范围内确立了统治。正是在资本逻辑的推动下，"封建的所有制关系，就不再适应已经发展的生产力了。这种关系已经在阻碍生产而不是促进生产了。它变成了束缚生产的桎梏。它必须被炸毁，它已经被炸毁了"[②]。正是由于资产阶级为了实现自身利益，将资本作为一种原动力，破除了传统封建社会的生产关系和交换关系，从而"它按照自己的面貌为自己创造出一个世界"[③]。

毋庸置疑，在每一个社会都有普照的光，资本是资本主义社会的普照的光。在马克思看来，资产阶级不过是人格化的资本而已，资本主义社会的发展最终是由资本的力量推动的。不可否认的是，资本不仅破除了传统封建社会的所有制关系，而且推动了资本主义社会生产力的发展。在《共产党宣言》中，马克思指出："资产阶级在它的不到一百年

---

① 参见俞吾金《资本诠释学——马克思考察、批判现代社会的独特路径》，《哲学研究》2007年第1期。
② 《马克思恩格斯文集》第2卷，人民出版社2009年版，第36页。
③ 《马克思恩格斯文集》第2卷，人民出版社2009年版，第36页。

的阶级统治中所创造的生产力,比过去一切世代创造的全部生产力还要多,还要大。"① 作为物化存在的资本,只要能够促进资产阶级利益的最大化,资本将超越民族的界限和偏见,超越传统的生活方式。对一切传统因素的摧毁,使得资本的革命性表现得淋漓尽致。马克思接着指出:"资本调动科学和自然界的一切力量,同样也调动社会结合和社会交往的力量,以便财富的创造不取决于(相对地)耗费在这种创造上的劳动时间。"② 这足以说明,资本是影响资本主义社会发展的重要力量,是衡量社会进步的重要标杆。

应当指出,资本决定着资本主义社会发展的命脉,也预示着资本是颠覆资本主义制度的重要力量。不难发现,资本在可控制的范围内,可以促进资本主义制度的巩固,反之则会为资本主义制度的灭亡积蓄物质力量。马克思认为,在现实的资本主义生产关系中,资本利润不是依靠减少使用劳动而获得,而是依靠减少有酬劳动而获取。在资本主义社会中,人的自我实现是建立在别人的自我实现的基础之上的,其根源就在于对资本利润的追逐。"资本害怕没有利润或利润太少,就像自然界害怕真空一样。一旦有适当的利润,资本就胆大起来。如果有 10% 的利润,它就保证到处被使用;有 20% 的利润,它就活跃起来;有 50% 的利润,它就铤而走险;为了 100% 的利润,它就敢践踏一切人间法律;有 300% 的利润,它就敢犯任何罪行,甚至冒绞首的危险。如果动乱和纷争能带来利润,它就会鼓励动乱和纷争。走私和贩卖奴隶就是证明。"③ 资本血淋淋的事实告诉我们,资本不仅把控着资本主义社会的命脉,而且在追求自身增殖的过程中,不惜铤而走险,搅乱社会的正常秩序。总之,资本能够左右资本主义制度的兴衰,为资本主义的灭亡不断积蓄力量。

其次,资本是一种社会生产关系的存在。在马克思主义经典著作中,马克思阐释了资本的历史发展过程,并揭示了资本的本质。在马克

---

① 《马克思恩格斯文集》第 2 卷,人民出版社 2009 年版,第 36 页。
② 《马克思恩格斯全集》第 46 卷(下册),人民出版社 1980 年版,第 219 页。
③ 《马克思恩格斯文集》第 5 卷,人民出版社 2009 年版,第 871 页。

思看来，资本的外在表现形式是多种多样的，但物的外观是资本的最主要的表现。马克思批判了所谓的经济学家把资本仅仅理解为单纯的物，把资本的自行增殖理解为物的自然属性和物理属性。依据马克思的理解，资本是一种社会生产关系的存在，是构成人的内在本质。正如马克思在《资本论》中所说："资本不是物，而是一定的、社会的、属于一定历史社会形态的生产关系，它体现在一个物上，并赋予这个物以特有的社会性质。"① 这就表明，资本在其现实性上，并不表现为纯粹物的外在形态，而实质上是一种社会关系的反映。

马克思对资本的本质所作的深刻洞察，其实是基于对资本主义社会现实性的把握。不难发现，马克思并不是抽象地理解资本的本质，而是从复杂的资本主义社会关系入手，揭示了资本不为人知的一面。马克思曾说过："黑人就是黑人。只有在一定的关系下，他才成为奴隶。纺纱机是纺棉花的机器。只有在一定的关系下，它才成为资本。脱离了这种关系，它也就不是资本了，就像黄金本身并不是货币，砂糖并不是砂糖的价格一样。"② 因此，在马克思看来，资本并不能作为单独的物而存在，而是反映了人与人之间的一种关系。在资产阶级社会中，资本本身就是不断革命的，不断地推进社会生产关系的变革，丰富着资本主义社会关系的存在。不难发现，工人被奴役和剥削的社会关系的存在，其实就是为了使得资本所有的职能都是服务于资本家，资本的最终目的就是为资本家谋福利。

值得注意的是，资本在具有了拜物教的性质之后，人与人之间的社会关系就开始表现为对资本的占有。资本拜物教是在商品拜物教和货币拜物教的基础之上产生的，人们对资本的崇尚，导致了在现实的社会关系中，人们把资本作为衡量人与人之间关系的最终参照物；资本拜物教加深的过程，其实就是人与人之间关系不断异化的过程。随着资本拜物教的确立，工人的人身关系表现为一种资本的关系，正是由于资本关系

---

① 《马克思恩格斯全集》第 25 卷，人民出版社 1974 年版，第 920 页。
② 《马克思恩格斯文集》第 1 卷，人民出版社 2009 年版，第 723 页。

的存在，工人才能够为了维持生存而进行资本的生产。正是在这样异化的生产关系中，马克思指出："资本主义生产方式的神秘化、社会关系的物化、物质生产关系和它的历史社会规定性的直接融合已经完成：这是一个着了魔的、颠倒的、倒立着的世界。"①资本关系已经制约着整个社会关系的变革，唯有扬弃这种资本异化的存在状态，才能使得社会关系正常化。

再次，资本作为一种社会权力而存在。作为非理性主义者的代表，尼采从生理学和心理学的视角出发，将权力意志视为本体论的范畴，用权力意志来解释世界和人生。与尼采相反，马克思在心理学和生理学的基础上，更注重从经济权力角度来观察社会。在资本主义社会中，这种经济权力更表现为一种资本的经济权力。在马克思看来，资本家拥有对劳动和资本的支配权，这在心理和生理上并没有直接的表现特征，资本家只不过是在资本主义经济运行中的一个符号而已。在世界历史的发展过程中，马克思所强调的物质生活资料的生产是最基本的，这表现为人生命意志的方面，这与叔本华和尼采对世界的认识具有相似性的地方。只不过，马克思深刻洞察了资本主义社会的现实状况，从更深层次上指出了资本作为一种社会经济权力推动着世界历史的发展。

更进一步说，马克思曾在《1844年经济学哲学手稿》中明确指出："资本是对劳动及其产品的支配权力。资本家拥有这种权力并不是由于他的个人的特性或人的特性，而只是由于他是资本的所有者。他的权力就是他的资本的那种不可抗拒的购买的权力。"②这就启示我们，对于持有资本的资本家而言，资本的这种支配权力表面上是作为主体的资本家对劳动和产品的支配，其实质上却作为主体而存在，从而支配着周围的一切。马克思敏锐地观察到，资本家为了获取更多的剩余价值，掩盖了剥削工人的真相，在所谓平等的雇佣关系中，反而利用资本权力加深了对工人的进一步压榨。进而，马克思揭示出资本作为一种社会经济权

---

① 《马克思恩格斯文集》第7卷，人民出版社2009年版，第940页。
② 《马克思恩格斯文集》第1卷，人民出版社2009年版，第130页。

力，在不合理的资本私人占有关系中，资本充当了资本家捞取更多剩余价值的帮凶。

应当指出的是，马克思看到了资本作为一种社会经济权力所具有的弊端，同时又站在人类历史发展的高度，肯定了资本权力对世界历史和人类社会进步所起到的积极作用。马克思在《共产党宣言》中指出："资产阶级，由于开拓了世界市场，使一切国家的生产和消费都成为世界性的了。"①资产阶级之所以热衷于对外开拓原料产地和产品销售市场，就在于资本家可以行使资本的经济权力，满足自身对资本增殖的追求。世界各地逐渐地联系紧密，原有落后地区和民族被所谓的资产阶级文明所代替，正如马克思所说："资产阶级，由于一切生产工具的迅速改进，由于交通的极其便利，把一切民族甚至最野蛮的民族都卷到文明中来了。"②这表明，资本作为一种普照的光和一种特殊的以太，在世界历史的进程中，不仅支配着掌控资本的主体资本家，而且在推动民族历史向世界历史转变的过程中发挥着不可替代的作用。

最后，资本具有独立性，而人却没有独立性。在马克思的哲学中，始终把追求人的自由全面发展作为永恒的主题。然而，在资本逻辑的驱使之下，人的异化程度日益渐加深，异化劳动把有意识的人类活动降低为动物式活动，从而使得人失去了自由活动和自主活动。不难发现，此时的人已经失去了独立性，人只不过是资本的附属物而已，"人是消费和生产的机器；人的生命就是资本；经济规律盲目地支配着世界"③。人变成了资本的一部分，只要有利于资本的积累，只能任凭资本自然发展，人只不过是资本为其开辟道路的助推器而已。这正如马克思在《共产党宣言》中所说："我们要消灭的只是这种占有的可怜的性质，在这种占有下，工人仅仅为增殖资本而活着，只有在统治阶级的利益需要他活着的时候才能活着。"④不言而喻，工人的独立性已经完全丧失，工人

---

① 《马克思恩格斯文集》第2卷，人民出版社2009年版，第35页。
② 《马克思恩格斯文集》第2卷，人民出版社2009年版，第35页。
③ 《马克思恩格斯文集》第1卷，人民出版社2009年版，第139页。
④ 《马克思恩格斯文集》第2卷，人民出版社2009年版，第46页。

独立的程度取决于资本独立的程度。

在资本主义社会中,资本之所以具有独立性,就在于资本根植于资产阶级的私有制。在这种私有制中,资本家对雇佣工人所创造的剩余价值的无偿占有,不断地壮大资本的独立性。马克思指出:"资本是集体的产物,它只有通过社会许多成员的共同活动,而且归根到底只有通过社会全体成员的共同活动,才能运动起来。"[1]所以,资本所谓的独立性掩盖了其真正的来源,马克思对资本独立性的批判,就在于让我们清楚:"资本不是一种个人力量,而是一种社会力量。"[2]但是现实的社会条件中,"活劳动被物化劳动所占有,——创造价值的力量或活动被自为存在的价值所占有,——这种包含在资本概念中的事情,在以机器为基础的生产中,也从生产的物质要素和生产的物质运动上被确立为生产过程本身的性质"[3]。不难发现,活的劳动是由死的劳动所支配的,工人受固定资本的支配,只因为工人是机器的附属物。

所有的这些都表明,资本的独立性愈强,人的独立性就越低。这也印证了马克思所说的:"劳动的客观条件对活劳动具有越来越巨大的独立性(这种独立性就通过这些客观条件的规模而表现出来)。"[4]这其实也就是说,工人和资本原本的主客关系被颠倒了,在异化劳动进一步加深的过程中,作为客体的资本成为主体性的存在,从而对工人进行非人的折磨。在《共产党宣言》中,马克思就深刻总结了这种现状:"因此,在资产阶级社会里是过去支配现在,在共产主义社会里是现在支配过去。在资产阶级社会里,资本具有独立性和个性,而活动着的个人却没有独立性和个性。"[5]在马克思看来,只有在共产主义社会里,人才能真正实现自身的类生活,人的自由个性和自主活动才能实现。

---

[1]《马克思恩格斯文集》第2卷,人民出版社2009年版,第46页。
[2]《马克思恩格斯文集》第2卷,人民出版社2009年版,第46页。
[3]《马克思恩格斯全集》第46卷(下册),人民出版社1980年版,第208—209页。
[4]《马克思恩格斯全集》第46卷(下册),人民出版社1980年版,第360页。
[5]《马克思恩格斯文集》第2卷,人民出版社2009年版,第46页。

二　资本作为主体的特征

长期以来，人们对资本问题的探讨更多的是从批判的角度切入的，从而忽视了马克思历史唯物主义中资本的真实特征。从根本意义上说，马克思资本主体论思想根植于资本主义现实的社会生活中，并不是在人们头脑中通过抽象思辨产生的，对资本主体论的理解要从历史唯物主义的视域入手，这样才能真实地还原马克思对资本问题的认识。这就启示我们，要用历史的辩证的眼光看待资本的发展过程。

第一，资本主体论的历史性。在马克思看来，资本作为主体性而存在，并不是凭空产生的，而是在一定的历史发展过程中逐渐产生的。资本的闪亮登场，也是基于资本主义的不断发展被人们所熟识的。马克思曾说："手推磨产生的是封建主的社会，蒸汽磨产生的是工业资本家的社会。"① 正是由于大工业的到来，促进了交通运输业的发展，进而世界市场逐渐得以确立。正如马克思所言，在这个过程中，资产阶级增加了对自己资本的利用，把中世纪封建落后的东西都排除出去了。"由此可见，现代资产阶级本身是一个长期发展过程的产物，是生产方式和交换方式的一系列变革的产物。"② 资本作为资产阶级的化身，它被看作资本主义在现实社会中的真正的代理人，同样是从资本主义的土壤中产生的。

马克思认为，商品的流通是资本产生的历史性前提，因为在资本主义市场上，工人为了维持生存，不得不把劳动力作为商品在市场上出卖。即是说，只有劳动力转化为商品的时候，资本才会逐渐产生。毫无疑问，劳动力不仅能够生产既定的商品，而且能够生产更多的剩余价值，这才是资本作为历史性范畴而存在的前提。经过商品市场的不断完善，商品拜物教逐渐发展为货币拜物教，最终会完成向资本拜物教的过渡。对资本的崇拜，才真正使得资本作为主体性因素在社会上取得了统

---

① 《马克思恩格斯选集》第 1 卷，人民出版社 2012 年版，第 222 页。
② 《马克思恩格斯文集》第 2 卷，人民出版社 2009 年版，第 33 页。

治地位。"为了能够从这些'事实'前进到真正意义上的事实,必须了解它们本来的历史制约性,并且抛弃那些直接生产出来的观点:它们本身必定要受历史和辩证的考察。"① 因此,对资本主体具有历史性的考察要深入历史的范畴之中。

在《剩余价值理论》中,马克思曾指出:"政治经济学家们没有把资本看作一种关系。他们不可能这样看待资本,因为他们没有同时把资本看作是历史上暂时的、相对的而不是绝对的生产形式。"② 不难发现,在马克思的哲学语境中,资本作为生产关系的一种发展形势,也是在社会生产关系的不断变革中得到发展的。在资本主义社会,资本主体的存在并不是偶然的,而是具有历史的暂时的、相对的性质。正如马克思反复强调,资本如同资产阶级和资产阶级社会一样,都不是从来就有的,而是随着大工业的发展和世界历史的不断推进才诞生的。总而言之,对资本主体的深入思考,不应把它当作资本主义社会生活中孤立的存在,而是要从历史发展的环节中对资本有一个整体性的认识。

第二,资本主体论的辩证性。对资本主体的认识,马克思坚持了辩证法的原则。就像卢卡奇所说:"如果摒弃或者抹杀辩证法,历史就变得无法了解。"③ 确确实实如此,如果不能用辩证的法则来认识资本,那么资本自身的发展历史也就了解不清楚。毋庸置疑,马克思对资本主义社会的批判,其实就是对以资本逻辑为核心的现代性的批判。马克思曾一针见血地指出:"资本来到世间,从头到脚,每个毛孔都滴着血和肮脏的东西。"④ 资本原始积累的过程,其实就是一个征服、掠夺和充满杀戮的过程。资本的神圣地位,就是在世界历史逐渐形成的过程中得以确立的。这种非正常手段的使用,使得资本在源头上就具有了作为主体性而存在的倾向。资本主义的历史发展事实证明,资本的贪婪性和破坏

---

① [匈]格奥尔格·卢卡奇:《历史与阶级意识》,杜章智、任立、燕宏远译,商务印书馆1999年版,第55页。
② [德]卡尔·马克思:《剩余价值理论》第3册,人民出版社1975年版,第301页。
③ [匈]格奥尔格·卢卡奇:《历史与阶级意识》,杜章智、任立、燕宏远译,商务印书馆1999年版,第62页。
④ [德]卡尔·马克思:《资本论》第1卷,人民出版社2004年版,第871页。

性，加深了资本对人和社会的控制，社会的全面异化的出现是不可避免的。

马克思进而认为，工具理性和资本逻辑的猖狂，人的异化和社会关系的异化的根源就在于资本。在《1844年经济学哲学手稿》中，马克思说道："人（工人）只有在运用自己的动物机能——吃、喝、生殖，至多还有居住、修饰等等——的时候，才觉得自己在自由活动，而在运用人的机能时，觉得自己只不过是动物。动物的东西成为人的东西，而人的东西成为动物的东西。"①这就足以说明，对资本的追逐，早已破坏了世间道德的存在关系，原本属于人的基本的机能，却被资本的魔法而降低为动物本能的存在。马克思接着又指出："它无情地斩断了把人们束缚于天然尊长的形形色色的封建羁绊，它使人和人之间除了赤裸裸的利害关系，除了冷酷无情的'现金交易'，就再也没有任何别的联系了。"②整个社会关系已经被异化为金钱和利害的关系，病态和异化的社会关系造就了病态人的事实存在。不能不反思，资本主体地位越巩固，社会的全面异化就会越深。

需要指出的是，在对资本逻辑批判的同时，也应该看到资本为人的自由全面发展奠定了基础。马克思曾经明确地指出，只有在真正的共同体中，人们才能够摆脱异化的状态。而这个共产主义社会并不是马克思抽象思想的表达，它的真正到来需要物质财富的极大丰富，所以资本的革命性和创造性的作用可以促进物质财富的积累，为人类向更高级别的社会形态转变奠定物质基础。无须怀疑，资本对于发展生产力，促进科学技术的进步，加深世界各国的交往程度都发挥着不可替代的作用。在《1857—1858年经济学手稿》中，马克思就已经启示我们，以物为依赖阶段的发展形态，可以为人的自由全面发展形态奠定基础。资本主义社会正是以"资本"作为物而存在的，资本主体性的程度越高，我们离真正的共同体社会就越近。总之，资本是资本主义社会发展兴盛的缘由，

---

① 《马克思恩格斯文集》第1卷，人民出版社2009年版，第160页。
② 《马克思恩格斯文集》第2卷，人民出版社2009年版，第34页。

同样也是埋葬资本主义社会的物质前提。

第三，资本主体论的实践性。在马克思哲学中，实践具有优先性和创造性。马克思对于实践问题的认识，不局限于理论层面，而更多地强调对社会生产关系的变革。资本主体作为一个现实问题，既需要从理论层面入手，也需要从实践的视角剖析。正如马克思所说："全部社会生活在本质上是实践的。凡是把理论引向神秘主义的神秘东西，都能在人的实践中以及对这种实践的理解中得到合理的解决。"① 资本作为资本主义生产关系的体现，都能在现实社会生活中得到合理的解释。这也就是说，资本的产生、发展以及异化的出现，都是在资本主义的实践活动中进行的。资本主体作为异化的人的主体，在现实社会生活中发挥着实践的功能。本真的社会关系变成了异化的社会关系，落后的封建社会生产关系被资本主义的生产关系所变革，其实就是资本主体实践性的最好证明。

在马克思看来，资本异化问题是一个理论问题，但归根结底是一个深层次的实践问题。马克思曾经批判传统哲学家忽视实践的态度，进而深刻地指出："我们看到，理论的对立本身的解决，只有通过实践方式，只有借助于人的实践力量，才是可能的；因此，这种对立的解决绝不只是认识的任务，而是一个现实生活的任务，而哲学未能解决这个任务，正因为哲学把这仅仅看作理论的任务。"② 对资本异化的扬弃靠理论是不能解决的，只有在现实生活中，通过实践的力量，才能克服资本的异化。正如马克思所说："自我异化的扬弃同自我异化走的是同一条道路。"③ 即是说，资本的异化同对资本异化的扬弃都是在实践中进行的。在现实生活的实践中，扬弃资本主体需要变革异化的社会生产关系，从而在真正的社会共同体中发挥好资本的作用。

如上所述，马克思关于资本主体性的实践性的理解，并不是资本主体边缘化的特征，而是对资本主体基础性特征的阐释。试想一下，如果

---

① 《马克思恩格斯文集》第1卷，人民出版社2009年版，第501页。
② 《马克思恩格斯全集》第42卷，人民出版社1979年版，第127页。
③ 《马克思恩格斯文集》第1卷，人民出版社2009年版，第182页。

不运用马克思哲学实践的思想考察资本的运动，那么资本主体仅仅被视作思想理论的存在物，扬弃资本主体的道路将在何方？这就启发我们，立足于资本主义感性的现实社会生活，在不断被资本主体所创生的社会关系中考察资本，只有这样，扬弃资本主体才会有出路，进而才会为人的自由发展和全面发展创造条件。

三 资本作为主体的意义

众所周知，马克思对资本社会的批判主要集中在对资本主体的批判，批判并不是最终目的，马克思的真正目的在于唤醒广大无产阶级为自身的解放而努力。马克思在对资本主体的阐释中所表现出来的深厚意蕴和价值立场，充满了对资本主义社会真实面目的批判，也充满了对无产阶级人道主义的深切关怀。总而言之，马克思对资本主体的深入研究，有利于我们理解现代性和现代社会的本质内涵，也有助于我们深刻理解历史唯物主义的本真精神。

首先，有助于我们理解现代性的内涵。在马克思看来，资本主义不断发展的过程其实就是现代性不断展开的过程，马克思对现代性批判的核心就在于对资本主体逻辑的批判。张汝伦教授认为，现代性在哲学层面表现为普遍的价值原则和精神取向，在现实生活中，现代性是人们行事的价值原则。[①]在马克思那里，现代性的内涵就是指导人们实践活动的资本主体至上的逻各斯，对现代性的批判，就是要打破资本主体逻辑对人们精神思想的侵害，从而让人们回归正常的思想秩序。哈贝马斯也指出，现代性是一项未完成的工程，也就是说，现代性在现代资本主义社会中占统治地位，资本作为客体主体化的形态依旧存在。由此可见，马克思对现代性的批判在当今仍具有研究的价值，是人类走出资本主体社会的价值指导原则。

毋庸置疑，随着现代性过程的逐渐加深，整个世界的融合程度也必将增强。在当今中国，不能忽视资本主义社会的经济渗透和文化渗透，

---

① 参见张汝伦《现代性与哲学的任务》，《学术月刊》2016年第7期。

坚决抵制西方借助现代性进行扩张的欲望，警惕其扩大势力范围的狼子野心。吉登斯在《现代性的后果》中指出："资本主义之所以具有如此巨大的全球性影响，正是由于它是一种经济秩序，而不是一种政治秩序；它能够渗透到世界的边远地区，而当初产生这种经济的国家自身则完全不可能将其政治触角延伸得如此遥远。"①与其说是经济秩序的渗入，倒不如说是资本势力的延伸。正如马克思对现代性的批判一样，要扬弃资本逻辑这种内在的思维模式，中国的发展需要的是科学合理的现代性的价值观念，而非异化到骨子里的逻各斯立场。

马克思对资本主体的剖析，就是让我们从总体上看待现代性，从而服务于人的真正解放。通过西方哲学史可知，对于现代性的研究一直都在进行，卢梭是第一个公开批判现代性的哲学家，他认为科技让人的理性丧失了，要求恢复人类生活的原始状态。尼采则认为，在现代社会中，人的信仰没有了，只是追求欲望自身的满足，从而才有了"上帝之死"的至理名言。然而，只有马克思能够看清现代性社会的实质，不仅批判资本主体逻辑，还提出要积极扬弃资本主体，从而服务社会发展。哈贝马斯在《现代性的哲学话语》中说道："在现代性话语中，反对者提出了指责，从黑格尔、马克思到尼采和海德格尔，从巴塔耶、拉康到福柯和德里达，这种指责没有任何实质性的变化，都是针对以主体性原则为基础的理性。"②所以，哈贝马斯这句话是站不住脚的，没有真正理解马克思对现代性实质的分析。总之，要理解马克思对现代性内涵的阐释，就要深刻理解他对资本主体逻辑的深入分析。

其次，有助于我们理解现代社会的本质。在马克思的著作中，现代社会有着丰富的内涵，但主要是指现代资本主义社会。对马克思现代社会的研究，应该从社会与社会经济形态、社会与社会关系以及社会与社会主体的关系进行思考，在历史唯物主义的视域中把握马克思现代社会的本质。③事实上，只有在马克思历史唯物主义中才能深刻理解现代社

---

① [英]安东尼·吉登斯：《现代性的后果》，田禾译，译林出版社2011年版，第61页。
② [德]尤尔根·哈贝马斯：《现代性的哲学话语》，曹卫东译，译林出版社2011年版，第64页。
③ 参见孙民《论马克思历史唯物主义中的"社会"概念》，《哲学研究》2014年第6期。

会的奥秘。很显然，在马克思看来，资本主义现代社会不同于黑格尔抽象的社会概念，而是具体的现实的社会概念，只不过这个现代社会被资本主体所掌控而已。马克思并没有被资本主义社会虚假的繁荣景象所迷惑，而是看到了现代社会的异化状态，自由人联合体的社会则是对资本主义现代社会的否定之否定。马克思认为，只有在共产主义社会里，社会的秩序才会回归正常，资本的主体地位才会让位于人的主体地位。

马克思进一步认为，在现代社会中，人应该发挥自身的主体性。其言外之意在于，人的主体性被颠倒成了资本主体性，原本属于真正的现实的人的社会被作为物的资本代替了。吉登斯曾就指出："但是，究竟为什么资本主义社会是一种社会呢？如果我们只是简单地按照其主要的制度性线索描述资本主义社会秩序的话，这个问题就无法回答。因为，由于它所具有的扩张性，资本主义的经济生活只在很少几个方面是局限于特殊的社会系统边界内的。"①资本主义的扩张性，其实就是资本主体的扩张性。没有资本主体性存在的社会，就不是资本主义现代社会。马克思正是看到了现代社会的实质内涵，所以在对现代社会的反思和批判中，致力于建构人作为真正主体解放的社会。

中国现代社会正处于实现社会主义现代化阶段，马克思对现代社会的深入探讨，为我国进行社会主义建设提供了哲学意义上的指导。正如俞吾金教授所说，当代中国社会在整体上是认同现代性的价值体系的，并不表示中国要走西方国家现代化的老路，而是要遵循现代社会中合理性存在的价值体系。②马克思反复强调，在现代社会中隐藏着的真正的主体是资本，人作为独立的主体需要回归正常。当今中国社会，就是要避免资本主体对社会生活的侵害，从而造成社会生活的殖民化。在经济发展层面，需要利用资本的地方就应该大胆利用，对于诸如文化领域的发展，就应该科学地对待资本，防止资本对文化软实力的影响，从而陷入西方发达国家被资本主体所控制的现代社会困境。

---

① ［英］安东尼·吉登斯：《现代性的后果》，田禾译，译林出版社2011年版，第50页。
② 参见俞吾金《被遮蔽的马克思》，人民出版社2012年版，第410页。

最后，有助于我们理解历史唯物主义的本真精神。从广义上讲，马克思哲学就是历史唯物主义。在《〈政治经济学批判〉序言》中，马克思这样说："物质生活的生产方式制约着整个社会生活、政治生活和精神生活的过程。不是人们的意识决定人们的存在，相反，是人们的社会存在决定人们的意识。"① 毫无疑问，在资本主义社会中，资本主义的物质生产方式制约着现实的社会生活，并控制着人们的社会意识。资本主义的生产方式是以资本主体为核心而展开的，窃取更多的剩余价值，从而满足资本主义私人占有的性质。马克思进而认为，资本造成的人的异化，根源于物质的生活关系，这种异化社会关系的存在应该从政治经济学中去寻找答案。所以，对马克思资本主体问题的研究，能够进一步夯实历史唯物主义的理论基础。

事实上，对资本主体性的研究有助于理解马克思历史唯物主义的科学内涵。在前面笔者提到，资本作为社会主体要素而存在，并不是历史偶然的巧合，而是具有历史的必然性。在马克思的哲学思想中，资本主体促进了对生产力和生产关系的进步，民族历史向世界历史的转变，传统农业文明形态转向现代工业文明形态，进而充实现实社会生活的物质基础。马克思的历史唯物主义强调，现实的物质生产生活决定人们的精神意识活动。这也就是说，资本主义物质生产实践活动进一步夯实了历史唯物主义的理论基础，同时也深化了对马克思哲学的认识。这也启示我们，马克思历史唯物主义不是"自我意识"和"宇宙精神"的某种纯粹抽象思想的产物，感性的现实的社会生活才是源泉所在。

需要说明的是，第二国际把马克思的学说歪曲为经济决定论，其根本原因在于没有理解马克思历史唯物主义的科学内涵。马克思对现实物质利益的关注，批判了资本逻辑存在的资本主义现代社会，从政治经济学的视角为深入探究现代社会的本质提供了窗口，但并不能就此认为马克思因对资本问题的研究而成为一个经济决定论者。马克思的终极人文关怀在于实现人的自由而全面的发展，对资本主体性的深入思考，并非

---

① 《马克思恩格斯文集》第2卷，人民出版社2009年版，第591页。

经济因素决定一切,而是在于从历史唯物主义的视域深入剖析现代社会的真实情况。这是因为,在马克思看来,对资本主义社会现实问题的认识,不能局限于资本主义社会发展的现状,而是要深入挖掘隐藏在资本主体关系下的社会现实。正如麦克莱伦所说:"为了理解马克思本人的思想,必须剥去很多历史的外壳。因为马克思的思想被很多不同的解释所遮蔽,并被用于证明很多不同政治类型的合理性。"①

综上所述,在马克思哲学中,蕴含着丰富的资本主体论思想,而对资本主体性的研究就是要以历史唯物主义理论为基础。我们必须从马克思具体的哲学语境出发,系统研究马克思资本主体性的内涵、特征以及意义,使马克思资本学说中有价值的东西指导中国现代社会的发展,为中国社会主义现代化建设服务,进而充分体现马克思思想的时代特色和理论内涵。

第三节 马克思历史唯物主义中的"社会"概念

马克思历史唯物主义是以"社会"作为自己的研究对象的。马克思新世界观的诞生与对"社会"的创新理解密切相关,他的新世界观是基于"社会改造"的历史唯物主义。换言之,从马克思历史唯物主义视域看,马克思的"社会"概念并非"狭义"的,而是具有实践生存论的"广义"的概念。这意味着,"社会"是创新发展马克思历史唯物主义的当代视域。然而,长期以来,马克思的"社会"思想在相当程度上被误解和遮蔽了。人们把"社会"理解为实证性的、教条式的概念,或者是"狭义"的常识,忽视了它的真实内涵——历史唯物主义的核心和基础。由于这方面的忽视,马克思"社会"概念的当代意义显得晦暗不明。

---

① [英]戴维·麦克莱伦:《马克思传》,王珍译,中国人民大学出版社2016年版,第464页。

有鉴于此，为了澄明马克思"社会"概念的真实含义，笔者意欲分析马克思"社会"概念的三个相互关联的问题：马克思"社会"概念的丰富意蕴；它有什么主要特征；这对于我们理解马克思历史唯物主义有什么启发意义。笔者认为，澄清马克思的"社会"概念，不仅有助于丰富和发展历史唯物主义理论，而且能够为生态文明建设提供世界观、方法论的指导，与此同时，这也有助于我们为社会建设提供马克思主义的理论基础。很显然，深化马克思的"社会"思想研究，是一项刻不容缓的理论任务。这是因为，这一研究不仅能够为生态文明建设提供理论支撑，而且有利于丰富和发展历史唯物主义的内涵。

一 马克思"社会"概念的丰富意蕴

在历史唯物主义的视域中，马克思研究"社会"的目的是改造或变革现代社会，进而实现人类社会的彻底解放。所谓现代社会"就是存在于一切文明国度中的资本主义社会"①。也就是说，"社会所拥有的生产力已经不能再促进资产阶级文明和资产阶级所有制关系的发展"②。因而，需要重建新的社会，"被压迫阶级的解放必然意味着新社会的建立。要使被压迫阶级能够解放自己，就必须使既得的生产力和现存的社会关系不再继续并存"③。概言之，马克思的"社会"概念，可以从以下三个方面解读。

（一）社会与经济的社会形态

在马克思的视野中，"社会"与"经济的社会形态"具有同一含义，这正是马克思"社会"概念的独特之处。马克思在《〈政治经济学批判〉序言》中提出了"经济的社会形态"这一概念，并且以"经济的社会形态"来理解社会历史的发展进程："大体说来，亚细亚的、古代的、封建的和现代资产阶级的生产方式可以看作是经济的社会形态演进的几个

---

① 《马克思恩格斯选集》第3卷，人民出版社2012年版，第373页。
② 《马克思恩格斯选集》第1卷，人民出版社2012年版，第406页。
③ 《马克思恩格斯全集》第4卷，人民出版社1958年版，第197页。

时代。"①这里的"经济的社会形态"是历史唯物主义的重要概念,是以经济基础为核心的整个社会。这意味着,与历史上的思想家抽象地谈论"社会"不同,马克思是"现实"地谈论"社会","不论生产的社会形式如何,劳动者和生产资料始终是生产的因素。但是,二者在彼此分离的情况下只在可能性上是生产要素。凡要进行生产,就必须使它们结合起来。实行这种结合的特殊方式和方法,使社会结构区分为各个不同的经济时期"②。这表明,劳动者和生产资料结合的不同方式和方法是区分不同社会的基础,也就是说,"社会"的性质不同,劳动者与生产资料结合的方式与方法也不同。这意味着,马克思的"社会"概念,不是一个抽象的概念,而是建立在社会的经济结构之上的"历史性"的概念。这也表明,这一概念是历史唯物主义的核心概念。

进一步说,马克思重点考察了资本主义经济的社会形态,揭示了现代社会的秘密。按照马克思的观点,现代资本主义社会的本质是"资本逻辑",它使社会的一切都要服从于这个内在逻辑,所以,社会的一切都被"物化"了。正如卢卡奇所说:"正像资本主义制度不断地在更高的阶段上从经济方面生产和再生产自身一样,在资本主义发展过程中,物化结构越来越深入地、注定地、决定性地沉浸入人的意识里。"③鲍德里亚在《消费社会》中也敏锐地指出:"今天,在我们的周围,存在着一种由不断增长的物、服务和物质财富所构成的惊人的消费和丰盛现象。它构成了人类自然环境中的一种根本变化。恰当地说,富裕的人们不再像过去那样受到人的包围,而是受到物的包围。"④这就告诉我们,现代资本主义经济的社会形态与之前相比发生了重大的变化,越来越呈现出一种独特的"社会经济结构",人越来越被"物化",变成"资本的人格化","资本逻辑"与人的"物化"具有同构性。这意味着,"社会"

---

① 《马克思恩格斯选集》第 2 卷,人民出版社 2012 年版,第 3 页。
② 《马克思恩格斯文集》第 6 卷,人民出版社 2009 年版,第 44 页。
③ [匈]格奥尔格·卢卡奇:《历史与阶级意识》,杜章智、任立、燕宏远译,商务印书馆 1999 年版,第 161 页。
④ [法]让·鲍德里亚:《消费社会》,刘成富、全志刚译,南京大学出版社 2000 年版,第 1 页。

概念的历史唯物主义意义在于揭示"资本逻辑"的真实内涵。

毋庸置疑，马克思之前的社会学家总是抽象地谈论"一般社会"，而马克思是通过对"现代社会"的考察揭示"社会"的本质的。列宁非常清晰地指出，马克思说的只是一个"经济的社会形态"，即资本主义经济的社会形态，他研究的只是这个形态而不是别的形态的发展规律。从旧的社会学家的观点看来，经济的社会形态这一概念完全是多余的，因为他们谈论的是"一般社会"，他们同斯宾塞们争论的是一般社会是什么，一般社会的目的和实质是什么。马克思关于经济的社会形态发展的自然历史过程的这一基本思想，从根本上摧毁了这种以社会学自命的幼稚说教。这就是说，从社会生活的各种领域中划分出经济领域，从一切社会关系中划分出生产关系，即决定其他一切关系的基本的原始的关系。① 这就是说，社会，即经济的社会形态深刻地揭示了现代社会的内在属性，即它独有的社会生活及其各种关系。

（二）社会与社会关系

正是从经济的社会形态考察"社会"概念，才使马克思超越了之前的思想家对社会的"主观的抽象"，"这样一种抽象，它恰恰抽掉了一定的社会结构和社会关系，因而也抽掉了由它们所产生的各种矛盾"②。于是，马克思通过对社会关系的研究，进一步揭示了"社会"概念的丰富内涵。

在马克思看来，社会乃社会关系，撇开"社会关系"的社会，只不过是"抽象的社会"。那么，马克思所说的"社会关系"是什么呢？马克思在《雇佣劳动与资本》中这样写道："各个人借以进行生产的社会关系，即社会生产关系，是随着物质生产资料、生产力的变化和发展而变化和改变的。生产关系总合起来就构成为所谓社会关系，构成为所谓社会，并且是构成为一个处于一定历史发展阶段上的社会，具有独有的特征的社会。"③ 这里，马克思提到的"社会关系""社会生产关系""社

---

① 《列宁选集》第1卷，人民出版社1995年版，第5—6页。
② 《马克思恩格斯全集》第46卷（上册），人民出版社1979年版，第396页。
③ 《马克思恩格斯全集》第6卷，人民出版社1961年版，第487页。

会"是具有同一含义的概念,"社会关系"就是"社会生产关系",就是"社会"。这意味着,在对"社会"概念的理解中,要深入社会生产关系的内在本质中分析社会的性质。换言之,马克思是通过社会关系、社会生产关系对"社会"进行确证的,事实也正是如此,马克思在批判蒲鲁东时这样写道:"社会不是由个人构成,而是表示这些个人彼此发生的那些联系和关系的总和。【蒲鲁东的说法】就像下面这样的说法一样:从社会的角度来看,并不存在奴隶和公民;两者都是人。其实正相反,在社会之外他们才是人。成为奴隶或成为公民,这是社会的规定,是人和人或 A 和 B 的关系。A 作为人并不是奴隶。他在社会里并通过社会才成为奴隶。"①这样,"社会"在马克思的新视域中获得了新规定,社会不是个人的机械的集合体,而是个人之间的联系和关系的总和,是一个有机的整体,正是在这个整体中,个人的社会规定性才会显示出来。所以,"社会"就是一切联系和关系的总和。②而且,社会与个人是内在关联、相互贯通的;社会就是联合起来的"单个人",真正的社会联系是在有了个人的需要和利己主义时才出现的,个人是积极实现其存在时的直接产物。③概略而言,根据马克思的观点,社会可做以下定义:社会是一个起源于物质生产过程的具体历史范畴,人们在生产物品的同时,也生产着他们之间的关系;以共同物质生产活动为基础而相互联系的人类生活的有机体,它是以生产关系为基础的社会关系的总和。④

进而言之,马克思通过对社会即社会关系的解读,深刻地分析了现代资本主义社会的本质。吉登斯指出:"马克思的著作对于理解现代世界所塑造的那种无所不在的力量至关重要,这种力量当然就是资本主义。"⑤历史唯物主义对现代社会的批判,体现在对资本的科学把握中。

---

① 《马克思恩格斯全集》第 46 卷(上册),人民出版社 1979 年版,第 220 页。
② 俞吾金:《被遮蔽的马克思》,人民出版社 2012 年版,第 317 页。
③ 《马克思恩格斯全集》第 42 卷,人民出版社 1979 年版,第 24 页。
④ 韩庆祥、张健:《中国特色社会主义建设实践的内在逻辑与发展趋向》,《中国社会科学》2012 年第 3 期。
⑤ [英]安东尼·吉登斯:《民族—国家与暴力》,赵力涛、胡宗泽、王铭铭译,生活·读书·新知三联书店 1998 年版,第 1 页。

马克思认为:"资本也是一种社会生产关系。这是资产阶级的生产关系,是资产阶级社会的生产关系。"①也就是说,只有在"资本是资产阶级社会关系"的视域中,才能理解资本主义社会中的"人"与"物","黑人就是黑人。只有在一定的关系下,他才成为奴隶。纺纱机是纺棉花的机器。只有在一定的关系下,它才成为资本。脱离了这种关系,它也就不是资本了,就像黄金本身并不是货币,砂糖并不是砂糖的价格一样"②。马克思启示我们,只有在特殊的社会关系之中,黑人才成为奴隶,纺纱机才成为资本。

马克思在对"社会关系"的研究中,着力研究了以"资本逻辑"为核心的"资本主义生产方式以及和它相适应的生产关系和交换关系"③。这是因为,"资产阶级社会是最发达的和最多样性的历史的生产组织。因此,那些表现它的各种关系的范畴以及对于它的结构的理解,同时也能使我们透视一切已经覆灭的社会形式的结构和生产关系"④。马克思又指出:"资产阶级的生产关系是社会生产过程的最后一个对抗形式,这里所说的对抗,不是指个人的对抗,而是指从个人的社会生活条件中生长出来的对抗;但是,在资产阶级社会的胎胞里发展的生产力,同时又创造着解决这种对抗的物质条件。因此,人类社会的史前时期就以这种社会形态而告终。"⑤马克思的"社会"概念不是形而上学的预设,也不是经验的实证,而是为了实现"社会"的彻底解放,进而实现人类的解放。也就是说,社会的解放与人类的解放是内在关联、不可须臾相失的。甚至可以说,这两者根本就是一回事。马克思通过对现代资本主义这一特殊社会的研究发现,唯有超越以"资本逻辑"为核心的社会,人类社会的解放才能真正实现。所以,"人们改变自己的生产方式,随着生产方式即谋生的方式的改变,人们也就会改变自己的一切社会关

---

① 《马克思恩格斯选集》第1卷,人民出版社2012年版,第341页。
② 《马克思恩格斯选集》第1卷,人民出版社2012年版,第340页。
③ 《马克思恩格斯文集》第5卷,人民出版社2009年版,第8页。
④ 《马克思恩格斯文集》第8卷,人民出版社2009年版,第29页。
⑤ 《马克思恩格斯文集》第2卷,人民出版社2009年版,第592页。

系"①。唯有如此，新社会的建构才有可能。

（三）社会与社会主体

如前文所述，马克思在对"社会"的研究中，重点放在对现代资本主义社会的考察，因为现代资本主义"社会既是这一巨大的总过程的主体，也是这一总过程的结果"②。这就启示我们，"社会"这一主体始终处在"总过程"之中。马克思是在批判黑格尔的主体论中，提出"社会主体"这一概念的。马克思指出："整体，当它在头脑中作为思想整体而出现时，是思维着的头脑的产物，这个头脑用它所专有的方式掌握世界，而这种方式是不同于对世界的艺术的、宗教的、实践精神的掌握的。实在主体仍然是在头脑之外保持着它的独立性；只要这个头脑还仅仅是思辨地、理论地活动着。因此，就是在理论方法上，主体，即社会，也必须始终作为前提浮现在表象面前。"③马克思在这里，提出不能像黑格尔那样，把头脑中的思想理解为主体，而应把头脑思想之外的社会理解为主体。应该说，在马克思之前，人们大多是以集体主体、类主体、个体主体理解社会的，这样就很难发现现代社会的秘密。马克思对"社会主体"的使用小心谨慎，主要是指现代资本主义社会。俞吾金教授认为，现代社会真正的、隐藏的主体乃是资本，就此而言，现代资本主义社会主体的本质是资本主体论，它是一种特定的社会生产关系。④这就是说，资本不仅是一种特殊的社会生产关系，又是特定的现代社会主体，还是隐藏在社会背后的"普照的光"。"资本作为主体，作为凌驾于这一运动各个阶段之上的、在运动中自行保存和自行增殖的那种价值，作为在循环中（在螺旋形式中即不断扩大的圆圈中）发生的这些转化的主体，它是流动资本。所以流动资本最初并不是一种特殊的资本形式，相反，它就是处在它的一个进一步发展了的规定中的、作为上述运动的主体的资本本身，而上述运动就是资本本身表现为它自己的价值增

---

① 《马克思恩格斯文集》第1卷，人民出版社2009年版，第602页。
② 《马克思恩格斯全集》第46卷（下册），人民出版社1980年版，第230—231页。
③ 《马克思恩格斯全集》第46卷（上册），人民出版社1979年版，第39页。
④ 俞吾金：《被遮蔽的马克思》，人民出版社2012年版，第318页。

殖过程。所以，从这方面来看，每个资本也是流动资本。"①当代法国社会学家布尔迪厄把资本划分为经济资本、社会资本和文化资本，这就进一步深化了马克思的资本主体理论。显然，马克思的社会主体理论为我们理解现代社会提供了重要启示。

应该说，经济的社会形态、社会关系和社会主体是马克思对"社会"的不同称谓，也就是说，这三者根本就是一回事。通过上面的论述，至少可以得出这样三点结论：一是马克思的"社会"概念不同于黑格尔的"社会"概念。黑格尔把社会看作人脑的思想的产物，脱离了"社会现实"，根本不可能真正对当代社会有启发意义；马克思的"社会"概念是在头脑的思想之外的，是以生动的"社会现实"为出发点的，本身就是在批判旧社会中建构新社会。二是马克思的"社会"概念不是抽象的，而是历史的、具体的，始终是在"社会生产关系"的视域中研究"社会"的概念，这不仅超越了思辨哲学家的"社会"概念，而且扬弃了实证社会学家的"社会"概念，即在实证的、经验的视域中的"社会"概念。马克思的"社会"概念是哲学概念，既是对社会经验的深刻体悟，又超越了社会经验，把它提升为哲学的重要概念。三是马克思的"社会"概念始终围绕着"人类社会如何解放"这个主体，它不是高高在上的对"个人"的宰制；而是立足于"社会与个人"，把"自由人联合体"作为"社会"建构的目标，最终是为了实现"人民的现实幸福"。

二 马克思"社会"概念的主要特征

目前，我国理论界对马克思"社会"概念有所研究，但没有把"社会"概念看作是历史唯物主义的基础和核心，马克思"社会"概念的固有维度和重要特征被遮蔽了。事实上，马克思不厌其烦地告诉我们："首先应当避免重新把'社会'当作抽象的东西同个人对立起来。"②并高

---

① 《马克思恩格斯全集》第46卷（下册），人民出版社1980年版，第123页。
② 《马克思恩格斯全集》第42卷，人民出版社1979年版，第122页。

度重视"社会"与"实践""社会关系""现实的个人""历史"之间的内在关系,这足以表明,马克思的"社会"概念本身就是创新发展历史唯物主义的重要范畴。有鉴于此,我们认为,马克思的"社会"概念具有以下三个重要特征。

(一)"社会"概念的实践之维

马克思的"社会"概念与其他思想家的"社会"概念的重大差异在于,后者只是"解释世界",而前者则是把"解释世界"与"改变世界"有机地结合起来。也就是说,在马克思的"社会"概念中,"解释世界"的目的是"改变世界",这体现了马克思"社会"概念独特的维度——实践。很显然,马克思的"社会"概念是通过实践的——感性现实的、历史的、社会的、自由自觉的、辩证的方式改变世界。①

进而言之,马克思"社会"概念的实践维度是"实践生存论",即实践在人类社会中具有始源性、基础性的地位。马克思在《关于费尔巴哈的提纲》中指出:"全部社会生活在本质上是实践的。凡是把理论引向神秘主义的神秘东西,都能在人的实践中以及对这个实践的理解中得到合理的解决。"②这就是说,马克思的目标是"改造社会",从而为人类的解放铺平道路。在《德意志意识形态》中,马克思写道:"人们为了能够'创造历史',必须能够生活。但是为了生活,首先就需要吃喝住穿以及其他一些东西。因此第一个历史活动就是生产满足这些需要的资料,即生产物质生活本身。"③马克思提示我们,社会是建立在人类的生存实践活动之上的,也就是说,离开了人类的生存实践活动,社会就会变成一个虚无缥缈的空壳。在马克思看来,即使自然界,也要从社会实践的维度理解,否则,自然界也会变成抽象的自然界,"被抽象地孤立地理解的、被固定为与人分离的自然界,对人说来也是无"④。这意味着,马克思的"社会"规定不是狭义的,而是在生活实践基础之上形成的广

---

① 邓晓芒、赵林:《西方哲学史》,高等教育出版社2005年版,第268—269页。
② 《马克思恩格斯选集》第1卷,人民出版社2012年版,第135—136页。
③ 《马克思恩格斯文集》第1卷,人民出版社2009年版,第531页。
④ 《马克思恩格斯全集》第42卷,人民出版社1979年版,第178页。

义概念。马克思在批判费尔巴哈时，进一步指出："这种先于人类历史而存在的自然界，不是费尔巴哈在其中生活的那个自然界，也不是那个除去在澳洲新出现的一些珊瑚岛以外今天在任何地方都不再存在的、因而对于费尔巴哈说来也是不存在的自然界。"① 马克思启示我们，自然界与社会是内在统一的，统一的基础就是人类的生存实践活动。也就是说，人类实践语境中的任何自然都是社会的。这充分表明，马克思的"社会"概念所蕴含的实践维度，是生存论的实践维度，是"社会"自身特有的内在本质规定。这也表明，马克思历史唯物主义中的"社会"是一个哲学存在论的规定。

总之，马克思"社会"概念的实践之维不是认识论的，而是关涉人类的生存与发展的生存论维度，马克思的下面这段话进一步印证了我们的看法："实际上和对实践的唯物主义者，即共产主义者说来，全部问题都在于使现存世界革命化，实际地反对和改变事物的现状。"②

（二）"社会"概念的批判之维

如前文所述，马克思的"社会"概念与实证社会学的"社会"概念的差别在于，它不是以实证的方式看待现代社会，而是从哲学的视角，深入现代社会的本质层面，对资本及其社会生产关系的批判。很显然，马克思的这种思想的高度远远超越了实证社会学家只看现象不看本质的"社会"概念，真正地把握了现代社会的本质。

按照马克思的观点，生活在资本主义社会，表面上是自由的，可以从事自己想从事的工作、事业；但事实上，这种自由是"虚假"的自由，因为每个人的背后都有一个看不见的手在支配自己，它支配着自己的命运，这个"看不见的手"就是资本主义社会生产关系以及在其支配下的"社会权力"。"毫不相干的个人之间的互相的和全面的依赖，构成他们的社会联系。这种社会联系表现在交换价值上，因为只有在交换价值上，每个个人的活动或产品对他来说才成为活动和产品；他必须生

---

① 《马克思恩格斯全集》第 3 卷，人民出版社 1960 年版，第 50 页。
② 《马克思恩格斯全集》第 3 卷，人民出版社 1960 年版，第 48 页。

产一般产品，或孤立化和个体化地交换价值，即货币。另一方面，每个个人行使支配别人的活动或支配社会财富的权力，就在于他是交换价值或货币的所有者。他在衣袋里装着自己的社会权力和自己同社会的联系。"①也正是在这样的意义上，马克思在《共产党宣言》中告诉我们："在资产阶级社会里，资本具有独立性和个性，而活动着的个人却没有独立性和个性。"②这就意味着，马克思"社会"概念的批判维度已经深入"历史的本质性"之中，马克思所达到的思想高度不但实证社会学家无法相比，就连以批判为宗旨的当代思想家也无法达到马克思的高度，正如海德格尔所敏锐指出的："因为马克思在体会到异化的时候深入到历史的本质性的一度中去了，所以马克思主义关于历史的观点比其余的历史性优越。但因为胡塞尔没有，据我看来萨特也没有在存在中认识到历史事物的本质性，所以现象学没有、存在主义也没有达到这样一度中，在此一度中才有可能有资格和马克思主义交谈。"③这里，海德格尔所说的"深入到历史的本质性的一度中去"就是深入"社会"的本质性中。现代社会的本质性就是"资本逻辑"及其哲学表征现代形而上学。马克思的创造性，就在于深刻地批判了支撑现代社会命脉和基础的资本，正如海德格尔告诉我们的，马克思的"社会"批判，至今是最深刻、最敏锐的。

总之，马克思的"社会"概念批判维度表明，只有认清现代资本主义社会的本质——以资本为核心的社会生产关系和以资本为核心的现代形而上学，才能真正把握现代资本主义社会的真实内涵，才能真正使现代资本主义社会的批判达到马克思的思想高度。

（三）"社会"概念的理想之维

如前文所述，马克思的"社会"概念，清楚地透视了在资本主义社会中，个人受抽象的资本统治，资本就是社会权力，就是社会关系。马克思对未来社会的理想筹划，就是彻底颠覆"资本宰制人"的社会，建

---

① 《马克思恩格斯全集》第46卷（上册），人民出版社1979年版，第103页。
② 《马克思恩格斯选集》第1卷，人民出版社2012年版，第415页。
③ 孙周兴选编：《海德格尔选集》（上册），上海三联书店1996年版，第383页。

构一个理想的新社会——共产主义社会。

马克思早在青年时期,就满怀激情,提出共产主义社会就是"人类解放"和"自然解放"的统一,表明马克思的"社会"概念内涵是建构未来美好社会。马克思这样写道:"共产主义是私有财产即人的自我异化的积极的扬弃,因而是通过人并且为了人而对人的本质的真正占有;因此,它是人向自身、向社会的(即人的)人的复归,这种复归是完全的、自觉的而且保存了以往发展的全部财富的。这种共产主义,作为完成了的自然主义,等于人道主义,而作为完成了的人道主义,等于自然主义。"①之后,马克思对这一思想进行不断的深化与发展,使之更趋完善。1894年1月3日,恩格斯为《新世纪》周刊题词时,以凝练的语言表达了马克思的"社会"理想,恩格斯说:"除了从《共产党宣言》中摘出下列一段话外,我再也找不出合适的了:'代替那存在着阶级和阶级对立的资产阶级旧社会的,将是这样一个联合体,在那里,每个人的自由发展是一切人的自由发展的条件。'要用不多几个字来表述未来新时代的思想,同时既不堕入空想社会主义又不流于空泛辞藻,这个任务几乎是难以完成的。"②马克思的理想是建构真正的"社会",也就是马克思所说的"真正的共同体"。只有真正的"社会",才能实现"每个人的自由发展",换言之,真正的"社会"不是凌驾于"每个人"之上的,而是"每个人自由发展"的根本保证。要言之,真正的"社会"与"每个人的自由发展"是内在一致的,互为条件和前提。只有在共同体中,个人才能获得全面发展其才能的手段,也就是说,只有在共同体中才可能有个人自由。之所以在真正的"社会"之前,没有真正的"个人自由",是因为"从前各个人联合而成的虚假的共同体,总是相对于各个人而独立的;由于这种共同体是一个阶级反对另一个阶级的联合,因此对于被统治的阶级来说,它不仅是完全虚幻的共同体,而且是新的桎梏。在真正的共同体的条件下,各个人在自己的联合中并通过这种联

---

① 《马克思恩格斯全集》第42卷,人民出版社1979年版,第120页。
② 《马克思恩格斯全集》第39卷,人民出版社1974年版,第189页。

合获得自己的自由"①。毋庸置疑,马克思对未来社会的筹划不是教条的"社会图景",而是在批判资本主义社会中建构共产主义社会,从而实现人类的真正幸福。②1881年3月,马克思在给查苏里奇的信中说,他对未来社会的构想"这一运动的'历史必然性'明确地限于西欧各国"③。马克思"社会"概念的理想之维度始终是立足于社会现实生活,筹划美好的未来;质言之,马克思的"社会"概念,不仅具有当下的现实性,而且寄寓着超越当下现实的理想性。正是从这个意义上说,马克思的共产主义社会是建立在坚实的现实基础之上的理想性,正如海德格尔所说:"人们可以以各种不同的方式来对待共产主义的学说及其论据,但从存在的历史意义来看,确定不移的是,一种对有世界历史意义的东西的基本经验在共产主义中自行道出来了。"④

正是马克思"社会"概念的实践性之维、批判性之维和理想性之维的相互关联、相互贯通,构成马克思历史唯物主义"改变社会"的存在论根据。不言而喻,马克思历史唯物主义视域中的"社会"概念的价值旨趣是无产阶级和整个人类的解放,即"破解资本占有劳动的秘密与实现无产阶级解放和人的自由全面发展"。在这个意义上说,历史唯物主义视域中的"社会"不是价值中立的,而是具有鲜明的价值立场,这正是马克思的"社会"概念超越实证社会学之所在。

三 把握马克思"社会"概念的意义

关于把握马克思"社会"概念及其主要特征的意义,前面已有所涉及,这里再进一步说明。

首先,它提示我们,历史唯物主义视域中的"社会"是一个广义的概念。在传统的教科书中,马克思的"社会"概念被教条化、简单化

---

① 《马克思恩格斯选集》第1卷,人民出版社2012年版,第199页。
② 卞绍斌:《现代性批判与马克思社会概念的多重向度》,《山东大学学报》(哲学社会科学版) 2011年第1期。
③ 《马克思恩格斯选集》第3卷,人民出版社2012年版,第839页。
④ 孙周兴选编:《海德格尔选集》(上册),上海三联书店1996年版,第384页。

了；也就是说，传统教科书所解读的马克思"社会"概念，把"自然界、社会、思想"结构中的"社会"，作为与"自然界、思想"并列的概念，是狭义的社会概念。马克思认为，脱离社会历史的自然界是抽象的自然界，自然界是人化的自然界，是经过社会实践的自然界。从这个意义上说，自然界是"社会"的重要组成部分。应该说，历史唯物主义视域中的"社会"概念是广义的概念，是蕴含自然界和思想的"社会"概念；换言之，以社会为媒介的自然界和以社会为媒介的人类思想是历史唯物主义的应有之义，历史唯物主义是以广义的社会作为自己的研究对象，而不是以抽象的自然界或物质作为自己的研究对象。① 在笔者看来，把世界分为自然界、社会与思想的理论预设，从根本上误解了马克思，只有认真地思考马克思的"社会"概念，澄清传统教科书的错误见解，才能掌握历史唯物主义的真谛。

其次，它提示我们，不能简单地把马克思的"社会"概念视为实体性、经验性和抽象性的概念。因为按照马克思的观点，超越以"资本逻辑"为核心的现代资本主义社会，实现"自由人联合体"的共产主义社会，进而将无产阶级和人类从"社会"的压迫中解放出来，这是马克思"社会"概念的基本要旨。质言之，马克思不是超越一切社会历史条件，以抽象的方式谈论社会，而是立足于资本主义社会这一特殊的"社会形态"研究的。显然，在现阶段，中国特色社会主义所遵循的"以人为本"，而不是以"资本逻辑"为本，正体现了马克思的"社会"思想。所以，深刻领悟马克思的"社会"概念是马克思思想中国化的必然需求，也是发展与创新历史唯物主义的内在需求。

最后，它提示我们，"社会"与"个人"不是相互对立的，而是内在统一的。长期以来，我们更多强调的是抽象的"集体利益"，忽视了现实的个人利益，结果导致对个人利益的剥夺，这与对马克思"社会"概念的错误理解有关。马克思认为，"社会"并不是高于个人的抽象存在，而是把保障个人的自由、权利作为其前提。马克思批判了现代社会

---

① 俞吾金：《被遮蔽的马克思》，人民出版社2012年版，第219页。

中的一种现象：由于个人受抽象的社会关系统治，自由与权力无法真正实现。"个人相互间的社会联系作为凌驾于个人之上的独立权力，不论被想象为自然的权力，偶然现象，还是其他任何形式的东西，都是下述状况的必然结果，这就是：这里的出发点不是自由的社会的个人。"① 因此，马克思通过对"社会"概念的研究，提出"真实共同体""自由人联合体""人类解放"等思想，从根本上确认了社会与个人之间的内在张力。这就启示我们，在社会发展中，必须尊重个人的自由与发展，而不能借口所谓整体利益而牺牲现实的个人利益。就当前而言，应该彻底打破 GDP 崇拜，以民生为根基，坚持"个人的现实幸福"的社会发展观，这也正是马克思"社会"思想的具体运用，是历史唯物主义在当代中国的具体承诺。

总之，只有通过对马克思"社会"概念的重新领悟，充分揭示出这一概念的丰富内涵及重要特征，我们才能走出当前对马克思"社会"思想研究停滞不前的困境，马克思历史唯物主义的真精神才能向我们显现出来。

---

① 《马克思恩格斯全集》第 46 卷（上册），人民出版社 1979 年版，第 145 页。

第二章　马克思交往理论的社会现实生活根基

第一节　马克思现代性语境中的"交往"概念

在马克思现代性语境中，交往是现实的历史性的人立足于物质实践，在一定的社会关系中展开的。交往的普遍化和深化，打破了民族之间的界限，促进了现代性的发展。资本的革命性和创造性促进了人们交往的发展，同时，资本的破坏性和贪婪性造成了交往的异化。扬弃交往异化，需要物质实践对资本的扬弃。交往实践活动的发展，为人的自由而全面发展奠定了坚实的物质基础。

交往概念是马克思现代性思想的核心概念。但我们发现，学界从现代性的视角研究交往概念意蕴的并不多。正是在这个意义上，本章立足于马克思现代性语境，从交往与马克思哲学思想的关系、交往与资本逻辑的关系、交往与终极人文关怀的关系，讨论马克思现代性语境中的"交往"思想的丰富意蕴，从而为理解马克思哲学的思想创新提供思想酵素。

一　交往与思想变革

在西方近代哲学的传统中，尤其是从笛卡儿提出"我思故我在"的哲理之后，西方的哲学道路便开启了理性主义的传统。笛卡儿这句话的引申意就在于，人应该从宗教的束缚中解放出来，人应该用理性来进行思考，理性的地位应该被提升，从而才能真正理解人自身存在的意义。正是在这种理性主义的影响之下，哲人用知识和理性去看待这个世界，人们实践活动的出发点也是以理性为指导原则。这意味着人们对理性的极大崇拜。在黑格尔时期，西方哲学传统的理性主义思想达到了顶峰，"绝对精神"这个抽象思辨的概念，则是黑格尔形而上学思想体系形成的标志。马克思在青年时期，黑格尔的思想深深地影响着他，马克思的思想具有很浓的黑格尔色彩。

马克思在《莱茵报》工作期间，所碰到的关于物质利益的问题，促使马克思的思想发生重大转折。在《黑格尔法哲学批判》《1844年经济学哲学手稿》《德意志意识形态》《神圣家族》等经典著作中，马克思的哲学思想逐渐转向了历史唯物主义。马克思历史唯物主义的确立，旨在说明物质生产活动决定人们的思想观念，物质实践活动是认识世界的前提。这意味着，马克思的思想超越了黑格尔的理性主义，从而真正地面向了社会现实生活。应该指出的是，交往是马克思历史唯物主义的核心概念，哲学思想方式的变革与人们对交往概念的理解是密切相关的。在《德意志意识形态》中，马克思提出了交往概念，这里的交往不是在头脑中抽象思辨的主观性活动，而是现实的感性的人类活动。在马克思现代性思想中，哲学思想的变革对交往概念的影响，主要表现在以下几个方面。

第一，交往的主体是现实的历史性的人。在德国古典哲学家当中，康德、黑格尔等人关于交往主体的认识，都是从关系思想层面进行探讨的，主体实质上是抽象思辨哲学的产物，更是当时资本主义社会人的存在方式的真实反映。马克思敏锐地观察到，在资本主义社会中，人过着双重的生活，即经验层面的私人生活和政治层面的公民生活。这两种生活在黑格尔那里表现为国家和法决定市民社会,人只不过是被主观性思想活动所决定的。在这之后,费尔巴哈把人理解为"现实的感性的人",并且对传统的形而上学进行了批判。然而,在认识现实社会中的人的时候,费尔巴哈却抛开了黑格尔的辩证法,所以他并没有理解现实社会中人的真正内涵,只不过是停留在机械抽象的理论层面之上,诉诸感性的直观。马克思对于交往主体的理解,继承了费尔巴哈的思想,并且有自己独特的看法。

马克思对交往主体的理解,不仅把人看作感性的、现实的、历史性的,而且运用辩证法的观点来分析人。马克思曾经指出:"这里所说的个人不是他们自己或别人想象中的那个人,而是现实中的个人,也就是说,这些个人是从事活动的,进行物质生产的,因而是在一定的物质的、不受他们任意支配的界限、前提和条件下活动着的。"①马克思分析了人在现实中存在,应该以物质实践活动为前提,这是人社会属性的表现。同时,马克思指出:"它的前提是人,但不是处在某种虚幻的离群索居和固定不变状态中的人,而是处在现实的、可以通过经验观察到的、在一定条件下进行的发展过程中的人。"②在这里,马克思不仅把人看作处在现实生活中的人,而且用发展的观点来看待人,人不是固定不变的虚幻存在,要在发展的动态过程中来观察人。"但是,人的本质不是单个人所固有的抽象物,在其现实性上,它是一切社会关系的总和。"③这句话马克思意在强调,人的生存发展离不开特定的社会关系,人其实在现实生活中是具体的和历史的,对于人的本质的认识不能游离于现实社会生活之外,人是自然属性和社会属性的统一体。同时,"人的本质只有成为历史的结果才是可能的"④。只有在历史的长河中,才能更深刻地认识"人的本质"的社会关系的丰富性。

第二,交往的形式表现为感性的实践活动。马克思的现代性思想承

---

① 《马克思恩格斯选集》第1卷,人民出版社2012年版,第151页。
② 《马克思恩格斯选集》第1卷,人民出版社2012年版,第153页。
③ 《马克思恩格斯选集》第1卷,人民出版社2012年版,第135页。
④ 何中华:《"新唯物主义的立脚点"与"从后思索"》,《山东社会科学》2013年第7期。

认物质实践活动的前提性,"全部人类历史的第一个前提无疑是有生命的个人的存在"①。个人的存在基础就是人们能够生产物质生产生活资料,这样人才能和动物相区别。不管人类进行物质生产活动,还是精神生产活动,交往始终存在,交往其实就是人类实践活动的重要表现形式之一。在马克思感性的实践活动中,物质交往具有基础性的地位,精神交往等其他形式都是由物质活动和物质交往所决定的。"思想、观念、意识的生产最初与人们的物质活动,与人们的物质交往,与现实的生活语言交织在一起。人们的想象、思想、精神交往在这里还是人们物质行动的直接产物。"②马克思语境中的感性实践活动,应该包括显性的物质实践活动和隐性的精神生产活动,相应地,交往也是物质交往和精神交往的统一体。

马克思的现代性语境中,随着生产力的提高和科学技术的进步,民族间的交往活动逐渐扩大到世界范围。马克思对人类交往实践活动的认识是从历史唯物主义出发,在民族内部,交往活动随着社会分工的出现,工场手工业逐渐被大机器生产所替代,经济水平和人民生活水平也不断提高,但同时人交往的异化也开始显现。马克思虽然彻底批判了西方绝对精神世界决定人们的现实社会生活,但是随着交往普遍异化的出现,人在某种程度上只还处于生物意义层面,人们的交往实践活动只不过是人异化不断加深的现实需要。现实的生活世界,在马克思所批判的资本主义社会里已经不那么"现实"了,但是人们还必须去交往,人的实践活动就是要和周围的现实世界打交道。正如胡塞尔为了拯救西方文明的危机所提出的"生活世界",人们必须认识到自己所生活的世界就是日常的生活世界,不是抽象的,而是可以通过经验感觉到的。

第三,交往是在一定的社会关系中展开的。马克思认为,社会关系是在人类社会实践的过程中产生的,并贯穿于人类社会形态演进的始终,在本质上表现为人与人、人与社会、人与自然以及人与自我之间的

---

① 《马克思恩格斯选集》第 1 卷,人民出版社 2012 年版,第 146 页。
② 《马克思恩格斯选集》第 1 卷,人民出版社 2012 年版,第 151 页。

一切关系。社会关系并不是一成不变的，而是随着社会交往不断扩大化和普遍化被创造出来的，表现为对一定历史阶段特定社会形态的反映。"一切固定的僵化的关系以及与之相适应的素被尊崇的观念和见解都被消除了，一切新形成的关系等不到固定下来就陈旧了。"① 生产力的发展、交通工具的改进、交往的扩大化、商品销路的寻找等因素都促使资产阶级奔走于世界各地，原本狭隘的社会关系被所谓资产阶级文明的社会关系所代替，并且社会关系被创生的速度在加快。马克思启发我们，社会关系如此重要，对于交往等社会现实问题的认识，不仅要看到经济交往、政治交往、文化交往等社会的事实，更要看到隐藏在感性的社会实践活动背后的本质的东西，因为本质的东西是社会关系最真实的反映。

然而，在马克思的现代性思想中，由于工具理性的横行，社会关系已经被异化，一切的关系都被金钱化、世俗化和庸俗化。马克思曾说："资产阶级除非对生产工具，从而对生产关系，从而对全部社会关系不断地进行革命，否则就不能生存下去。"② 资产阶级所谓对社会关系的革命，其实就是把资产阶级的文明形态强加于其他民族之上，把资产阶级那套公开的、无耻的、别有用心的社会关系强加于其他民族。尤其是随着交往的普遍化，民族历史向世界历史不断转变，人的异化在这个时代的社会关系中表现得淋漓尽致。在这个病态的社会关系中，所有的一切都被物化，人、社会以及自然都是人们达到自己鄙俗目的的手段，这些要素之间正常的、本真的交往关系被功利化。更为可怕的是，就如哲学家弗洛姆所说，人的自我意识已经不健全，人性出现了异化。

二 交往与资本逻辑

现代性的发展过程，其实就是人类社会文明形态不断发展的过程。马克思对现代性的批判，主要集中于对资本逻辑的批判。对于资本主义社会的批判，笔者认为，不仅要看到资本在社会发展中的贪婪性和破坏

---

① 《马克思恩格斯选集》第1卷，人民出版社2012年版，第403页。
② 《马克思恩格斯选集》第1卷，人民出版社2012年版，第403页。

性，而且不应该忽视资本的革命性和创新性。对于资本在人类社会发展中的作用，应该坚持马克思哲学辩证法的原则，如卢卡奇所说："如果摒弃或抹杀辩证法，历史就变得无法了解。"① 人类交往活动的深化和扩展，离不开资本的推动，但是也不能忽略资本对人类交往活动的负面影响。

马克思曾说："现代资产阶级本身是一个长期发展过程的产物，是生产方式和交换方式的一系列变革的产物。"② 资产阶级的产生和发展具有历史性，那么资本同样也有历史性，因为资产阶级是资本的化身。在资本主义社会之前，资本表现为使用价值；而在现代社会，资本就表现为交换价值。在人类社会的交往中，经济学家仅仅把资本单纯地理解为经济交往过程中的物，资本的自行增殖只不过是经济交往的目标而已。在马克思的著作中，马克思阐述了资本的历史性，并且揭示了资本的本质，批评了经济学家并没有把资本理解为一种社会关系，资本应该是物理属性和社会属性的统一体。所以，交往活动与资本的关系问题，理应全面深刻地去认识。

首先，资本的革命性和创造性促进了人们交往的发展。在资本主义社会发展之初，资本逻辑并不是一开始就有的，对于资本的崇拜经历了商品拜物教、货币拜物教以及资本拜物教的形式。在资本逻辑刚形成之时，资本对于人类交往的促进作用是显而易见的。"资本超越了各种民族界限和偏见，超越了对自然界的崇拜和对局限于既定界限内各种现存需要的固有的、自给自足的满足，超越了传统生活方式的再生产。"③ 各个民族之间的界限被打破和超越，无疑说明资本增进了各民族之间的交往。通过资本这种特殊的交往形式，各民族了解了外在的世界，民族内部原本固有的现存需要也随着普遍交往而得到改变。同时马克思还指出："资本摧毁了所有的一切，并且是不断革命的，因为它扫除了一切

---

① [匈]格奥尔格·卢卡奇：《历史与阶级意识》，杜章志、任立、燕宏远译，商务印书馆1999年版，第62页。
② 《马克思恩格斯选集》第1卷，人民出版社2012年版，第402页。
③ [英]戴维·麦克莱伦：《马克思传》，王珍译，中国人民大学出版社2010年版，第300页。

妨碍生产力发展、需求扩大、生产多样性以及对自然力和智力进行利用和交换的障碍。"① 生产的进步和需求的扩大也是伴随着交往的发展而产生的，自然力和智力得到运用，无疑是人与人、人与自然交往的产物，从而获取促进生产力发展的动力。正是资本的这些特征，促进了交往内涵的深化和外延的扩大。

随着资本逻辑逐渐增强，交往的普遍化表现为民族历史向世界历史的转变。基于资本逻辑的影响，资本家为了获得更多的剩余价值，通过发动战争、黑奴贸易、商品输出等形式，在世界范围内建立联系。"各民族的原始封闭状态由于日益完善的生产方式、交往以及因交往而自然形成的不同民族之间的分工消灭得越是彻底，历史也就越是成为世界历史。"② 在资本逻辑的推动下，生产力、分工、交往等众多因素促进了民族历史向世界历史的转变。资本为了自身的增殖，资本家就在世界范围内建立工厂，从而使民族狭隘的市场转向世界市场。马克思曾说："大工业创造了交通工具和现代的世界市场，控制了商业，把所有的资本都变为了工业资本，从而使流通加速（货币制度得到发展）、资本集中。"③ 正是在资本的推动下，世界市场也逐渐形成，人们的交往活动依赖于整个世界，因为原来各民族闭关自守的状态已经一去不复返了。

不可否认的是，资本逻辑在一定程度上，能够促进生产力的进步、人类交往的普遍化以及人民生活水平的提高。"资本调动科学和自然界的一切力量，同样也调动社会结合和社会交往的力量，以便使财富的创造不取决于（相对地）耗费在这种创造上的劳动时间。"④ 总之，在马克思的现代性思想中，资本的积极作用是显而易见的。在理解资本与交往的关系之时，这一点必须引起重视。

其次，资本的破坏性和贪婪性造成了交往异化的出现。随着人类工具理性的不断膨胀，获取更多物质利益的欲望也随之增强，而资本刚好

---

① [英]戴维·麦克莱伦：《马克思传》，王珍译，中国人民大学出版社 2010 年版，第 300 页。
② 《马克思恩格斯选集》第 1 卷，人民出版社 2012 年版，第 168 页。
③ 《马克思恩格斯选集》第 1 卷，人民出版社 2012 年版，第 194 页。
④ 《马克思恩格斯全集》第 46 卷（下册），人民出版社 1980 年版，第 219 页。

成为衡量人欲望的一个标准。人欲望的扩张不断推动着资本的积累，而资本的积累又使得人的欲望得以扩张。在资本逻辑的控制下，资本家把追求资本最大化视作终极目标，这在很大程度上造成了资本的浪费性。"生产力和社会关系——这二者是社会的个人发展的不同方面——对于资本来说仅仅表现为手段，仅仅是资本用来从它的有限的基础出发进行生产的手段。但是，实际上它们是炸毁这个基础的物质条件。"①马克思意在说明，生产力和生产关系只不过是资本积累的手段而已，作为基础的物质性条件迟早会被生产力和生产关系所破坏，但是在根源上，物质性条件被摧毁的罪魁祸首是资本。资本的这种破坏性，会造成实践交往活动的非正常进行，原本人的主体性和资本的客体性完全颠倒了，人类的交往活动经常是依资本的眼色行事，不是人的交往实践活动决定人们如何去运用资本，而是所谓主体性的资本制约着人的交往活动。

人类的生存发展都是在一定的实践活动中进行的，交往异化是随着劳动异化的出现而产生的。"因此，通过异化劳动，人不仅生产出他对作为异己的、敌对的力量的生产对象和生产行为的关系，而且还生产出他人对他的生产和他的产品的关系，以及他对这些他人的关系。"②毫无疑问，马克思认识到了劳动的异化，使得工人同产品的关系、工人同工人的关系以及生产对象和生产行为的关系都异化了。这几方面关系的异化，实质上说明了整个社会关系已经被异化，交往的异化也是不可避免的。交往异化的出现，使人们的自然属性和社会属性的关系发生了颠倒。"因此，结果是，人（工人）只有在运用自己的动物机能——吃、喝、生殖，至多还有居住、修饰等等——的时候，才觉得自己在自由活动，而在运用人的机能时，觉得自己只不过是动物。动物的东西成为人的东西，而人的东西成为动物的东西。"③从马克思的这段话就能够很清晰地了解到，在资本逻辑的主导下，人已经被异化得面目全非了，人们在社会属性方面的交往也被降低为动物层面的交往。

---

① 《马克思恩格斯全集》第46卷（下册），人民出版社1980年版，第219页。
② ［德］卡尔·马克思：《1844年经济学哲学手稿》，人民出版社2014年版，第56页。
③ 《马克思恩格斯选集》第1卷，人民出版社2012年版，第54页。

交往异化是人的全面异化的表现之一，正是在异化交往的活动中，人类的道德也屈从于资本。"资产阶级抹去了一切向来受人尊崇和令人敬畏的职业的神圣光环。它把医生、律师、教士、诗人和学者变成了他出钱招雇的雇佣劳动者。"① 医生、律师、教士、诗人和学者原本是高尚形象的代表，在资本主义的冲击下，这些人的尊严已经被资本的贪婪性所侵蚀。纯粹性的金钱关系成为人们交往关系的基础，整个社会都处在资本毒瘤的氛围中，这也正是马克思对现代性批判的根本之所在。"处于资本统治和支配之下的人们要认识到这一点，只有通过'资本批判'，即对反映资本这种生产关系的观念、范畴展开前提性批判，并由此揭露'非神圣形象的自我异化'的形成机制和规律，才有可能。"② 所以，揭露和认识人的异化和交往异化的关键，就在于对已经被资本所侵害的社会生产关系的观念、范畴进行批判，因为资本并不是孤零零地存在的，而是处在现实的社会关系中的。只有这样，对资本的批判才能从抽象的批判转向现实的具体的批判。

最后，资本主义私有制是交往异化的根源。马克思恩格斯认为，机器大生产代替手工劳作之后，资本家雇佣大量工人进行劳动，大量的社会产品被生产出来。为了榨取更多的剩余价值，资本家不仅占有工人生产的劳动产品，而且劳动力也被视为商品的一种形式。资本家和工人之间原本是简单的雇佣关系，只是经济交往的双方，但是在以资本为主体的前提下，工人不得不依附于资本家，从而维持自身的生命。"私有制使得我们变得如此愚蠢而片面，以致一个对象，只有当它为我们拥有的时候，就是说，当它对我们来说作为资本而存在，或者它被我们直接占有，被我们吃、喝、穿、住等等的时候，简言之，在它被我们使用的时候，才是我们的。"③ 这足以说明资本私有制把占有作为人们生活的手段，但是这种手段，只不过是服务于资本主义私有制的生活而已。不难理解，在

---

① ［德］卡尔·马克思、［德］弗里德里希·恩格斯：《共产党宣言》，人民出版社 2018 年版，第 30 页。
② 胡刘：《"资本批判"与历史认识论的科学建构》，《山东社会科学》2015 年第 8 期。
③ 《马克思恩格斯文集》第 1 卷，人民出版社 2009 年版，第 189 页。

这种糜烂腐朽的资本主义私有制中，一切的交往都被世俗化和功利化。

资本主义私有制是资本主义国家这个虚幻共同体的本质所在，这种私有制关系是资本主义普遍意志在现实生活中的表达。马克思曾经对私有制中的财产这样描述过："从私有者的意志方面来考察事物，根本不是物；物只有在交往中并且不以权利为转移时，才成为物，即成为真正的财产（一种关系，哲学家们称之为观念）。"①物只有在正常的社会交往中，并且不以资本主义的权力为转移，这个物才是没有被私有制所侵害过的，这种财产才是真正的财产，否则只会是资本主义私有制虚假的形式。资本主义私有制披着华丽的外衣，驱使资本家扮演着经济人的角色，正是在这种思想逻辑的影响下，资本主义社会这个有机体处于腐朽和糜烂的状态。

交往的普遍化和深化，打破了民族之间狭隘的界限，为生产力和科学技术在世界范围内的传承提供了可能，从某些方面来说，为人类的发展提供了条件。然而，资本主义私有制的本质并不在于此，交往只不过是一种手段，被异化的交往只是充当着资本家谋利的帮凶。马克思强调物质实践和物质交往，认为在人类所有的交往关系中，最根本和最基础的交往关系是物质交往。对于交往异化的扬弃，最根本的是要考虑物质交往的作用，尤其是对资本的扬弃。资本的发展终究会打破资本异化的这种局面，并且还会为资本主义私有制敲响丧钟。

三 交往与人的全面发展

马克思的现代性思想中，交往的普遍发展，最终致力于人的自由全面发展。马克思对现代性的批判戳中了资本主义发展的神经，对于如何拯救现代性，马克思则表现出了人文主义关怀。通过马克思的经典著作可知，马克思超越现代性的地方，就在于提出了人的自由而全面发展思想，这也是马克思交往思想的价值旨归。

交往实践活动的发展，为人的自由而全面发展奠定了物质基础。马

---

① 《马克思恩格斯文集》第1卷，人民出版社2009年版，第585页。

克思哲学语境中人的自由全面发展思想,并不是人脑抽象思辨的产物,而是建立在现实的物质生产实践活动基础上。普遍交往活动的展开,为生产力的进步和传播创造了条件,进而为人的自由全面发展提供了坚实的物质保障。"某一个地域创造出来的生产力,特别是发明,在往后的发展中是否会失传,完全取决于交往扩展的情况。"① 交往的发展状况对生产力的保存起到了重要的作用,只有当交往突破时间和空间的限制,生产力才能在世界范围内传播。马克思又说:"只有当交往成为世界交往并且以大工业为基础的时候,只有当一切民族都卷入竞争斗争的时候,保持已创造出来的生产力才有了保障。"② 世界性普遍交往、大工业的发展、各民族之间的竞争等现实条件,都为生产力的发展提供了保障。只有生产力发展了,才会极大地促进物质生产活动,人类朝更高的社会形态发展才会有可能。

生产力的发展,不仅为人的全面发展创造了条件,同时也提升了人们交往的丰富性。生产力的发展会为人的全面发展提供丰厚的物质基础、丰富的精神文化产品和社会关系,从而满足人的物质需要、精神生活需要以及交往需要。③ 生产力的发展与人的交往的发展息息相关,生产力和交往的作用是双向的,这两个因素对于人的全面发展是不可或缺的。正是在生产力和交往活动的双向推动下,社会关系的丰富性才会得到进一步提升,人们才会逐渐摆脱片面的发展状态,人的自由全面发展才会有可能。

在马克思现代性语境中,人的自由全面发展涵盖了"自由发展"和"全面发展"两个层面。"自由发展"强调人作为社会历史发展的主体,应该有独立的人格,不应该成为资本的附庸和奴隶,在交往实践活动的过程中,人不能仅仅依赖于对物的追求;"全面发展"就是强调人与自然、人与社会、人与人以及人与自我关系的和谐发展。马克思哲学意义中,人的"自由发展"和"全面发展"是互为前提的,正是由于狭

---

① 《马克思恩格斯选集》第 1 卷,人民出版社 2012 年版,第 187—188 页。
② 《马克思恩格斯选集》第 1 卷,人民出版社 2012 年版,第 188 页。
③ 参见李景源《现代性与人的全面发展探讨》,《学习与探索》2005 年第 5 期。

隘的交往发展为普遍的交往，马克思人的自由全面发展思想才有了丰富内涵。

马克思关于人的自由全面发展思想的丰富内涵，应该包括以下两方面。其一，普遍交往促进了人自身能力的全面发展。交往思想是马克思哲学的重要范畴之一，交往的过程就是一个人展示自身能力的过程。在这个过程中，正是由于人在体力、劳动能力和潜力等各个方面的能力不同，才有了人的片面发展。只有在普遍交往的过程中，人们互相学习，取长补短，才能消除私有制下人的异化现象，从而才能使人的自由全面发展成为可能。其二，普遍交往能促进人与自然、人与社会、人与人以及人与自我的和谐发展。人的全面发展，离不开人与自然、人与社会、人与人以及人与自我关系的和谐共生。这种和谐状况的出现，也只有到了共产主义社会才能实现。马克思曾说："这种共产主义，作为完成了的自然主义等于人道主义，而作为完成了的人道主义等于自然主义，它是人和自然界之间、人和人之间的矛盾的真正解决，是存在和本质、对象化和自我确证、自由和必然、个体和类之间的斗争的真正解决。"① 自然主义把自然界看作世界的本体，人道主义则过分地把人看作世界的中心。人道主义和自然主义的统一，就是强调人与自然交往的过程，应该正视人们原本僵化的固有的观念，人只不过是自然界的组成部分，而自然则是人实践活动的对象。

对于马克思人的自由全面发展思想，应该从社会历史的发展形态中进行深刻理解。马克思交往思想的价值旨归，其实也体现在社会形态的发展演进中。马克思在《1857—1858年经济学手稿》中提出了"三大社会形态理论"："人的依赖关系（起初完全是自然发生的），是最初的社会形态，在这种形态下，人的生产能力只是在狭窄的范围内和孤立的地点上发展着。以物的依赖性为基础的人的独立性，是第二大形态，在这种形态下，才形成普遍的社会物质变换，全面的关系，多方面的需求以及全面的能力的体系。建立在个人全面发展和他们共同的社会生产

---

① 《马克思恩格斯文集》第1卷，人民出版社2009年版，第185页。

能力成为他们的社会财富这一基础上的自由个性,是第三个阶段。"① 第一个阶段是完全自发的,在这个阶段,人是在狭窄的范围内活动和孤立地发展,人们之间的交往也是狭隘的;而第二个阶段,形成了普遍的社会物质交换,人的社会关系也不断丰富,人成为社会发展的主体,人们的交往活动不断扩展;在第三个阶段,马克思把人的自由个性基础上的全面发展作为最高阶段,社会发展的最终目的是实现人的自由而全面发展。

人的自由全面发展是人发展的崇高目标,是在现实社会生活中逐渐进行的。马克思交往思想伴随着人的发展,为人的真正解放提供了动力。马克思意义上人的交往的真正实现,应该是交往的主客体之间有着真正的平等关系,交往实践活动也应该是一种自由和自觉的活动。只有在这个真正的交往关系中,才会有"每个人的自由发展是一切人的自由发展的条件"②。概言之,真正意义上的交往,就是要把人作为真正的交往主体,而不是把人置于主客体颠倒的尴尬境地;人是自身发展的目的,而非手段,人的交往活动不受物质利益所牵制。只有这样,正如马克思所说,人的类本质才能真正实现。

总之,现代性的过程就是人类社会形态的发展过程,交往的发展程度体现着现代性的进程,从而也反映着人类社会形态的发展。"从历史上看,文明的发展与社会交往的发展密切相关。文明作为一种社会文化现象,并不是纯粹自然演进的,而是受各种社会因素制约的,其中交往状况对其发展有着极为重要的影响。"③ 这就足以表明,人类社会文明的征程并非一帆风顺的,在所有因素中,交往的作用是不可小觑的。在马克思的语境中,现代性思想是近代资本主义社会本质使然,对资本逻辑的批判构成了马克思现代性思想的核心。从马克思现代性语境中阐释交往在资本主义社会中的地位,无疑能够深刻彻底理解交往在人类社会中的作用。在马克思之后,法兰克福学派的哈贝马斯曾对马克思的历史

---

① 《马克思恩格斯全集》第46卷(上册),人民出版社1979年版,第104页。
② 《马克思恩格斯文集》第2卷,人民出版社2009年版,第53页。
③ 丰子义:《全球化与文明的发展和建设》,《山东社会科学》2014年第5期。

唯物主义进行重建，试图建立一套解决晚期资本主义社会危机的社会交往理论，通过语言和生活世界的互动来重建理性，关注人们的生存状态和未来发展。然而，哈贝马斯的交往思想并没有超过马克思，因为马克思看到了物质生产实践在交往活动中的基础地位，这是哈贝马斯所没达到的。因此，对马克思现代思想中交往概念的研究不仅是理论研究的需要，而且是时代发展的需要。

第二节 马克思交往理论视域中的"民族观"

马克思交往理论立足于物质生活实践，科学定位资本在交往中的作用，从而确立交往的价值旨趣是实现人的自由全面发展。马克思的民族平等、民族解放、民族融合、民族复兴思想都是建立在交往理论基础之上的，马克思的交往理论和民族观构成鲜活的不可分割的有机整体。因此，系统分析和深刻阐释马克思交往理论和民族观的内在关系，才能真正理解马克思民族观的丰富意蕴。马克思的民族观，是对人类社会历史发展规律的深刻认识，对当今中国的民族复兴具有重要的现实意义。

马克思所处的历史时期，生产力和科学技术的进步，为人们科学地认识世界和改造世界创造了前提。马克思的交往理论和民族观，正是基于资本主义大工业实践的浪潮，对社会生活方式和生产方式变革的深刻把握，有助于人们科学地认识世界，从而推动民族历史向世界历史的转变。通过深入研究发现，马克思的交往理论和民族观之间存在密切的关系，都是从历史唯物主义的视角出发。世界范围内交往的迅速发展，为不同民族之间的融合和世界历史格局的改变提供了条件；反过来，各个封闭民族关系的打破，又拓展和深化了交往的方式。应该看到，马克思的交往理论和民族观的价值立场与理论内涵，对于当今中国更好地融入世界，从而实现民族复兴，具有重要的指导意义。

一　马克思的交往理论

交往理论是马克思历史唯物主义的重要组成部分，也是我们理解马克思历史唯物主义的重要理论切入点。人类社会文明形态不断演进，尤其是从传统的农业文明形态转向工业文明形态，交往在世界范围内的深化和拓展无疑起到了重要的作用。不难发现，在马克思的经典著作中，交往理论具有丰富的内涵，马克思科学的交往理论为交往瓶颈的突破起到了重要的理论铺垫作用，也为民族历史向世界历史的转变提供了正确的价值指向。总之，对马克思交往理论的认识应立足于历史唯物主义，并深刻挖掘马克思交往理论的丰富内涵。

第一，交往必须立足于现实的物质生产生活。马克思的交往理论并不是抽象思想的产物，也不是纯粹经验发展的产物，而是马克思长期关注社会现实，在现实的物质生活实践中发展的结果。马克思曾说："物质生活的生产方式制约着整个社会生活、政治生活和精神生活的过程。不是人们的意识决定人们的存在，相反，是人们的社会存在决定人们的意识。"① 对于交往理论也一样，交往根植于现实的物质生产生活。深入探讨马克思的交往理论，生产力的进步是不容忽视的，这也是理解马克思交往理论的关键。马克思曾经在批判费尔巴哈理论之时指出："他没有看到，他周围的感性世界绝不是某种开天辟地以来就直接存在的、始终如一的东西，而是工业和社会状况的产物，是历史的产物，是世世代代活动的结果，其中每一代都立足于前一代所奠定的基础上，继续发展前一代的工业和交往。"② 费尔巴哈对感性世界以及交往的理解，仅仅致力于感性的直观，没有真正理解现实生活世界的真正内涵，而马克思却看到感性生活以及交往的真正本质。

需要说明的是，作为交往主体的人是感性活动中的人。马克思之前的哲学家，对交往主体人的理解，不免具有神秘和思辨的色彩。人是一

---

① 《马克思恩格斯文集》第2卷，人民出版社2009年版，第591页。
② 《马克思恩格斯选集》第1卷，人民出版社2012年版，第155页。

种思想意识的产物,更多地表现为一种虚幻的存在物。马克思曾经批判黑格尔对主体人的认识,指出:"主体首先必须是一个结果;因此,这个结果,即知道自己是绝对自我意识的主体,就是神,绝对精神,就是知道自己并且实现自己的观念。"① 马克思批判了黑格尔的浓厚的唯心主义,从历史唯物主义的视角出发,把现实的人理解为交往的主体。马克思从现实生活的前提出发,进而指出:"它的前提是人,但不是处在某种虚幻的离群索居和固定不变状态中的人,而是处在现实的、可以通过经验观察到的、在一定条件下进行的发展过程中的人。"② 交往离不开主体人的参与,但人是社会发展过程中现实的人。毋庸置疑,交往主体的人是丰富社会关系的产物,交往实践活动的展开也不断丰富着社会物质生产关系。

马克思从历史唯物主义的视角出发,认为物质交往决定其他形式的交往。在马克思主义的经典著作中,马克思明确指出物质交往的地位。在谈到作为意识形态存在的道德和宗教时,马克思指出:"它们没有历史,没有发展,而发展着自己的物质生产和物质交往的人们,在改变自己的这个现实的同时也改变着自己的思想和思想的产物。"③ 在这里,马克思告诉我们物质生产和物质交往决定着思想意识,物质交往不是某种僵死的事实,也不是某种抽象的经验存在,而是推动思想和实践前行的动力。正是对物质交往认识的不断深入,世界范围的普遍交往才具有了坚实的基础,世界历史的发展进程也逐步加快。总而言之,物质交往在马克思交往理论中并不是一个被边缘化的概念,而是处于基础和核心的地位。

第二,科学认识资本在交往实践活动中的作用。基于对资本主义社会的深入考察,马克思认为资本在工业社会的形成和发展时期,并非作为偶然性因素而存在,而是作为一种特定的符号支配和制约着社会的发展。马尔库塞曾指出,权利和自由在工业社会的形成时期和早期阶段

---

① 《马克思恩格斯全集》第42卷,人民出版社1979年版,第176页。
② 《马克思恩格斯选集》第1卷,人民出版社2012年版,第153页。
③ 《马克思恩格斯选集》第1卷,人民出版社2012年版,第152页。

曾是十分关键的因素。其实,这种权利和自由是资本符号的化身,资本的力量推动着交往等社会活动的开展。在马克思的哲学语境中,资本作为一种社会力量,决定着资本主义社会的发展命脉,破除了狭隘性交往存在的制度性基础。马克思认为,"资本调动科学和自然界的一切力量,同样也调动社会结合和社会交往的力量,以便使财富的创造不取决于(相对地)耗费在这种创造上的劳动时间。"① 诚然,资本可以作为一种社会性力量而存在,为社会的结合和社会交往创造积极条件。

不难发现,资本作为一种社会权力和社会力量,对交往的深入发展起到了积极的作用。在资本逻辑的推动下,资本家作为资本的化身,不同于过去一切时代的地方就在于不断推动社会的变革。马克思指出:"资产阶级除非对生产工具,从而对生产关系,从而对全部社会关系不断地进行革命,否则就不能生存下去。反之,原封不动地保持旧的生产方式,却是过去的一切工业阶级生存的首要条件。"② 正是基于资本的这种革命性,破除了阻碍世界性交往的束缚和羁绊,交往实践活动实质性的飞跃,就是由资本积极力量推动的。正是随着交往方式的多样化和交往深度的不断拓展,"资本超越了各种民族界限和偏见,超越了对自然界的崇拜和对局限于既定界限内各种现存需要的固有的、自给自足的满足,超越了传统生活方式的再生产"③。普遍交往作为资本革命的结果,作为致力于改变现存世界交往状态的资本逻辑,马克思从根本上关注了资本作为主体性存在的实践性特征。

然而,需要承认的是,资本同样导致了交往异化的出现。随着人们工具理性的增强,社会发展的状况不断被打破,对剩余价值的追逐超越了人们的理性范围。卢卡奇曾经指出:"如果人存在的原则正在于自己解放自己,第一次在历史上把对人类的支配掌握在自己手里,那么斗争的对象和手段,经济和暴力,各个阶段的现实目标问题,在这条道路上最近的、实际经过的或必须经过的步骤的内容,就处在兴趣的中心地

---

① 《马克思恩格斯全集》第46卷(下册),人民出版社1980年版,第219页。
② 《马克思恩格斯文集》第2卷,人民出版社2009年版,第34页。
③ [英]戴维·麦克莱伦:《马克思传》,王珍译,中国人民大学出版社2010年版,第300页。

位。"①在马克思所处的时代,人们自己解放自己,无疑是出于对欲望的解放,资本则处在兴趣的中心地位。正是由于欲望对人的统治,交往实践活动只不过是服从于资本的自行增殖,交往异化的出现则不可避免。交往异化逐渐加深,使得人们离真正的人类的解放越来越远,正如马克思所言:"生活的生产方式以及与此相联系的交往形式就在这些束缚和界限的范围内运动着。"②扬弃资本对社会交往的统治,就在于敢于剔除资本主义私有制存在的弊端。

第三,交往的价值在于实现人的自由而全面发展。随着现代性的不断推进,现代社会中人的异化也逐渐加深,马克思对资本逻辑的批判有助于重塑科学的交往观,最终的价值旨归在于实现人的全面自由发展。对于超越资本主义社会的更高级的人类社会形态,需要生产力和交往等因素的推动。马克思指出:"每个个人和每一代所遇到的现成的东西:生产力、资金和社会交往形式的总和,是哲学家们想象为'实体'和'人的本质'的东西的现实基础。"③人对现存世界的改变,就在于具备生产力和交往等能够进行全面变革的物质性因素。所以,人自身发展状态的改变,并不是停留在批判解释学的层面,而是应用实践的力量去推动社会的发展。依据马克思的观点,人的自由全面发展,只有在共产主义社会才能实现。这种更高级的历史发展形态,也是物质不断丰富和生产力不断进步的结果。就如马克思说:"历史不是作为'源于精神的精神'消融在'自我意识'中而告终的,历史每一阶段都遇到一定的物质结果,一定的生产力总和。"④

在马克思看来,人的自由全面发展,除了需要发达生产力的推动之外,还需要对资本主义的私有制进行变革。众所周知,资本主义私有制的存在,阻碍了对交往异化的扬弃。在资本主义虚幻的共同体中,私有

---

① [匈]格奥尔格·卢卡奇:《历史与阶级意识》,杜章智、任立、燕宏远译,商务印书馆1996年版,第352页。
② 《马克思恩格斯选集》第1卷,人民出版社2012年版,第163页。
③ 《马克思恩格斯选集》第1卷,人民出版社2012年版,第173页。
④ 《马克思恩格斯选集》第1卷,人民出版社2012年版,第172页。

制的存在使得人们的自然属性和社会属性发生了倒置,原本人在发展层面的需求被降为吃、穿、住等基本生存需求。毋庸讳言,建立在私有制基础上的交往势必为狭隘和异化的交往,非现实性的交往被视为现实性的交往,人们离自身的解放和自身的自由全面发展会越来越远。"因此,对私有财产的扬弃,是人的一切感觉和特性的彻底解放;但这种扬弃之所以是这种解放,正是因为这些感觉和特性无论在主体上还是在客体上都成为人的。"[①]这也即是说,人的自由的有意识的活动所表现出来的类特性也回到了正确的轨道,人的类本质并非异己本质,而是真正实现人自身的解放。

马克思在批判交往异化的同时,表现出了浓厚的人文主义关怀。从马克思的经典著作可知,对交往异化的批判并不是目的,而是服务于人的全面发展和自由发展。在资本主义社会中,重塑人的自由发展和全面发展是无稽之谈,唯有共产主义社会才能为这种理想的实现提供沃土。在马克思看来,人的自由全面发展包含自由发展和全面发展两个方面,这二者缺一不可。对于全面发展,马克思更多地强调个人能力全面发展,只有全面的个人能力培养,才能够塑造全面发展的个人;自由发展则强调人的主体性的存在,人应该成为社会发展的目的,而不是作为手段和工具而存在。只有这样,在真正的自由人联合体中,"每个人的自由发展是一切人的自由发展的条件"[②]。只有正确阐释全面发展和自由发展的真正内涵,才能够理解交往的价值。

二 马克思的民族观

在马克思主义的经典著作中,马克思并没有专门的著作来阐释民族理论,但这绝不等于说,马克思的哲学思想中缺乏对民族理论问题的认识。看似零散的民族理论观点,却蕴含着马克思对民族问题的深刻认识。深入研究发现,马克思的民族观也立足于历史唯物主义,从而揭示

[①] 《马克思恩格斯文集》第1卷,人民出版社2009年版,第190页。
[②] 《马克思恩格斯文集》第2卷,人民出版社2009年版,第53页。

了民族理论的丰富内涵。在世界历史的发展过程中,民族问题伴随着交往实践活动的深入展开而产生,马克思提出了民族平等、民族解放、民族融合以及民族复兴等诸多民族理论思想。

随着世界历史浪潮的不断推进,资产阶级在物质利益的驱使下,在世界范围内寻找满足商品生产的原材料产地,同时也不断加强商品和资本的输出,从而确立资本主义生产关系在落后地区的统治地位。落后封闭的民族地区被卷入所谓的资产阶级的文明当中,"过去那种地方的和民族的自给自足和闭关自守状态,被各民族的各方面的互相往来和各方面的互相依赖所代替了"①。这就告诉我们,各民族之间频繁的交往和相互依赖的关系,打破了原本彼此孤立的民族交往状态。紧接着,马克思肯定了资产阶级在人类文明进程中所发挥的积极作用,"资产阶级,由于一切生产工具的迅速改进,由于交通的极其便利,把一切民族甚至最野蛮的民族都卷到文明中来了"②。出现的结果就是,农民的民族从属于资产阶级的民族,农村屈服于城市,东方从属于西方。

在马克思历史唯物主义的视野中,民族作为一个历史范畴,受制于资本主义私有制的生产方式。正是由于私有制的发展,民族地区的发展和繁荣也随即被资产阶级的贪欲所吞噬,私有制成为民族异化发展的温床,给落后地区民族的发展带来了苦难。正如马克思所说:"它迫使一切民族——如果它们不想灭亡的话——采用资产阶级的生产方式;它迫使它们在自己那里推行所谓的文明,即变成资产者。"③这样发展下去,有些民族就会失去自身优秀的传统,按照资本主义的面貌来创造世界。这所导致的结果,就如马克思所说:"各自独立的、几乎只有同盟关系的、各有不同利益、不同法律、不同政府、不同关税的各个地区,现在已经结合为一个拥有统一的政府、统一的法律、统一的民族阶级利益和统一的关税的统一的民族。"④统一的民族和统一的民族利益,也只不过

---

① 《马克思恩格斯文集》第2卷,人民出版社2009年版,第35页。
② 《马克思恩格斯文集》第2卷,人民出版社2009年版,第35页。
③ 《马克思恩格斯文集》第2卷,人民出版社2009年版,第35—36页。
④ 《马克思恩格斯文集》第2卷,人民出版社2009年版,第36页。

是资本主义民族利益的代名词而已。所以，为了更好地解决民族问题，就应该更深入地阐释马克思民族观的深刻内涵。

第一，马克思民族观中关于民族平等的思想。在马克思的民族观中，民族平等是一条非常重要的原则。资本主义国家凭借着先进的生产力欺压着落后地区的民族，这已是不争的事实。马克思曾经在《中国革命和欧洲革命》这部著作中论述了西方列强对中国进行殖民掠夺和民族压迫，以牺牲亚洲各国的民族利益维持欧洲国家的民族强盛。马克思曾说："满清王朝的声威一遇到不列颠的枪炮就扫地以尽，天朝帝国万世长存的迷信受到了致命的打击，野蛮的、闭关自守的、与文明世界隔绝的状态被打破了，开始建立起联系，这些联系从那时起就在加利福尼亚和澳大利亚黄金的吸引之下迅速地发展了起来。"① 毋庸置疑，马克思对这种民族之间的不平等关系进行了批判，只要资本主义制度存在，这种民族不平等就会出现。不光在亚洲地区，在世界范围内的其他民族地区，民族剥削和民族压迫依旧存在。

需要说明的是，在马克思的民族平等思想中，明确表示反对民族压迫，倡导一种和谐的民族平等关系。马克思曾指出："任何民族当它还在压迫别的民族时，不能成为自由的民族。"② 对于遭受压迫的民族来说，它的发展状态就是不自由的，而作为民族压迫的一方，它的这种民族欺压行为是非正义的，为得到非正义的自由而牺牲其他民族的自由是不道德的。因此，马克思强调："排除民族压迫是一切健康和自由的发展的基本条件。"③ 一个民族要自由和健康发展，从外部条件来说，必须破除民族压迫。归根结底，破除民族压迫，就需要找到民族压迫的根源，这个根源就是资本主义私有制。在马克思看来，资本主义制度灭亡，民族不平等的事实就会消失；共产主义社会建立，民族平等就会随之实现。

第二，马克思民族观中关于民族解放的思想。由于民族压迫、民族剥削以及民族歧视，落后地区成为当时世界历史发展进程中的薄弱

---

① 《马克思恩格斯全集》第9卷，人民出版社1961年版，第110页。
② 《马克思恩格斯全集》第4卷，人民出版社1958年版，第410页。
③ 《马克思恩格斯全集》第35卷，人民出版社1971年版，第261页。

环节。在马克思看来，唯有无产阶级才能担负起反抗民族压迫历史的重任，争取最终的胜利。在《共产党宣言》1892 年的波兰文版序言中，对于 1863 年波兰战败俄国，马克思说道："波兰贵族既没有能够保持住波兰独立，也没有能够重新争得波兰独立；在资产阶级看来，波兰独立在今天至少是一件无关痛痒的事情。"①这就告诉我们，波兰的旧贵族并没有争取和保持住民族的独立，波兰的资产阶级认为波兰的独立是一件无关紧要的事情。马克思紧接着又说："这种独立只有年轻的波兰无产阶级才能争得，而且在波兰无产阶级手里会很好地保持住。"②很明显，波兰民族的解放和独立，无产阶级是顶梁柱和历史的担当者。

正如马克思所言，近代资本主义国家的民族压迫和殖民掠夺，造就了世界范围内落后地区的民族解放运动。资本主义实行的民族压迫越强烈，民族解放运动的呼声就越高。在《中国革命和欧洲革命》这部著作中，马克思曾说："中国的连绵不断的起义已延续了 10 年之久，现在已经汇合成一个强大的革命，不管引起这些起义的社会原因是什么，也不管这些原因是通过宗教的、王朝的还是民族的形式表现出来，推动了这次大爆炸的毫无疑问是英国的大炮，英国用大炮强迫中国输入名叫鸦片的麻醉剂。"③英国列强入侵后，用鸦片腐蚀着中国传统的封建社会，腐蚀着中国人民的心灵，中华民族出现了危机。面对英国列强，民族起义和民族运动此起彼伏，民族有志之士都致力于民族的解放运动。正如马克思所说，看起来很奇怪的是，鸦片没有起到催眠作用，反而起了警醒作用。总之，马克思看到了民族解放问题的实质，积极为民族解放运动提供智力支持。

第三，马克思民族观中关于民族融合的思想。在民族历史向世界历史转变的过程中，民族融合是民族历史发展的一个趋势。马克思认为，民族融合的前提条件是生产力的提高，某个民族的生产力较发达，就会通过交往实践在落后地区传播自身的文明，打破原本支离破碎的世界交

---

① 《马克思恩格斯文集》第 2 卷，人民出版社 2009 年版，第 24 页。
② 《马克思恩格斯文集》第 2 卷，人民出版社 2009 年版，第 24 页。
③ 《马克思恩格斯全集》第 9 卷，人民出版社 1961 年版，第 109—110 页。

往格局。正如马克思所言:"它首次开创了世界历史,因为它使每个文明国家以及这些国家中的每一个人的需要的满足都依赖于整个世界,因为它消灭了各国以往自然形成的闭关自守的状态。"① 在这段论述中,它指的是大工业,代表着生产力的发展水平。在世界历史进程中,民族之间的融合就表现为文明国家和落后封闭国家之间的跨越式交往,"野蛮的征服者,按照一条永恒的历史规律,本身被他们所征服的臣民的较高文明所征服"②。

依据马克思的民族理论,民族融合使得民族之间的差异性逐渐减少,民族的共同性越来越趋于一致。然而,资本主义私有制的存在,阻碍了民族之间的真正融合。在《德意志意识形态》中,马克思说:"在私有制的统治下,这些生产力只获得了片面的发展,对大多数人来说成了破坏的力量,而许多这样的生产力在私有制下根本得不到利用。一般说来,大工业到处造成了社会各阶级间相同的关系,从而消灭了各民族的特殊性。"③ 所以,资本主义私有制的根源,造就了各民族相同的阶级关系,民族之间的特殊性也随之消失。只有在共产主义社会里,民族的剥削和私有制才会消失,各民族间的大融合才会真正实现。

第四,马克思民族观中关于民族复兴的思想。马克思对民族问题的关注,不仅重视民族平等、民族解放以及民族融合,而且关注一个民族的发展命运,即民族复兴问题。在民族解放运动中,民族独立和民族复兴是密切相关的。在论述米兰和柏林发生的革命时,马克思说道:"这两个伟大民族在1848—1871年期间得到复兴并以这种或那种形式重新获得独立,那么,这是因为,正如马克思所说,那些镇压1848年革命的人违反自己的意志充当了这次革命的遗嘱执行人。"④ 这也即是说,民族的复兴可以为民族的重新独立提供支持,从而摆脱间接或者直接的民族压迫。在《共产党宣言》中,马克思还强调民族复兴不仅关系本民族

---

① 《马克思恩格斯选集》第1卷,人民出版社2012年版,第194页。
② 《马克思恩格斯选集》第1卷,人民出版社2012年版,第857页。
③ 《马克思恩格斯选集》第1卷,人民出版社2012年版,第195页。
④ 《马克思恩格斯文集》第2卷,人民出版社2009年版,第25页。

自身，而且会影响其他民族的发展，并为落后民族实现民族复兴树立了榜样。

进一步来讲，民族复兴依赖于民族工业和民族生产力的发展。马克思认为，民族之间的关系受到生产力、交往以及分工等诸多因素的影响。因此，要实现落后地区的民族复兴，就要深化民族间的交往程度，提升本民族的生产力。只有这样，才能够为民族复兴创造积极的条件。在《共产党宣言》1892年的波兰文版序言中，马克思说："波兰工业的迅速发展（它已经超过了俄国工业），又是波兰人民拥有强大生命力的新的证明，是波兰人民即将达到民族复兴的新的保证。"①依据马克思所说，工业的发展是一个民族生命力强大的表现，同样也是民族复兴的保证。毋庸置疑，民族复兴思想是马克思民族理论的升华，其表现出来的价值立场鼓舞着落后民族走向繁荣。

三　马克思的交往理论和民族观的内在逻辑

在马克思哲学中，马克思的交往理论和民族观占有重要的地位，是我们深化研究马克思主义民族问题和交往问题的宝贵精神财富。应当看到，马克思的交往理论和民族观并不是孤立存在的，而是一个有机统一的整体，二者之间的关系是密不可分的。在世界历史进程中，对马克思交往理论的深入研究，无疑深化了对马克思民族观的认识与理解。无论是马克思交往理论的建构，还是马克思民族观的创立，都具有明显的实践性目标，即共同的人文关怀和价值诉求。

首先，马克思的交往理论与他的民族观是一个有机统一的整体。从马克思交往理论和他的民族观的产生来说，二者的理论都是根植于近代资本主义的现实社会生活，都是对工业社会发展的现实性反映。深入研究发现，要深刻理解马克思的交往理论，就不能忽视他的民族观；同样，对于马克思民族观的深入研究，也需要重视他的交往理论。依据马克思主义的经典著作可知，交往的扩大和深化，重新确立了世界范围内

---

① 《马克思恩格斯文集》第2卷，人民出版社2009年版，第24页。

的民族关系，物质交往和精神交往为民族之间的相互依存奠定了基础。在马克思看来，民族历史向世界历史的发展过程中，交往所发挥的作用是不容置疑的。"各个相互影响的活动范围在这个发展进程中越是扩大，各民族的原始封闭状态由于日益完善的生产方式、交往以及因交往而自然形成的不同民族之间的分工消灭得越是彻底，历史也就越是成为世界历史。"① 这就告诉我们，民族历史的发展离不开交往的推动，民族历史向世界历史的转变，这已经成为交往实践活动所推动的一个历史性事实。

当世界历史逐渐形成之时，各个民族之间的融合更为密切，民族之间的关系也更为复杂。要巩固资本主义在世界范围内的统治，就需要进行更深层次的普遍交往。正如马克思所说："理论需要是否会直接成为实践需要呢？光是思想力求成为现实是不够的，现实本身应当力求趋向思想。"② 很显然，在马克思看来，民族历史现实的继续发展，需要普遍交往理论的推动。由于世界历史发展的新要求，旧的交往形式就不能适应民族间先进生产力的发展需要了，从而新的交往形式就会代替旧的交往形式。"已成为桎梏的旧交往形式被适应于比较发达的生产力，因而也适应于进步的个人自主活动方式的新交往形式所代替；新的交往形式又会成为桎梏，然后又为另一种交往形式所代替。"③ 这也就是说，在整个民族历史发展的过程中，需要不断使更新的交往形式去适应民族间的先进生产力。总之，马克思的交往理论和他的民族观是相互影响的，二者是一个不容分割的有机的整体。

其次，马克思交往理论的建构深化了对马克思民族观的研究。根据马克思的观点，交往理论的发展有其自身的形成过程，对交往问题的认识越深刻，对民族问题的理解就会越深入。在交往思想形成阶段，交往的范围逐渐扩大，乡村的隔绝和分散逐渐消失，此时的民族发展还处在一个过渡阶段。"城乡之间的对立是随着野蛮向文明的过渡、部落制度

---

① 《马克思恩格斯文集》第1卷，人民出版社2009年版，第540—541页。
② 《马克思恩格斯文集》第1卷，人民出版社2009年版，第13页。
③ 《马克思恩格斯选集》第1卷，人民出版社2012年版，第204页。

向国家的过渡、地域局限性向民族的过渡而开始的，它贯穿着文明的全部历史直至现在。"①这三个过渡，其实反映的是交往的一个发展状态，落后的民族和国家逐渐向文明状态转变。在世界交往已经形成之时，各个民族国家的联系更为紧密，资本和技术的输出逐渐取代了商品的输出，资本的自行增殖成为资本主义扩张的唯一目的。交往异化的程度加深，民族间矛盾问题变得尖锐，资本牢牢地控制着被卷入资本主义世界的落后民族。

众所周知，普遍交往的异化，促使西方列强用武力打开了落后民族地区的大门，争取民族独立和民族解放就成为落后民族国家的共同愿望。在马克思看来，要扬弃异化的交往，需要对资本逻辑进行批判，更为重要的是，应该消除资本主义私有制的根源。"人对人的剥削一消灭，民族对民族的剥削就会随之消灭。民族内部的阶级对立一消失，民族之间的敌对关系就会随之消失。"②所以，民族解放的前提是个人得到真正的解放，民族内部阶级对立的消失会促进民族之间关系的正常化。在马克思晚年，他关注东方社会民族的发展，并提出了落后民族国家跨越"卡夫丁峡谷"的著名思想，这其实是马克思运用交往理论对社会发展的理论建构。总而言之，马克思交往思想建构的历程，其实也是对马克思民族问题认识不断深化的过程。

最后，马克思的交往理论与他的民族观的共同价值诉求。马克思批判现代资本主义社会的同时，也积极地为交往异化的扬弃和民族的独立解放寻找出路。在马克思看来，资本主义私有制中的雇佣劳动，是民族压迫和异化交往的重要因素，制约着人类社会的发展。"我们要消灭的只是这种占有的可怜的性质，在这种占有下，工人仅仅为增殖资本而活着，只有在统治阶级的利益需要他活着的时候才能活着。"③只要资本主义社会制度存在，雇佣劳动就不会消失，工人和民族的命运就不会改变。根据马克思的看法，只有在共产主义社会中，人的自由个性才能够

---

① 《马克思恩格斯选集》第1卷，人民出版社2012年版，第184页。
② 《马克思恩格斯文集》第2卷，人民出版社2009年版，第50页。
③ 《马克思恩格斯文集》第2卷，人民出版社2009年版，第46页。

真正解放，民族剥削和压迫才会消失，科学的民族交往观才会得以确立。所以，马克思的交往理论和他的民族观的共同价值诉求，就在于建立共产主义社会。

应当指出，共产主义社会的建立，需要共产主义革命的推动。在世界范围内，无产阶级强烈的革命意识也随着普遍交往，由一个民族传播到其他的民族地区。正如马克思所言，全世界的无产阶级都应该联合起来，共同推翻现存的资本主义社会制度。"共产党人不屑于隐瞒自己的观点和意图。他们公开宣布：他们的目的只有用暴力推翻全部现存的社会制度才能达到。让统治阶级在共产主义革命面前发抖吧。无产者在这个革命中失去的只是锁链。他们获得的将是整个世界。"[①] 随着共产主义革命的胜利，真正的社会共同体将会代替虚假的社会共同体，人自身的解放和民族的解放也会实现。

总之，马克思的交往理论和他的民族观，不是抽象思想意识的机械化产物，而是具有明显的实践性，最终是为了构建人类社会美好的理想蓝图。

第三节　马克思交往理论视域下的人类命运共同体

人类命运共同体是解决全球现代性难题的中国方案，具有马克思交往理论的特质，开创了 21 世纪人类的新文明。在马克思交往理论中，人类生产生活方式的转变、民族历史向世界历史的转变、农业文明向工业文明的转变，这些都标志着人类文明社会的前进，人类命运共同体的哲学根基也在于此。人类命运共同体是对马克思交往理论的继承与发展，是马克思主义中国化的理论创新，这二者在逻辑关联、内涵意蕴、

---

① 《马克思恩格斯文集》第 2 卷，人民出版社 2009 年版，第 66 页。

价值理念、实践路径等方面具有一致性。构建人类命运共同体，需要立足马克思科学交往理论，积极扬弃以资本逻辑为核心的交往模式，走出全球现代性的困境，为中华民族的复兴、人类文明的进步、人类的最终解放提供理论支撑和实践导向。

人类社会文明的发展史，本质上就是一部交往史。随着全球现代性的不断发展，人类社会在总体进步的状况下也出现了许多问题，例如人口问题、环境问题、宗教问题、全球治理问题等都制约着人类文明的发展。人类命运共同体的提出，就是为解决全球问题所呈现的中国方案，是马克思交往理论在当代中国的飞跃。积极构建人类命运共同体，需要立足马克思交往理论的哲学根基，为推动人类文明进步提供理论与现实指南。因此，在总体把握全球现代性的基础上，应深刻理解人类命运共同体的丰富内涵和现实意蕴，创新马克思交往理论在当代的发展，进而为21世纪人类新文明的开创奉献中国智慧。

一 马克思交往理论：人类命运共同体的哲学根基

人类命运共同体的提出，并不是抽象思想活动的结果，而是具有深厚的哲学理论根基。从马克思主义哲学发展史来看，人类命运共同体根植于马克思的交往理论，是中国共产党推动世界文明发展的新探索，是人类社会建立在交往基础上的新文明。马克思交往理论致力于人类文明的不断发展，是推动整个世界不断进步的重要动力，而人类命运共同体是继承和创新交往理论的最新成果，充分体现了中国在解决全球现代性问题时所表现出来的智慧。无疑，人类命运共同体是普遍性世界交往基础上的人类新文明，这二者之间具有内在理论基础的耦合性，从交往理论来深刻透视人类命运共同体，根本上就在于要弄清楚人类命运共同体的哲学根基，从而不断彰显马克思交往理论的时代意蕴。

马克思的交往理论立足于历史唯物主义，始终关注人类社会的未来发展状态，最终目的是实现每一个人的自由而全面发展。马克思深刻考察了人类生产生活方式的转变、民族历史向世界历史的转变、农业文明向工业文明的转变，在整个人类文明不断进步中充分彰显了交往的重要力量。"人类的历史是创造文明的历史,是文明形态变迁的历史;创造人类文明新形态,是人类迈进 21 世纪所面对的根本性的时代课题。哲学是思想中的时代,是对自己时代的人类性问题的理论自觉。"① 人类命运共同体是 21 世纪创造人类文明新形态的表现,是解决时代课题的重要理论创新,同样是马克思交往理论在当代中国的理论自觉。因此,关注人类社会总体发展状况,需要从整个人类文明形态的变迁出发,需要从哲学的高度审视人类命运共同体的理论创新形态。

首先,人类生产生活方式的转变是建立人类命运共同体的现实基础。在马克思的交往思想中,由于普遍交往的不断发展,原有落后的生产力和生产关系已经不适应社会的发展,推动资产阶级文明的发展主要得益于生产生活方式的变革。"封建的所有制关系,就不再适应已经发展的生产力了。这种关系已经在阻碍生产而不是促进生产了。它变成了束缚生产的桎梏。它必须被炸毁,它已经被炸毁了。"② 资本主义发展形态战胜封建主义社会形态,主要是在世界交往中落后的生产生活方式被变革,从而新的人类社会文明形态出现,继而翻开了人类文明发展的崭新一页。在《共产党宣言》中,马克思指出:"资产阶级在它的不到一百年的阶级统治中所创造的生产力,比过去一切世代创造的全部生产力还要多,还要大。自然力的征服,机器的采用,化学在工业和农业中的应用,轮船的行驶,铁路的通行,电报的使用,整个整个大陆的开垦,河川的通航,仿佛用法术从地下呼唤出来的大量人口——过去哪一个世纪料想到在社会劳动里蕴藏有这样的生产力呢?"③ 这表明,生产方式的转变不仅促进了交往方式的转变,而且为人类社会的发展提供了坚实的物质基础。

同样,人类命运共同体作为人类社会的新形态,也需要建立在生产生活方式转变的基础上。2017 年 1 月,在联合国日内瓦总部的演讲中,习近平明确指出:"人类正处在大发展大变革大调整时期。世界多极化、

---

① 孙正聿:《马克思与我们》,中国人民大学出版社 2018 年版,第 230 页。
② 《马克思恩格斯选集》第 1 卷,人民出版社 2012 年版,第 405 页。
③ 《马克思恩格斯文集》第 2 卷,人民出版社 2009 年版,第 36 页。

经济全球化深入发展，社会信息化、文化多样化持续推进，新一轮科技革命和产业革命正在孕育成长，各国相互联系、相互依存，全球命运与共、休戚相关，和平力量的上升远远超过战争因素的增长，和平、发展、合作、共赢的时代潮流更加强劲。"①全球交往已经处在一个更深层次的范围内，推动人类命运共同体的构建需要在社会信息化、文化多样化、科技革命和产业革命不断发展的基础上探索人类社会新的交往方式，努力找到解决强权政治、霸权主义、恐怖主义、难民危机、生态环境危机等重大全球性问题的方法。不难理解，人类命运共同体首先是一个利益共同体，是中华民族共同体和世界民族共同体这二者利益的有机统一，需要以物质交往为前提。"生产力与交往形式的关系就是交往形式与个人的行动或活动的关系。（这种活动的基本形式当然是物质活动，一切其他的活动，如精神活动、政治活动、宗教活动等都取决于它。）"②很显然，人类命运共同体需要交往活动的支撑，最根本的需要用物质交往活动来进行推动。

人类社会发展的冲突本质上源于生产力与生产关系之间的内在矛盾，人类命运共同体则是解决此类矛盾的创新理念。马克思、恩格斯曾指出："按照我们的观点，一切历史冲突都根源于生产力和交往形式之间的矛盾。"③人类命运共同体本身就是马克思交往理论创新的表现，解决人类社会发展问题需要立足历史唯物主义，大力发展与创新社会生产力，从而构建和谐交往基础上的人类命运共同体。当代中国理论创新的责任感和使命感，就是要发展和变革人类社会的旧形态，解决全球交往性难题，需要回归和走进马克思的交往理论，为积极推进人类命运共同体的发展提供深厚的哲学根基。深入思考发现，哲学思想方式的创新与变革、人自身的生存与发展方式的转变、人类历史文明的发展与演进始终处在一个有机统一的系统中，而人类命运共同体就是这三者综合作用

---

① 习近平：《共同构建人类命运共同体——在联合国日内瓦总部的演讲》，《人民日报》2017年1月20日。
② 《马克思恩格斯选集》第1卷，人民出版社2012年版，第203页。
③ 《马克思恩格斯选集》第1卷，人民出版社2012年版，第196页。

的理论创新。因此，对人类命运共同体的深入阐释，需要上升到人的生存方式的高度，在和谐交往和发达的生产力中解决悬在人类头上的达摩克利斯之剑。

其次，人类命运共同体根植于民族历史向世界历史的转变过程中。世界多元化的发展，离不开世界历史和全球化的形成，这是人类社会面貌发展变化的基本标志。黑格尔曾认为，世界历史关乎人类的安身立命，"世界历史的目标就是，精神应该获得关于自己真实性质的知识，并且将这种知识客观化，将它转化为一个真实的世界，也就是说，要给自己一个客观存在"[①]。黑格尔的世界历史对人类命运的关注和人类理想的实现具有重要的启示意义，但囿于精神范畴中的世界历史，这对推进人类文明的发展仅仅是纸上谈兵。相反，马克思立足历史唯物主义，在全球普遍交往和世界历史的进程中考察人类历史文明的面貌。正是基于生产方式和交往方式的不断拓展，狭隘的民族交往逐渐过渡到普遍性的世界交往中，人类社会的整个精神风貌发生了巨大的变化。"各民族的原始封闭状态由于日益完善的生产方式、交往以及因交往而自然形成的不同民族之间的分工消灭得越是彻底，历史也就越是成为世界历史。"[②] 交往在世界历史的形成中发挥着重要的作用，人类社会逐步由分散走向集中，由狭隘交往走向普遍交往，由民族历史转向世界历史。

这充分表明，人类社会作为一个整体存在离不开交往力量的推动，倘若处在分散的交往格局中，人类的生存状态和发展命运就无从谈起。"历史向世界历史的转变，不是'自我意识'、世界精神或者某个形而上学幽灵的某种纯粹的抽象行动，而是完全物质的、可以通过经验证明的行动，每一个过着实际生活的、需要吃、喝、穿的个人都可以证明这种行动。"[③] 这也就是说，马克思历史唯物主义中的世界历史不同于黑格尔精神领域中的世界历史，它是在交往方式、生产方式、分工的变化中不断形成的。马克思和恩格斯接着指出："各个相互影响的活动范围在

---

① [德]黑格尔：《黑格尔历史哲学》，潘高峰译，九州出版社2011年版，第78页。
② 《马克思恩格斯选集》第1卷，人民出版社2012年版，第168页。
③ 《马克思恩格斯选集》第1卷，人民出版社2012年版，第169页。

这个发展进程中越是扩大，各民族的原始封闭状态由于日益完善的生产方式、交往以及因交往而自然形成的不同民族之间的分工消灭得越是彻底，历史也就越是成为世界历史。"①从人类社会的总体发展来看，世界历史是人类走向更高人类文明形态必经的阶段。在此基础上，人类的生存境遇、发展方式、精神面貌等都实现了飞跃式的发展。

人类命运共同体的构建离不开世界历史、全球交往的发展，换句话说，人类命运共同体是世界历史的一个发展阶段。马克思的世界历史思想对人类命运共同体的启示，主要体现在以下几个方面：其一，人类命运共同体是对世界历史思想的理论自觉，马克思曾经揭示出全球化和世界历史的发展趋势，历史和实践证明这些理论预测是科学的，人类命运共同体实质上是马克思世界交往思想在当代中国和世界的实践运用；其二，马克思的世界历史思想和历史唯物主义相互促进，共同为人类社会的发展指明了方向，这是人类命运共同体宝贵的精神资源，换言之，世界历史思想在价值理念、实践导向、理论指导等方面对人类命运共同体具有重要的意义；其三，人类命运共同体是马克思世界历史理论的重要组成部分，夯实了历史唯物主义的理论基础，是人类对美好未来社会的理想追求。因此，深刻把握人类命运共同体与世界历史的内在逻辑，需要做到哲学理论与时代发展紧密结合，为人类生存状态和文明发展形态提供理论基础。

最后，人类命运共同体是农业文明转向工业文明之后新的人类文明形态。人类命运共同体是中国和平外交政策的体现，是超越意识形态、虚假的普世界价值观的人类文明新秩序，是建立人类真正科学的价值观的人类文明新形态。在世界多元化的发展态势下，需要在尊重各国差异的基础上，找到解决全球问题的价值理念，扬弃全球现代性进程中的异化的发展，这就需要开创人类新的文明发展形态。亨廷顿认为，诸如亚洲、非洲、拉丁美洲现代化中的大多数国家，"它们委实苦于缺乏食品、文化、教育、财富、收入、健康水准和生产效率。不过，这些问题已经

---

① 《马克思恩格斯选集》第 1 卷，人民出版社 2012 年版，第 168 页。

被认识，也已被着手去解决。然而，在这些短缺的深层和背后，还存在着一种更为严重的短缺，即缺乏政治上的共同体和有效的、有权威的、合法的政府"①。中国政府所倡导的人类命运共同体，从整个人类文明发展的高度为解决国家内部和国际的现实问题提供了科学的价值引导，正如习近平所说："当今世界，人类生活在不同文化、种族、肤色、宗教和不同社会制度所组成的世界里，各国人民形成了你中有我、我中有你的命运共同体。"②因此，人类命运共同体彰显了中国参与世界发展的内在魅力。

人类命运共同体是人类社会文明的新形态，这是解决全球性问题的中国方案，这代表了中国致力于为全球正义发声，开创了世界交往基础上的新格局和新文明。在马克思看来，人类文明从"人的依赖关系占统治地位的阶段"发展到"物的依赖关系为基础的人的独立性的阶段"，又发展到"人的自由和全面发展的阶段"。马克思所处的时代，恰逢农业文明向工业文明转变时期，机器大生产代替了手工劳作，"那个时期，工业主义魔术般地变出了燃煤与蒸气动力，伴之以巨大而沉重的机器在污秽不堪的作坊和工厂里叮当作响的景象"③。相较于农业文明，工业文明促使人的主观能动性进一步发挥，整个社会的发展历经"商品拜物教""货币拜物教"和"资本拜物教"三种形式，从而使得农村与城市、东方与西方、民族历史与世界历史都有机结合起来了。这启示我们，马克思肯定了人类文明的整体发展状态，也科学地预测了人类社会朝着更高的文明形态发展演进，揭示了人类社会的科学发展规律。

人类命运共同体是对人类文明形态发展的新探索，是马克思人类文明发展学说在当代中国的具体实践。克服和解决全球化的危机，需要共享人类发展的文明，在反思与批判西方现代性的基础上，真正使得人类命运共同体这一新的人类文明形态能够为世界文明共同体的进步贡献智

---

① [美]塞缪尔·P.亨廷顿：《变化社会中的政治秩序》，王冠华、刘为译，上海人民出版社2008年版，第2页。
② 习近平：《在联合国教科文组织总部的演讲》，《人民日报》2014年3月28日。
③ [英]安东尼·吉登斯：《现代性的后果》，田禾译，译林出版社2011年版，第50页。

慧。总体来讲,人类命运共同体是现代性的价值体系,是多元现代性价值体系的中国主张,是真正能够代表人类文明发展成果的新理念。"当代中国社会从总体上追求并认同现代性的价值体系,并不意味着重走欧美各国现代化的老路,而是要走一条被修正的现代化道路,与这条道路相适应的则是被修正的现代性价值体系。"①恰恰相反,人类命运共同体是在反思与批判西方现代性价值体系基础上提出来的,更彰显了符合中华民族共同体和世界民族共同体的根本利益和未来发展趋势的科学的价值理念。

二 人类命运共同体:马克思交往理论的当代飞跃

人类命运共同体是马克思主义中国化进程中的理论创新成果,是马克思交往理论在当代中国的飞跃。在哲学社会科学座谈会的讲话中,习近平强调:"只有聆听时代的声音,回应时代的呼唤,认真研究解决重大而紧迫的问题,才能真正把握住历史脉络、找到发展规律,推动理论创新。"②毫无疑问,人类命运共同体就是回应时代的呼唤、解决社会发展中的重大问题的理论创新,是坚持和继承马克思主义科学理论的重要实践。具体而言,人类命运共同体作为马克思交往理论在当代创新的表现,就体现为这二者在逻辑关联、内涵意蕴、价值理念、实践路径等方面具有内在一致性。

第一,在逻辑关联方面,人类命运共同体与交往理论都立足历史唯物主义,是马克思主义理论创新的结果。在德国古典哲学时期,社会交往主要在于精神层面,交往没有现实的根基,仅仅是人类精神思想活动的结果。马克思在批判与继承德国古典交往思想的基础上,以历史唯物主义推动交往活动展开,在这个过程中彰显交往的内在价值。科尔施曾指出:"对于马克思主义理论的历史唯物主义观点来说,这就提出了一

---

① 俞吾金:《被遮蔽的马克思》,人民出版社 2012 年版,第 410 页。
② 习近平:《在哲学社会科学座谈会上的讲话》,《人民日报》2016 年 5 月 19 日。

个真正具有重大价值的问题。"① 换言之，历史唯物主义不仅是一种新的世界观，而且提出了具有重大价值的现实问题，在历史唯物主义基础上的交往理论同样具有重要的内在价值。无疑，交往理论是在历史唯物主义基础上产生的，是对以往旧哲学思想中交往观点的创新，为推进人类历史的发展演进提供了重要的动力源泉。

人类命运共同体秉承了马克思主义理论的创新特质，在历史唯物主义的视野中积极践行了马克思的交往理论。人类命运共同体是理论创新的结果，具体来说是交往理论在当代中国的创新，尤其是它发展了马克思世界历史、世界市场、全球化的思想，用马克思交往理论的内在价值来指导人类命运共同体的构建。面对全球经济发展的形势，习近平深刻指出："世界经济的大海，你要还是不要，都在那儿，是回避不了的。想人为切断各国经济的资金流、技术流、产品流、产业流、人员流，让世界经济的大海退回到一个一个孤立的小湖泊、小河流，是不可能的，也是不符合历史潮流的。"② 这表明，在世界经济发展的大潮中，唯有交往才能实现共荣共生，一旦逃避全球化的交往，就会离人类命运共同体的目标越来越远。在此基础上，人类命运共同体必须坚持马克思主义交往的理论特质，深入剖析当代中国和世界的社会发展现实，以历史唯物主义为价值指引。

第二，在内涵意蕴方面，人类命运共同体是对交往理论内涵的丰富与发展。在马克思看来，交往理论是历史的、现实的，建立在深厚的物质基础上。马克思指出："人们自己创造自己的历史，但是他们并不是随心所欲地创造，并不是在他们自己选定的条件下创造，而是在直接碰到的、既定的、从过去承继下来的条件下创造。"③ 交往思想的创立同样具有历史的前提性，遵循着人类社会的规律，是在现实生活中不断总结出来的。马克思接着指出："第一个历史活动就是生产满足这些需要

---

① ［德］卡尔·科尔施：《马克思主义和哲学》，王南湜、荣新海译，重庆出版社1989年版，第59页。
② 习近平：《共担时代责任　共促全球发展》，《人民日报》2017年1月18日。
③ 《马克思恩格斯选集》第1卷，人民出版社2012年版，第669页。

的资料，即生产物质生活本身，而且，这是人们从几千年前直到今天单是为了维持生活就必须每日每时从事的历史活动，是一切历史的基本条件。"①这启示我们，物质生产生活的交往是人类历史活动的基础之一，其他交往形式都是建立在物质交往的基础之上的。人类命运共同体出场，不仅是交往理性的表达，而且是根植于全球化经济交流、文化交流、政治交流等基础上的，具有坚实的现实根基和理论根基。

从人类命运共同体的内涵看，它涉及人类生活的方方面面，包括世界的发展问题、全球的治理问题、新型国际关系问题等众多议题。这些世界难题，通过一个国家的力量是根本解决不了的，因此加强国家间的交往与合作，树立共同的利益观、发展观、生命观迫在眉睫。马克思科学预测了人类社会的发展趋势，人类社会发展问题的解决需要交往理性的指导，人类命运共同体则是在当代对马克思交往理论的实际运用，在全球性问题的实践中丰富了交往理论的内涵。人类命运共同体是人类社会的美好发展愿景，在2018年博鳌亚洲论坛上，习近平指出，应该顺应时代的发展潮流，各国的发展道路、核心利益、安全理念、开放型世界经济、文明交融、生态环保等方面应该加强合作与交流，树立人类利益、责任、命运共同体意识，进而拓展人类文明的发展道路。②这些都是积极构建人类命运共同体的重要举措，真正践行了交往思想的内在价值，丰富和发展了马克思交往理论在当代中国和世界中的发展形态。

第三，在价值理念方面，人类命运共同体与马克思交往理论具有内在一致性。马克思交往理论的出发点和落脚点，就在于为了实现人类的最终解放，促进每一个人的自由全面发展。在马克思看来，由于资本主义生产方式的存在，社会的异化、人的异化、人性的异化已经成为不争的事实，因此扬弃资本逻辑的存在，实现人是自身发展的目的而非手段就显得至关重要。全球化的交往是不可阻挡的历史潮流，人类自身的发展必须经过这一阶段，而对私有制和异化劳动进行批判是实现人类自身

---

① 《马克思恩格斯选集》第1卷，人民出版社2012年版，第158页。
② 习近平：《博鳌亚洲论坛2018年年会开幕式主旨演讲》，《人民日报》2018年4月11日。

解放的前提。尤其是资本主义虚假共同体的存在，阻碍了人类社会的发展，在马克思看来，只有真实的社会共同体才会为人的自由发展和全面发展提供条件。"正是由于特殊利益和共同利益之间的这种矛盾，共同利益才采取国家这种与实际的单个利益和全体利益相脱离的独立形式，同时采取虚幻的共同体的形式。"① 这即是说，批判虚幻共同体、走向真实的共同体，这是实现自由人联合体和每一个人自由全面发展的重要保障。

人类命运共同体与马克思的交往理论在价值理念上保持了一致。习近平在多个国际场合强调人类命运共同体的重要性，旨在促进人类文明的共享，世界各族人民能够在全方位的交往中构建和谐的人类生存与发展空间，为推进人类的可持续发展奠定基础。从根本意义上说，可持续发展本质上是人自身的发展，是增进人类福祉的重要途径，而人类命运共同体则为推动实现人类的永久和平提供了重要的契机。正是在这个意义上，人类命运共同体与交往理论都旨在促进人类社会的不断进步，实现和人类主体的永续健康发展。在中共十九大报告中，习近平强调要走国际交往的新路，"各国人民同心协力，构建人类命运共同体，建设持久和平、普遍安全、共同繁荣、开放包容、清洁美丽的世界"②。增强不同文明之间的交流，实现人类文明之共享，促进人类文明的不断提升。

第四，在实践路径方面，人类命运共同体与交往理论具有一致性。在马克思看来，促进全球普遍的交往、深化人类交往的深度、拓展人类交往的广度、实现人类社会的发展，需要通过共产主义实践才能完成。马克思曾经指出："哲学家们只是用不同的方式解释世界，而问题在于改变世界。"③ 马克思的交往理论不仅致力于解释世界，而且希望通过实践来改变世界，在生产生活实践中建立自由人的联合体。马克思认

---

① 《马克思恩格斯文集》第1卷，人民出版社2009年版，第536页。
② 习近平：《决胜全面建成小康社会 夺取新时代中国特色社会主义伟大胜利——在中国共产党第十九次全国代表大会上的报告》，人民出版社2017年版，第58—59页。
③ 《马克思恩格斯文集》第1卷，人民出版社2009年版，第506页。

为，全部社会生活最终都应该归之于实践，共产主义实践就在于推翻资本主义虚假的共同体，使得私有制基础上的资本逻辑和工具理性能够得到真正的扬弃，进而在真实的共同体中实现人类文明的永续发展。总的来说，社会的进步和人的发展需要实践来推动，需要在变革不合理的社会关系中为人的最终解放提供条件，进而实现人是自身最高目的的价值目标。

对构建人类命运共同体而言，同样需要秉承马克思的实践观点。人类命运共同体是国际关系新发展理念的体现，是中国为解决全球性问题提供的中国智慧和中国方案，然而积极构建人类命运共同体需要回归实践的层面。换句话说，国际新的交往关系的形成需要人类命运共同体的价值指引，构建和实现人类命运共同体根本上需要通过实践的力量。马克思指出："历史不过是追求着自己目的的人的活动而已。"[①] 人类命运共同体是人的活动的形式，是以实现人类自身发展为目的的一种活动，归根结底是人类的实践活动。因此，积极构建人类命运共同体，不能仅仅停留在理论的宣传上，而是要立足当代世界的现实，在普遍交往中付诸实际行动。

三 马克思交往理论：构建人类命运共同体的理论与现实指南

人类命运共同体是马克思交往理论在当代中国的飞跃，积极构建人类命运共同体既需要以交往理论为哲学根基，也需要交往理论提供理论与实践的引导。马克思交往理论是对以资本逻辑为核心的交往的扬弃，重视在物质交往基础上人类的真正解放，在交往理性的指引下，通过共产主义实践，用真正的社会共同体代替虚假的社会共同体，为人的自由全面发展创造条件。无疑，构建人类命运共同体需要交往理性的指引，顺应世界历史的发展潮流，加强全球范围内的合作与交流，正视人类社会发展中所存在的问题，反思全球现代性过程中的发展困境，真正地用

---

① 《马克思恩格斯文集》第 1 卷，人民出版社 2009 年版，第 295 页。

中国智慧和中国方案为世界的永续发展贡献力量。

在历史唯物主义的视野中，马克思主张的交往是一种和平的交往，反对建立在资本逻辑基础上的侵略式的交往。在西方现代性的进程中，资本逻辑是维系资本主义对外交往的重要载体，非和平的交往给落后民族地区带来苦难与杀戮。在《鸦片贸易史》中，马克思指出："第一次鸦片战争还刺激了鸦片贸易的增长而损害了合法贸易；只要整个文明世界的压力还没有迫使英国放弃在印度强制种植鸦片和以武力在中国推销鸦片的做法，那么这第二次鸦片战争就会产生同样的后果。"①无疑，英国对华输出鸦片，损害中国人民的利益，本身就是建立在非平等交往基础上的，在这背后是资本逻辑的推动，是人类追求文明世界的阴暗面。列强为了缓解工业发展的危机，通过霸权政治和强盗逻辑欺压落后民族地区，这是对人类文明的公开挑战，强盗式的掠夺破坏了国际交往的规则。从深层次看，资本逻辑是国际不平等交往的根源，资产阶级以及资产阶级意识形态只是充当着资本的帮凶，因此扬弃以资本逻辑为核心的交往是维系人类文明的重要举措。

历史和实践证明，暴力交往只会阻碍人类文明的发展，而和平交往才会促进人类文明的整体进步。人类命运共同体克服了国际旧的交往理念，是一种符合人类整体利益的新型交往理念，是马克思交往理论在当代的科学实践。习近平指出："回首最近100多年的历史，人类经历了血腥的热战、冰冷的冷战，也取得了惊人的发展、巨大的进步。上世纪上半叶以前，人类遭受了两次世界大战的劫难，那一代人最迫切的愿望，就是免于战争、缔造和平。上世纪五六十年代，殖民地人民普遍觉醒，他们最强劲的呼声，就是摆脱枷锁、争取独立。冷战结束后，各方最殷切的诉求，就是扩大合作、共同发展。"②历史再一次启示我们，唯有和平与发展才是开创美好新世界的重要途径，战争与暴力违背了人民的意愿，走向了世界文明发展的反面，人类命运共同体才是开启人类文

---

① 《马克思恩格斯文集》第2卷，人民出版社2009年版，第629页。
② 习近平：《共同构建人类命运共同体——在联合国日内瓦总部的演讲》，《人民日报》2017年1月20日。

明形态的创新之路。

　　构建人类命运共同体需要物质交往的推动,这是解决人类生存与发展问题的关键所在。在马克思的交往视域中,物质交往是其他交往的前提,是促进人自身发展的根基,尤其是要大力发展生产力,夯实人类命运共同体的基础。人类命运共同体是新的思想理念,充分体现了在物质利益面前的价值引领作用,符合世界人民的根本利益。因此,大力发展生产力,增强全球之间的物质交往、精神交往,符合构建人类命运共同体的价值目标。马克思曾说:"'思想'一旦离开'利益',就一定会使自己出丑。另一方面,不难理解,任何在历史上能够实现的群众性的'利益',在最初出现于世界舞台时,在'思想'或'观念'中都会远远超出自己的现实界限,而同一般的人的利益混淆起来。"①人类命运共同体理念既来源于现实,又高于现实,体现了世界广大人民的根本利益,因此,构建人类命运共同体最根本的是要在物质交往的基础上增强世界人民幸福感。

　　习近平在多个场合明确强调,构建人类命运共同体应该顺应经济全球化的发展趋势,增强各个国家之间的交流与合作,促进和谐世界的建立。"经济全球化是历史大势,促成了贸易大繁荣、投资大便利、人员大流动、技术大发展。21世纪初以来,在联合国主导下,借助经济全球化,国际社会制定和实施了千年发展目标和2030年可持续发展议程,推动11亿人口脱贫,19亿人口获得安全饮用水,35亿人口用上互联网等,还将在2030年实现零贫困。这充分说明,经济全球化的大方向是正确的。"②经济全球化的发展是推动构建人类命运共同体的关键,是对马克思物质交往思想的正确运用,做到了继承与夯实历史唯物主义的理论基础。这启示我们,构建人类命运共同体需要有世界的责任担当,在世界历史的进程中维护和发展世界人民的利益,用行动践行人类命运共同体理念。

---

①《马克思恩格斯文集》第1卷,人民出版社2009年版,第286页。
② 习近平:《共同构建人类命运共同体——在联合国日内瓦总部的演讲》,《人民日报》2017年1月20日。

深入思考可知，人类命运共同体在根本上是一个人类文明的共同体。在这个文明共同体内部，世界各种文明共同存在并相互交织，各种文明能够共享，进而丰富了人类文明共同体的意蕴。最重要的是，各类文明在相互交往的基础上，为促进人的自由而全面发展奠定基础。现如今，全球现代性的发展存在许多问题，尤其是资本逻辑和工具理性在短时间内还得不到变革，个体主体的自由全面发展和人类主体的最终解放还有很长的路要走，但这并不意味着人类文明进程将会放缓。在交往理论视域中，马克思认为交往的最终目的是建立真实的社会共同体，从而人类的真正解放才会实现，人类新的文明形态才会出现。在马克思看来，虚假的社会共同体只不过是人类社会的史前史，而共产主义社会才是人类文明历史的真正开端。资本主义社会是史前史的最后一个发展阶段，只有人类进入真正的历史发展阶段，人类的解放才会实现。

构建人类命运共同体，需要马克思关于人类交往思想的价值指引，尤其是马克思关于共同体论断的启示。当前的国际关系虽然出现了多极化的发展，但资本主义霸权政治和强权逻辑依旧存在，世界在整体和平的基础上依然有动荡与不安，人类命运共同体的出场就是为了建立符合世界人民利益的新型国际关系。人类命运共同体不是虚假共同体的表现，而是对资本主义虚假共同体的超越，是以世界人民的根本利益和人类的命运前途为立足点的。在构建人类命运共同体的过程中，要始终围绕人的生存与发展问题，为人类的解放积蓄力量，构建超越资本主义虚假共同体基础上的新型世界交往格局。"文明形态的转换，必然构成人的存在方式的变革。工业文明以来的全球化过程，在某种意义上是全球市场化的过程，并从而构成了全球化市场中的人的存在方式。"[1] 人类命运共同体作为新的人类文明发展形态，就是要从全球市场化中的人转向自身发展目的中的人，从而使得以"物的依赖性为基础"的社会形态转变为"人的自由全面发展阶段"的社会形态。

总之，人类命运共同体是马克思交往理论在当代中国的理论飞跃，

---

[1] 孙正聿：《马克思与我们》，中国人民大学出版社2018年版，第232页。

是走出全球现代性困境，促进人类社会发展的新文明形态。构建人类命运共同体是中华民族主体发展的需要，也是人类主体发展的需要，是在中国特色社会主义实践和世界历史中践行马克思交往思想的理论自觉。积极构建人类命运共同体，是对西方文明优越论的超越，是走向自由人联合体和真正社会共同体的必经阶段，彰显了马克思交往理论在解决当代人类问题上的思想魅力，也充分体现了中国作为负责任大国的胸怀与担当。

第三章　社会现实生活视域中的文化批判

第一节　马克思文化哲学的创新及其当代启示

在马克思的经典著作中，虽未直接提出文化哲学的概念，但是这些经典著作却蕴含着丰富的文化哲学思想。毋庸置疑，相较于传统文化哲学，马克思的文化哲学具有理论的创新性。应当指出，马克思文化哲学的创新是建立在哲学思想变革的基础上的，并最终确立了历史唯物主义的理论视野。正是在这个层面上，文章论述了马克思文化哲学创新的多重维度，即历史超越性维度、历史主体性维度、意识形态功能维度、超经济性维度。深入思考发现，对马克思文化哲学创新性的深刻阐释，有助于推动当今中国马克思主义文化哲学的创新与发展，从而指导中国构建科学的文化理论体系，进而实现文化强国的梦想。

在马克思主义哲学中，马克思虽然没有直接对文化问题做过专门的阐述，但是这绝不表明马克思缺乏对文化的认识与理解。恰恰相反，通过深入研究发现，马克思主义经典著作具有丰富的文化内涵，对文化问题的认识是马克思哲学的重要组成部分。通过历史唯物主义的视野，马克思的文化概念以多种形式呈现在我们面前，看似零碎化的文化思想却体现着完整的文化内涵。正是在这个意义上，对马克思文化哲学创新的理解，不仅要分析马克思哲学思想的变革，而且要阐释马克思文化哲学创新所体现出的多重维度，进而更好地指导中国的具体实践。

一 马克思文化哲学创新的哲学思想变革

在马克思文化哲学产生之前，以前哲学家的文化理论颇有发展，这些对马克思文化哲学的形成具有重要的影响。自西方的启蒙运动和文艺复兴之后，人的思想不断被解放，人的地位也得到了提升，人们逐渐通过理性思考去认识身边的事物。不难发现，此时人们逐渐摆脱了宗教神权的统治，倡导自由和人性之解放。在这之后，哲学家笛卡儿开了理性主义的先河，笛卡儿提出"我思故我在"的哲理，将人的理性精神进一步提升。人独立思索外在世界，标志着理性思考成为人们认识自然和社会的标尺。随后，哲学的发展也出现了新形态，对外在自然和人类社会的探究一直没有中断。在西方启蒙运动和文艺复兴的影响下，自然哲学和文化哲学也逐渐兴起，人们对自然与社会的研究也不断深入。毫无疑问，思想的解放、理性主义的发展、文化哲学的兴起，等等，这些对后期马克思文化哲学的产生起到了重要的作用。所以，从马克思文化哲学思想发展源头上讲，上述内容是不容忽视的。

在后来西方哲学思想的发展中，包括德国古典哲学家在内的其他哲学家也影响了马克思对文化的思考。在哲学家康德之前，休谟被冠以经验派的终结者和完成者，成为怀疑论的代表性人物。在休谟看来，人对知识的规律性应该否定，科学知识无法去怀疑感觉经验。康德则提出不同看法，康德认为一切知识都开始于经验，并非来源于经验。所以，在康德看来，"哥白尼式的革命"应得到认同，即传统的认识论应该得到扬弃，人应该为自然界立法。追求人的幸福，必须通过理性，解决"人是什么"的问题，最终要回归文化层面。康德曾经认为，所谓的文化就是对于一个理性的存在者而言，为了能够获得任何进行自我选择的能力，也就是获得能够使得一个理性的存在者自由选择想要达到自身目的的能力。所以，文化以关于人类相信能够最终复归于自然作为终极目的。①依据康德的观点，文化最终要回归自然，使人们自由地实现自身的能力。总的来说，康德的文化思想关注人与自然，最终要解决的是"人是什么"的问题。

毋庸置疑，康德对文化思想的理解，对马克思文化哲学的形成有重大影响。尤其是文化发展在社会进步中的作用，文化到底扮演着一种什么样的角色，这是马克思后来所思考的。在康德之后，哲学家黑格尔的有关精神理念、伦理观念等折射出的文化内涵，对马克思构建科学的文化哲学思想具有借鉴作用。在黑格尔看来，人与人之间需要一种和谐的发展状态，这种状态就是伦理观念。需要阐释的是，这种伦理观念其实反映了一个民族的精神文化，按照伦理的要求，各个民族和国家根据特定的乡土和风俗进行生活。这种对民族文化的认知表明，各个民族都有自身的观念，民族精神则是最高的伦理观念。在黑格尔的绝对精神体系中，文化只不过是绝对理念的外在表现形式而已，伴随着绝对精神的发展而发展。所以，在黑格尔哲学中，文化的外在表现形式，都是紧紧地围绕着绝对精神而展开的。

除此之外，黑格尔强调历史作为世界历史，最终是以理性体系而存在的。世界历史的发展，最终要以人们对自由的追求来衡量。在历史进步的过程中，黑格尔进一步强调，国家的出现是理念的现实，人是自身发展的目的，并不是手段，人类自由的实现的标志就是国家的创立。黑格尔的上述观点，在马克思哲学思想的发展中，被进一步吸收借鉴。不难发现，马克思创立的无产阶级的文化思想，其实就是要实现人的自由之发展。然而，需要强调的是，德国古典哲学家康德和黑格尔的文化思想，在本质上还是精神发展的产物。在这一点上，马克思历史唯物主义的创立就彻底颠覆了以前哲学家的认知传统，马克思将文化的发展纳入物质生产生活领域，对文化发展问题有了自身科学的解释。

事实上，马克思在吸收和借鉴以前哲学家的文化哲学思想的基础上，也开始站在历史唯物主义的立场来分析文化问题。历史唯物主义的

---

① ［德］康德：《判断力批判》下卷，邓晓芒译，商务印书馆1996年版，第95页。

确立，并不是一蹴而就的，而是马克思哲学思想变革的产物。在青年时期，马克思的思想仍是以自我意识为研究对象的，具有明显的黑格尔的影子。但是随着实践的不断深入，马克思的哲学思想方式由不成熟逐渐转变为成熟。不难发现，历史唯物主义贯穿于马克思文化哲学的始终。这也就是说，对马克思文化思想的认识，历史唯物主义是基本的立场。反过来讲，马克思科学的文化哲学思想又是历史唯物主义的重要组成部分，这二者的关系是辩证的。

在《在马克思墓前的讲话》这篇文章中，恩格斯就认为，马克思的伟大之处就在于发现了人类历史的发展规律，也就是从意识形态的掩盖中发现了现实社会的物质生产基础。人们从事政治、艺术、宗教、科学等活动的前提，就在于人们必须解决吃、喝、住、穿等现实问题。因此，一个特定的发展时代或者一个民族的特定发展阶段，都是以物质生产生活资料为基础的，包括宗教观念、国家设施、艺术和法的观点等意识形态都是在此基础上发展起来的。因此，对这个物质基础必须解释清楚，否则就会像过去那样适得其反。[①]这就启发我们，文化的多种表现形式最终要符合人类社会的发展规律，即具有历史唯物主义的宽广视野。这条规律是马克思不断探索出来的，并贯穿于文化哲学的始终，这是马克思在文化问题方面区别于其他哲学家的显著标志。

二　马克思文化哲学创新的几重维度

对马克思文化哲学思想的理解，不同的人有不同的理论视角。但总的来说，马克思文化哲学思想有着丰富而深刻的内涵，具有自身独特的理论维度，这是马克思文化哲学创新的显著标志，也是马克思同以往哲学家文化哲学思想的区别。具体来讲，马克思文化哲学具有历史超越性维度、历史主体性维度、意识形态功能维度、超经济性维度，这些维度在本质上体现了马克思文化哲学创新的关键，彰显了马克思文化哲学独特的思想境界。毫无疑问，这些理论维度是在历史唯物主义视域中展开

---

① 《马克思恩格斯文集》第 3 卷，人民出版社 2009 年版，第 601 页。

的，不仅有助于更为深入地理解马克思文化哲学思想，而且能够丰富历史唯物主义的理论基础。正是在这个意义上，深入剖析马克思文化哲学的这几重维度，才能在根本上真正理解马克思文化哲学的创新性特质。

第一，马克思文化哲学创新的历史超越性维度。毋庸置疑，马克思的文化哲学既是在历史中产生的，同时也具有历史的超越性。从根本上讲，马克思文化哲学的超历史性并不是不遵循文化发展的演进逻辑，而是看到了文化发展的相对独立性，这完全不同于历史学家语境中的文化思想。马克思和恩格斯认为："在所有的人实行明智分工的条件下，不仅生产的东西可以满足全体社会成员丰裕的消费和造成充足的储备，而且使每个人都有充分的闲暇时间去获得历史上遗留下来的文化——科学、艺术、社交方式等等——中一切真正有价值的东西。"[①] 无疑，马克思用科学、艺术、社交方式等具体形式来表现文化，他认为这些文化是在历史的进程中继承下来的，只不过是在闲暇时间和劳动分工基础上产生的。这也就告诉我们，马克思文化哲学的历史超越性并不是超越一定的物质基础，而是对资产阶级文化思想的超越，归根结底是对资本主义私有制这一文化载体的超越。

依据马克思的观点可知，资本主义的文化具有压迫性，是资产阶级垄断发展的需要，旨在维护资产阶级的统治。在这样的理论背景之下，马克思对资产阶级的腐朽的文化思想进行了批判，对这种虚假的思想意识进行了彻底扬弃。马克思指出："既然意识要素在文化史上只起着这种从属作用，那么不言而喻，以文化本身为对象的批判，比任何事情更不能以意识的某种形式或某种结果为依据。这就是说，作为这种批判的出发点的不能是观念，而只能是外部的现象。批判将不是把事实和观念比较对照，而是把一种事实同另一种事实比较对照。"[②] 很显然，马克思认为应该从现实出发对腐朽落后的文化进行批判，这其实是为了超越文化发展的历史局限。马克思进一步指出，资本主义文化表现为虚假的思

---

① 《马克思恩格斯文集》第3卷，人民出版社2009年版，第258页。
② 《马克思恩格斯文集》第5卷，人民出版社2009年版，第21页。

想意识，具有一定的历史局限性。这种局限性就表现为：对落后地区的人们进行文化奴役，弱化了人们独立思想意识的判断，进而将其作为推动资产阶级统治的有力武器。

必须指出，马克思文化哲学思想的历史超越性，不仅是无产阶级的精神食粮，同时也是资产阶级扬弃虚假文化思想的价值指引。这也就是说，马克思的文化哲学思想具有社会的普遍性，并不局限于某段历史和某个阶级，这才真正彰显了其历史的超越性。正如马尔库塞对极权社会文化理论的批判一样，资本主义的文化旨在构建一种单向度的文化秩序，从而消除社会中人们的否定性、批判性和超越性意见。马尔库塞指出："今天的新奇之处是通过消除高层文化中对立的、异己的和超越性的因素——它们借助高层文化而构成现实的另一种向度——来消除文化和社会现实之间的对立。消除双向度文化的办法，不是否定和拒斥各种'文化价值'，而是把它们全部纳入已确立的秩序，并大规模地复制和显示它们。"① 其实，马克思对资产阶级文化的历史性超越，就是要把原有单向度的、异己的文化改造成服务于各个民族具有丰富意蕴的多向度文化，从而彰显文化哲学历史超越性的真正价值。

更进一步讲，从人类社会的发展形态来看，马克思文化哲学思想并不局限于某一特定的社会发展时期，而是作为人类宝贵的精神财富服务于社会发展形态的演变。从本质上看，文化发展史也就是人类社会的发展史，文化发展推进了人类文明形态的发展演进。恩格斯曾指出："最初的、从动物界分离出来的人，在一切本质方面是和动物本身一样不自由的；但是文化上的每一个进步，都是迈向自由的一步。"② 不难理解，马克思的文化哲学思想在近代资本主义时期，通过发挥文化价值的独特功能，从而指引无产阶级能够取得文化意识的领导权。在对社会主义的实践和对未来共产主义社会的探索中，马克思的文化哲学思想仍然具有独特的理论魅力，是指引人类文明向更高阶段发展的精神武器。正是在

---

① [美]赫伯特·马尔库塞：《单向度的人》，刘继译，上海译文出版社2014年版，第47页。
② 《马克思恩格斯文集》第9卷，人民出版社2009年版，第120页。

这个层面上，马克思文化哲学思想的历史超越性显得尤为突出，这是站在全人类的高度彰显了文化的内在价值，真正体现了马克思优秀文化思想的独立性和时代性。

第二，马克思文化哲学创新的历史主体性维度。在资本主义文化发展的进程中，所谓的文化是按照资产阶级的面貌来创造的，本质上是资产阶级利益在文化思想方面的表现。马克思曾指出："它迫使一切民族——如果它们不想灭亡的话——采用资产阶级的生产方式；它迫使它们在自己那里推行所谓的文明，即变成资产者。一句话，它按照自己的面貌为自己创造出一个世界。"① 从马克思的论述可知，资本主义的文明实质上是根据资产阶级的主体需要来创造的，是资本主义按照自身的发展需要来创造的，根本上脱离了现实生活中的人民群众。然而，在马克思看来，文化发展的主体是人民群众，脱离了人民群众也就无所谓文化哲学的发展。无疑，文化是根据人的真正生存发展状况而产生的，马克思语境中的文化思想就是在人民群众的基础上产生的，反过来又指导人民群众的实践活动。

事实上，马克思强调文化哲学的历史主体性，其实是对资本主义异化的文化理论的扬弃。正如霍克海默和阿道尔诺认为，文化的发展已经作为一种工业的发展形态，工具理性和技术理性的日益膨胀导致了文化工业的出现。"今天，自从人们把精神创造总结成文化，并使其中性化以后，审美的野蛮性就使那些能够对精神创造造成威胁的因素荡然无存了。当人们谈论文化的时候，恰恰是在与文化作对。文化已经变成了一种很普通的说法，它已经被带进了行政领域，具有图式化、索引和分类的含义。很显然，这也是一种工业化，结果，依据这种文化观念，文化已经变成了归类的活动。"② 对此，霍克海默和阿道尔诺对文化工业进行了批判，这种文化工业是大规模生产方式不断变革的产物，符合晚期资本主义社会阶级合法性统治的需要，本质上是资本扩张的衍生物，从而

---

① 《马克思恩格斯文集》第2卷，人民出版社2009年版，第35—36页。
② ［德］马克斯·霍克海默、西奥多·阿道尔诺：《启蒙辩证法》，渠敬东、曹卫东译，上海人民出版社2006年版，第118页。

真正忽视了历史主体的创造性。

在马克思看来,文化的发展必须尊重真正的历史创造者,不能将现实的人的主体颠倒为资本的主体。不论是在近代资本主义社会,还是在晚期的资本主义社会,文化的发展实质上都依附于资本的魔力,不是主体性的人创造了文化,而是技术理性造就了虚假的文化意识。马克思指出:"劳动是一切财富和一切文化的源泉,就是说,任何社会都不能离开劳动。相反,我们现在却看到,任何'有益的'劳动都不能离开社会。"① 很明显,劳动创造了财富和文化,实质上就肯定了劳动主体在实践活动中的重要作用。换言之,主体性的人通过劳动的方式创造了文化,这是马克思对文化创造源泉的深刻阐释。然而,霍克海默和阿多诺的"启蒙辩证法"与马尔库塞的"单向度的人",就是在反思资本主义社会工具理性和技术理性对整个社会造成的巨大危害,实质上是对资本主义文化的批判。只不过,西方马克思主义整体上是通过变革的方式来对待文化发展问题,而马克思则是通过革命的手段消除资本主义落后腐朽的文化,从而真正彰显文化哲学的历史主体性。

第三,马克思文化哲学创新的意识形态功能维度。马克思的文化哲学思想是根植于无产阶级的伟大实践之中的,是无产阶级精神面貌和资产阶级社会现实的真实反映,因此体现了科学的阶级性思想。这也就是说,无产阶级通过对马克思文化思想的吸收,可以指导无产阶级的革命实践活动,把其作为无产阶级意识形态的一部分。这就告诉我们,马克思的文化哲学具有意识形态的性质,文化意识形态是马克思文化理论的重要组成部分。根据马克思的观点,哲学的、宗教的、艺术的、政治的、法律的,等等,这些都被称为意识形态的形式。毫无疑问,建立在资本主义经济基础之上的上层建筑,势必要服务于资产阶级的统治。在马克思看来,资本主义的意识形态是一种虚假的意识形态,这种虚假性就表现为满足少部分人的利益,从而牺牲绝大多数人的幸福。马克思曾说:"统治阶级的思想在每一时代都是占统治地位的思想。这就是说,

---

① 《马克思恩格斯文集》第 3 卷,人民出版社 2009 年版,第 429 页。

一个阶级是社会上占统治地位的物质力量,同时也是社会上占统治地位的精神力量。"①统治阶级的思想其实就表现在上层建筑的各个方面,统治阶级的合法性地位是通过意识形态的手段来实现的,尤其是以文化的精神力量来支撑的。

如上所述,马克思要批判的就是这种虚假的文化意识形态,虚假的社会共同体。正是在这种虚假意识的统治下,资本主义鼓吹的民主、自由、博爱等口号,仅仅表达了资产阶级在文化上的满足。进一步讲,这些意识形态是通过一些资产阶级的思想家主观臆断而塑造的,是通过思想意识来决定意识形态,并非通过现实的社会生活来思考的。很明显,马克思所要批判的就是这种"天国"的上层建筑,取而代之的是反映无产阶级真实的文化意识形态。尤其是在《资本论》中,马克思深入分析了文化的资本化,资本对上层建筑的影响日益加深。一旦将资本引入意识形态领域,资本就会左右文化的发展方向,就会牢牢拴住所谓思想家的思想观念。在马克思看来,要破除这种局面,还文化发展一片净土,就应该对资本异化进行积极扬弃,科学看待资本在社会发展中的作用。

马克思文化哲学思想的意识形态功能,不仅在于指导无产阶级的革命实践活动,更在于使无产阶级把这种文化思想转变为具体的行动,从而真正体现文化的实践性功能。卢卡奇曾经将历史唯物主义视为资本主义的自我认识,同时也把其称为一种行动,这其实是在肯定历史唯物主义作为思想文化的一部分所发挥的意识形态的功能。卢卡奇指出:"历史唯物主义是无产阶级在其受压迫的时代里最强大的武器之一,现在,无产阶级正在准备重建社会并在其中重建文化,他把历史唯物主义运用于这个时代是自然的。"②无疑,马克思的文化哲学思想实质上也是历史唯物主义的内在表现,文化思想同样具有意识形态的功能。这也就是说,这种具有历史阶级性的文化思想,是科学的社会主义理论和实践行动的辩证统一体,真正体现了马克思文化哲学思想的意识形态功能。

---

① 《马克思恩格斯文集》第1卷,人民出版社2009年版,第550页。
② [匈]格奥尔格·卢卡奇:《历史与阶级意识》,杜章智、任立、燕宏远译,商务印书馆2016年版,第356页。

第四，马克思文化哲学创新的超经济性维度。在西方社会中，一部分人将马克思的文化思想视为物质生产的依附物，也就是仅仅把文化发展看成经济的衍生物。伊格尔顿曾经在反驳这种观点的时候指出："马克思是唯物主义者。他认为除了物质，什么都不存在。他对人类精神层面毫无兴趣，认为意识仅仅是对物质世界的反映。"① 这在根本上是对马克思历史唯物主义的误解，仅仅把诸如文化意识层面的东西看成被决定的存在物，文化的发展也是机械的被动存在。马克思曾经指出："政治、法、哲学、宗教、文学、艺术等等的发展是以经济发展为基础的。但是，它们又都互相作用并对经济基础发生作用。这并不是说，只有经济状况才是原因，才是积极的，其余一切都不过是消极的结果，而是说，这是在归根到底不断为自己开辟道路的经济必然性的基础上的相互作用。"② 因此，马克思文化哲学的超经济性就是要从社会关系的相互作用中来认识的，不能庸俗化地将马克思的文化哲学思想仅仅理解为以经济物质为唯一载体的。

其实，在晚期资本主义社会，许多哲学家又将文化的超经济性扩大化了，仅仅想通过对文化理论的批判来解决资本主义社会的危机。实质上，这些哲学家仅仅是想通过文化的变革作用，通过文化的影响力来缓解资本主义的内在矛盾。这在根本上又将文化发展的功能的外延扩大了，因为资本主义社会的危机根源在于私有制的存在，如果不通过生产力的变革或者暴力革命的作用，则无法扬弃资本主义私有制的存在。因此，马克思的文化哲学思想一方面表现为超经济性，另一方面又是在历史唯物主义中展开的，是通过社会基本矛盾来展现来剖析文化哲学的深刻意蕴的。换言之，马克思文化哲学的超经济性是在一定的范围内的，这同西方马克思主义试图借助文化的作用来消除资本主义的矛盾有本质的区别。正是在这个层面上，对马克思文化哲学的超经济性的理解，就在于要立足于历史唯物主义，深刻把握社会发展的基本矛盾，这样才能

---

① [英]特里·伊格尔顿：《马克思为什么是对的》，李杨、任文科、郑义译，新星出版社2011年版，第132页。
② 《马克思恩格斯文集》第10卷，人民出版社2009年版，第668页。

领会马克思语境中文化的真正价值。

这就启示我们，对马克思文化哲学超经济性的深入剖析，要坚持历史唯物主义的立场。马克思曾经对思想文化决定社会的发展进行了批判："如果从观念上来考察，那么一定的意识形态的解体足以使整个时代覆灭。在现实中，意识的这种限制是同物质生产力的一定发展程度，因而是同财富的一定发展程度相适应的。"[①] 很显然，马克思虽然强调文化思想的超经济性，但也没夸大文化思想意识对历史发展的决定性作用，最终还是要回到历史唯物主义的视域中来理解。同德国古典哲学家对文化的理解完全不同，这其实是对以绝对精神为标榜的文化思想的批判，不能将精神层面的文化思想抬到具有决定性作用的高度。总而言之，马克思文化哲学思想是社会关系中多种因素共同作用的结果，其本身也具有独立的发展演进规律，这是超经济性的内在表现。

三　马克思文化哲学创新的当代启示

马克思文化哲学的创立与发展，本身就是文化哲学创新的表现。对于当今中国马克思主义文化哲学的发展而言，就应该秉承马克思文化哲学的创新精神，立足现实的社会生活，在实践创造中不断丰富自身的内涵。当前，正值全面建成小康社会和实现中华民族伟大复兴之际，应当把马克思文化哲学的创新精神贯穿于中国社会的发展实际，从而指导中国的具体实践。具体而言，马克思文化哲学的创新对当代中国的启示，主要表现在以下几个方面。

首先，有助于推动当今中国马克思主义文化哲学的创新与发展。现如今，我们正在大力倡导马克思主义哲学的创新发展，其实这都体现在马克思主义哲学中国化的过程中。应当指出，我们应该秉承马克思文化哲学的创新精神，坚持历史唯物主义的立场，这是当今马克思主义文化哲学创新的根基所在。哲学家杰拉德·德兰蒂曾认为，同一性的思想是全部现代文化的基础，现代文化要想把自身提到现实的高度，就必须从

---

① 《马克思恩格斯文集》第 8 卷，人民出版社 2009 年版，第 170 页。

现实出发去复制内容，即现代文化不是在个体层面呈现出的主观性的东西，而是一种客观实体的存在。①这告诉我们，现代文化仅仅是现实的翻版，缺乏文化创新元素，这种忽视主观状态的客观实体，使得文化发展进入了一个死胡同。毋庸讳言，中国马克思主义文化哲学的创新，必须立足和扎根现实的社会生活，创新文化哲学的发展理念。

之所以强调马克思文化哲学的创新精神，究其根本在于它是当今中国马克思主义文化哲学发展的源头。需要指出的是，文化哲学创新的精神内核不能丢，如果文化哲学发展的活力渐渐失去，就会像德国哲学家盖伦所称的"文化结晶化"。值得欣慰的是，面对国内国际新形势的发展变化，我们党提出了"五大发展理念"，其中将"创新理念"摆在首位。这就启示我们，马克思主义文化哲学的发展，理应创新发展理念，用创新推动文化哲学的新发展。应当指出，马克思文化哲学的创新精神，就是当今中国文化哲学发展的有力支撑。正如杰拉德·德兰蒂认为，现代文化已经确确实实地用尽了它的资源，甚至就其激进的形式而言，它已经在现代制度中得以实现。文化观念不再能够产生"新事物"，而"新"乃是现代性的核心。②所以，唯有秉承创新精神，才能增强马克思主义文化哲学话语体系。

其次，有助于指导中国构建科学的文化理论体系。社会的发展离不开文化的滋润，中国的前进同样离不开科学文化理论的支撑。时代在发展变化，对于马克思的文化哲学，我们一定要将其同时代发展的命运相结合，准确地理解马克思文化哲学的精神内核。综合考虑中国现在的具体国情，以强烈的问题意识为出发点，以科学的马克思文化观为指导，建立起符合当代中国发展特点的中国特色社会主义新文化。需要注意的是，我们要学习马克思文化哲学的内在精神，而不是原封不动地照抄照搬。当前处在文化多元化的时代，要使得马克思的文化思想能够生根发

---

① ［英］杰拉德·德兰蒂：《现代性与后现代性——知识、权力与自我》，李瑞华译，商务印书馆2012年版，第79页。
② ［英］杰拉德·德兰蒂：《现代性与后现代性——知识、权力与自我》，李瑞华译，商务印书馆2012年版，第108页。

芽，就要把马克思的文化哲学进行时代的解读，真正地做到理论与实际相结合，进而体现出马克思文化理论的时代特色，彰显马克思文化哲学的理论魅力。

对马克思科学文化哲学的解读，要能够真正起到正本清源的作用。当前许多学者提出"回到马克思"，其实这无非是要回到马克思本真的精神当中去。正如戴维·麦克莱伦所言，很多人不能真正理解马克思本人的思想，就在于这部分人没能剥去和撕开历史的外壳，这就使得马克思的思想能够被用来证明不同政治类型存在的合理性，进而马克思真实的思想被差异性的解释所遮蔽。[①]这就告诉我们，坚持马克思主义的文化哲学，就在于要把握马克思文化哲学的精神实质，牢牢抓住历史唯物主义的理论基础。与此同时，中国构建科学的文化理论，一定要以马克思主义文化观为方向指导，对中国优秀的传统文化要传承和弘扬。在坚守文化传统的同时，要进行文化的创新，以文化创新引领中国内涵式的发展。这也就是说，应当紧紧把文化创新的时代性和文化传承的民族性紧密结合，走出一条符合中国特色的科学的文化理论道路。

最后，有助于中国实现文化强国的梦想。当今世界的竞争，归根结底体现了文化的竞争力水平。在建党 95 周年时，习近平总书记明确提出了"文化自信"。毫无疑问，"制度自信""道路自信""理论自信"归根结底是"文化自信"。不能否认的是，"文化自信"是中国道路的重要元素之一。这种"文化自信"就体现在马克思主义中国化的进程中，马克思科学的文化哲学思想起到了实践指导的作用。在前面的论述中，已经提到马克思文化哲学的实践维度，实践是马克思文化哲学的本质。在马克思看来，文化虽然是一种理论的表现形式，但是如果不按照实践的要求进行变革创新，就不能指导并推动世界的发展。中国在实现文化强国目标的过程中，首先要有马克思主义文化理论的自信，把中国悠久的历史文化展现给世人。

当前全球化发展迅速，增强中国的文化话语权，掌握文化发展的主

---

① ［英］戴维·麦克莱伦：《马克思传》，王珍译，中国人民大学出版社 2010 年版，第 465 页。

动权，提升文化软实力，这些是我们迎合世界发展形势应有的准备。马克思文化哲学本身就强调，从人类社会命运的角度去思考人类社会的发展，注重实现每一个人的幸福生活。现如今，习近平总书记积极强调人类命运共同体，这就需要各民族文化能够相互包容，积极构建和谐的世界文化。不难发现，中国共产党秉承了马克思文化哲学的发展理念，通过马克思文化哲学的本质精神来看待当今社会的发展。对于中国而言，要实现文化强国的梦想，关键在于深刻领会马克思文化哲学的真实内涵，能够根据时代所出现的问题，进行文化实践创造。只有这样，才能破解文化发展难题，厚植文化发展优势，进而增强文化创新驱动力。

第二节　唯物史观视域中的文化自信探析

文化自信源于一个国家的文化软实力，是国家繁荣强盛的重要衡量标准。从唯物史观的视域看，当今中国，文化自信作为中国道路上的重要"元素"，有着深厚的现实性基础，它不仅根植于中国优秀的传统文化，而且扎根于中国实践道路上优秀的当代文化。增强文化自信，关键在于进行文化创新，因为文化创新为文化自信提供了动力源泉，增强了文化自我发展的造血功能。坚定文化自信，最终要回到中国的现实社会，彰显人民主体性地位，为民族复兴和人民幸福提供价值指向。

习近平总书记指出，文化自信是更基础、更广泛、更深厚的自信。文化自信作为一切自信的源泉和基础，就表现为任何国家的长久繁荣都是通过文化自信体现出来的。当今中国，文化自信是道路自信、理论自信、制度自信的根基，是中国发展自身和走向世界的重要精神保障。深入研究表明，文化自信根源于现实社会生活，有着深厚的哲学基础。深入剖析文化自信的哲学基础，不仅要在中国道路上深刻思考文化自信的重要地位，而且要通过文化创新，为文化自信提供活力。从唯物史观的视域看，文化自信的价值旨趣就在于牢牢把握人民的主体性地位，在实践和历史的统一中，最终服务于人民幸福生活的实现。

一 文化自信的现实基础

文化自信是中国当今社会主义现代化建设的一面旗帜，是实现民族复兴的真正内涵。当今中国，文化自信并不是一种盲目的自信，而是一种理性自信。众所周知，中国特色社会主义本身就是实践创新活动，文化自信正是在中国实践发展的进程中不断被确立的。毋庸置疑，文化自信秉承了马克思主义在中国的创新发展，并在中国当代社会的发展过程中得到了具体体现。所以，深入剖析文化自信的现实性基础，是深刻理解文化自信的前提，也是唯物史观的核心问题。

第一，文化自信建立在中国具体实践的基础之上。随着现代性的不断发展，中国在经历了长期的摸索之后，逐步找到了一条适合中国国情的发展道路。实践创造的发展，推动着中国现实社会生活深层次的改革，推动着社会关系的不断创生，文化自信也正是在中国独特的实践环境中被不断确立的。这也就是说，文化自信作为一种精神力量，完全根植于实践土壤之中，并非精神意志纯粹的产物。马克思曾说："全部社会生活在本质上是实践的。凡是把理论引向神秘主义的神秘东西，都能在人的实践中以及对这个实践的理解中得到合理的解决。"①毋庸置疑，文化自信是社会生活的一部分，在本质上同样是实践的产物。这就深刻表明，理论活动归根结底是一种实践活动，理论活动中任何的神秘色彩都要回归具体的实践活动，并在实践中得到科学的解释和解决。显而易见，文化自信不仅是中国人民精神信念的自信，同样也是对中国倡导实践优先、开放创造理念的自信。

需要指出的是，当前还存在一些反对马克思主义的人，他们认为马克思除了物质之外，不存在对人类精神层面的关注。事实上，马克思毕生追求人的真正解放，关注人的全面自由发展。在马克思的文化哲学

---

① 《马克思恩格斯文集》第1卷，人民出版社2009年版，第501页。

中，他对人的生命的存在和社会历史发展规律做了文化哲学方面的深刻阐释，从而为当代中国的发展提供了指导。伊格尔顿在《马克思为什么是对的》中指出："精神是超脱世俗的东西，但并非是牧师构想的那种。眼下的世界已经流为尘俗，而社会主义者必将构建一个全新的世界取而代之。"①这也告诉我们，文化自信并非主观构想所得，它既来源于社会实践，同时又高于社会现实。毋庸讳言，西方社会的文化自信是一种虚伪的文化自信，是建立在资本主义私有制基础上的。然而，中国正是在科学的社会主义发展道路上，为文化自信的培育提供了实践平台，从而使文化自信表现为一种理性的精神力量，并不断推动着中国精神面貌的改变。

第二，中国现实社会的发展也迫切需要文化自信的确立。经过三十多年的改革开放，中国在物质层面取得了显著的发展，大家有目共睹。然而文化自身的发展，尤其在文化软实力方面，还需要走很长一段路。文化软实力是衡量一个国家发展的真正内涵，同时也是保证中国沿着正确道路前行的精神方向标。中国内涵式的发展，离不开文化软实力的推动，更离不开文化自信带来的精神鼓舞。马克思曾说："理论在一个国家实现的程度，总是取决于理论满足这个国家的需要的程度。"②当今中国正值全面深化改革的新时期，迫切需要文化自信精神信念的支持，为中国的内涵式发展带来精神动力。马克思又说："理论需要是否会直接成为实践需要呢？光是思想力求成为现实是不够的，现实本身应当力求趋向思想。"③这就启发我们，要跨越中国发展的瓶颈，需要实践智慧，同样也需要文化自信的驱动。

需要指出的是，西方资本主义社会的发展，得益于文艺复兴和启蒙运动的推动。正是在这两场思想文化运动的推动下，人的理性得以提升，资本主义的文化得以迅速传播，反过来推动了资本主义在世界范围

---

① [英]特里·伊格尔顿:《马克思为什么是对的》,李杨、任文科、郑义译,新星出版社2011年版,第210页。
② 《马克思恩格斯文集》第1卷,人民出版社2009年版,第12页。
③ 《马克思恩格斯文集》第1卷,人民出版社2009年版,第13页。

内的迅速崛起。当今中国，中国特色社会主义具体实践的蓬勃发展，同样需要中国优秀文化的推动，文化自信能够带来精神思想在实践层面的共鸣，推动实践活动，具有更深层次的理论指导。在《消费社会》这本著作中，鲍德里亚在批评那些具有盲目拜物逻辑的人时，就深刻指出："因为知识和文化在他们的眼里，以及在他们的运用过程中，只是充当着一种额外的超自然力量，一种神奇力量的储备，而不是其反面：一种学习和一种客观的培养。"① 这启示我们，文化自信要摆脱拜物逻辑的纠缠，不被当作"消费社会"中被利用的对象。正是在这个意义上，真正的文化自信必须是理性的和科学的，这样才能真正推动中国具体实践的发展，否则无法摆脱资本逻辑的魔咒。

　　第三，文化自信的确立是在一定的社会关系中进行的。中国特色社会主义的实践过程，就是社会关系不断丰富的过程，同样也是文化自信得以发展和巩固的过程。在《1857—1858年经济学手稿》中，马克思指出："在一切社会形式中都有一种一定的生产决定其他一切生产的地位和影响，因而它的关系也决定其他一切关系的地位和影响。"② 当今中国，同样重视物质生产实践的优先性地位，但也没有忽视物质生产生活关系的存在。中国特色社会主义文化的发展形势，就是在不断变革社会关系的过程中不断丰富发展的，这样的文化发展才具有活力。依据马克思的观点，物质生产关系决定其他一切社会关系，所以文化自信必须融入丰富生产实践关系之中。综观整个世界，全球化的发展不可阻挡，不同民族间的文化相互碰撞，为中国文化的发展带来了机遇和挑战。所以，在无形的文化博弈中，我们必须以马克思主义为指导，确保中国特色社会主义文化的繁荣。

　　必须承认的是，文化自信的确立需要塑造和谐的社会关系。市场经济的不断发展，导致资本逻辑支配一切，金钱关系决定亲情关系，社会关系也充斥着浓浓的功利性色彩。马克思曾经就对资本主义的现代性文

---

① [法]让·鲍德里亚：《消费社会》，刘成富、全志钢译，南京大学出版社2014年版，第40页。
② 《马克思恩格斯全集》第46卷（上册），人民出版社1979年版，第44页。

化进行了批判，尤其是对资本主义无耻的价值诉求的批判，为世界文化的真正融合提供了理论指导。当今中国的文化发展，就是要突破物质欲望的束缚，明确人是文化发展和社会发展的基本立足点。摆正社会关系中人的正确地位，工具理性要让位于价值理性，弘扬具有正能量的社会风气，积极构建和谐理性的社会交往关系，这样才能为文化自信的确立奠定良好的社会基础。

二　文化自信：中国道路的重要"元素"

对中国道路的正确定位，离不开理论自信、制度自信、文化自信等多种"元素"，其中文化自信是走好中国道路的底气。中国道路的确立，是在长期的历史文化传统和现实的社会实践中不断得以发展的，是唯物史观在当代中国的发展与创新。文化自信保证了中国道路沿着正确的方向发展，同时也为中国道路自信增加了深厚的文化底蕴，推动中国走内涵式的发展道路。

首先，中国道路的确立离不开文化自信的推动。中国文化，尤其是中华优秀传统文化，为中国道路的确立提供了实践智慧。马克思曾指出："人们自己创造自己的历史，但是他们并不是随心所欲地创造，并不是在他们自己选定的条件下创造，而是在直接碰到的、既定的、从过去承继下来的条件下创造。"① 中国道路的确立，是在传统文化的熏陶下发展起来的。中国自古以来爱好和平，素有礼仪之邦的美称，讲求"天下大同"，有着强烈的人类命运共同体意识。中国传统文化为中国道路的确立提供了科学的价值导向，奠定了中国道路的价值理念。传统文化的自信，是中国道路自信的源泉所在。正是由于长期对历史文化的传承，中国道路的文化底蕴更为深厚。正是在这个意义上，中国经过长期的实践探索，充分吸收传统文化的滋养，逐渐走出一条社会主义道路。在传统文化的语境中，把握中国道路的深刻内涵，必须从优秀传统文化中去挖掘，从而找出中国道路的文化根基。

---

① 《马克思恩格斯选集》第 1 卷，人民出版社 2012 年版，第 669 页。

事实上,优秀的传统文化和马克思主义文化的立场是相辅相成的。实践的发展选择了马克思主义,同样也选择了马克思主义的文化,这是确立中国道路的另一文化自信的表现。传统文化为中国道路提供了文化土壤,马克思主义文化则体现了中国道路的文化立场,这二者的结合,使得中国道路能沿着正确的方向铺展开。毋庸置疑,马克思主义传播到中国,加快了中华民族探索自身道路的脚步。马克思曾说:"一个国家应该而且可以向其他国家学习。一个社会即使探索到了本身运动的自然规律……它还是既不能跳过也不能用法令取消自然的发展阶段。但是它能缩短和减轻分娩的痛苦。"① 尤其是马克思主义的文化立场,为当时处在水深火热中的人们带去了希望,促使中国在寻求自身发展的道路上少走了弯路。

其次,中国道路的继续前进离不开文化自信的保障。研究表明,中国传统文化和马克思主义文化是中国道路继续前进的重要理论逻辑之一,全面深刻地挖掘文化自信的闪光点,是文化哲学在中国道路上的具体实践。众所周知,西方马克思主义者葛兰西曾经提出著名的"文化领导权"理论,他深刻地认识到了在夺取意识形态的领导权上,不仅要看到经济资本主义,而且要看到文化资本主义,即要重视文化在政治实践活动中的重要作用。这就启示我们在中国道路确立过程中"文化元素"的重要性,对中国道路的领导权,其实更应该从文化的功能视角去重视。进一步来讲,要保障在中国道路上继续前行,执政党必须从文化领导权视野认真思考,巩固中国道路的畅通。文化话语权的确立是文化自信的重要表现,当今中国面对复杂的国内外环境,需要同资本主义政权进行较量,中国道路向何处走必须明确。归根结底,文化自信关系到中国道路的前进方向,关系到中国当代具体实践。

需要指出的是,当今中国的文化自信,需要批判文化虚无主义、文化狭隘主义、文化夸张主义。现代性的不断推进,文化的颓废和精神的虚脱时有发生,文化虚无主义、文化狭隘主义和文化夸张主义就是其中

---

① 《马克思恩格斯选集》第 2 卷,人民出版社 2012 年版,第 83 页。

的表现。毛泽东曾经指出:"一定的文化(当作观念形态的文化)是一定社会的政治和经济的反映,又给予伟大影响和作用于一定社会的政治和经济;而经济是基础,政治则是经济的集中的表现。这是我们对于文化和政治、经济的关系及政治和经济的关系的基本观点。"① 正是在这个层面上,当今中国社会的历史虚无主义必须进行批判,尤其是在市场经济发展过程中滋生的文化虚无主义,我们更要对其进行彻底的批判。只有这样,中国特色社会主义先进文化才能蓬勃发展,中国的文化自信才会有良好的社会发展环境。否则,文化自信也只是一句空话而已,道路自信就会失去浓厚的理论根基。

最后,中国道路的自我完善离不开文化自信的沃土。中国正处于全面深化改革的关键时期,这也是中国特色社会主义制度和道路不断自我完善的过程。正值全面建成小康社会之际,积极完善中国发展道路,不仅是实现中国自身发展的实践性要求,而且是解决中国现实问题的理论需要。正是在这个意义上,习近平指出:"坚定中国特色社会主义道路自信、理论自信、制度自信,说到底是要坚定文化自信,文化自信是更基本、更深沉、更持久的力量。"② 这也就是说,文化自信之所以如此重要,根本原因在于它在推动中国社会发展中起着重要作用,是中国道路不断完善的一片沃土。当代中国文化自信的建构,要着重把握中国特色社会主义事业的现实情况,从理论创新和现实需要两方面进行分析,进而为中国道路进一步巩固和完善积蓄力量。

深入思考表明,文化自信的理论魅力,不仅能够解释当代中国的现实情况,而且致力于改造中国的现实世界,从而为中国道路的自我发展和自我完善提供价值指引,进而服务于中华民族伟大复兴的中国梦的实现。西方的文化发展理论,其实是以一种异化的形式服务于晚期资本主义社会,西方许多哲学家对此进行了深刻的批判。"在经济资本主义之外还有一个文化资本主义,从这方面讲,法兰克福学派文化批判理论,

---

① 《毛泽东选集》第 2 卷,人民出版社 1991 年版,第 663—664 页。
② 《习近平 2016 年 5 月 17 日在哲学社会科学工作座谈会上的讲话》,《人民日报》2016 年 5 月 19 日。

尤其是文化工业理论，马尔库塞的'单面人''单面社会'理论，鲍德里亚的符号消费理论，哈贝马斯的科学技术是意识形态理论，列斐伏尔的日常生活理论在某种程度上都是在这一路向上思考的，因为整个资本主义正是利用科学技术，通过文化工业，通过'仿真''拟真''拟像'等文化手段，从意识形态上全面控制人们的心理，引导整个社会的消费，从而批量产出'单面人''单面社会'。"①

这说明，西方社会在挽救自资本主义的统治，将文化的发展视为其他一切发展的手段，而不是将文化发展当作发展的目的，所以像马尔库塞、哈贝马斯、鲍德里亚、列斐伏尔等人致力于从文化批判的角度，剖析资本主义社会发展的弊端。这就启发我们，中国道路要不断自我完善，确实需要从文化发展的视角入手，注重文化自信的培养。应时刻牢记，文化的发展是其他一切发展的基础，文化自信要坚决扬弃文化异化的发展，把文化自信作为衡量道路自信的基本标准之一。

三 文化创新：文化自信的动力源泉

我们知道，中国特色社会主义在理论上和实践上都是创新的，正是由于创新要素的推动，中国的各项事业都取得了长足的发展。实践证明，只有创新，国家的富强才会有保障，民族的复兴才会有希望。毫无疑问，文化创新是其他一切创新的本质和核心，同样是文化自信的动力源泉。现如今，我们处于中华民族复兴的关键时刻，要想理解中华民族伟大复兴的真正内涵，就需要在文化创新中丰富和发展中国特色社会主义。

历史和实践告诉我们，文化创新是在历史发展的动态中不断进行的，是确保中华民族发展前进的根本动力。当前的全球化是一种全面的全球化，诸多方面的竞争归根结底是文化软实力的竞争，文化软实力是一个民族文化底蕴的重要体现。正是在这个意义上，中国需要文化软实力的发展，更需要文化创新的推动，从而为中国文化自信提供动力源

---

① 孙民：《政治哲学视域中的意识形态领导权》，人民出版社2012年版，序言第3页。

泉。中华文化创新更能体现中华民族的实践智慧，它根植于中华民族的传统文化，创新和发展马克思主义文化，在当代具体实践中展现出文化自信的魅力。很显然，我们要建立文化自信，就应该更加注重文化实践，将外在的物质财富和内在的精神文化相结合，全面实现文化创新的理论与实践的有机统一。

从更深层次上讲，当前中国在"硬件方面"，即在物质生产力的发展方面不断取得突破，但是在"软件方面"，即在文化发展层面却相对滞后。物质积累和精神文化的协调发展，是中国内涵式发展的重要体现，也是我们全面发展的关键所在。在《现代性与后现代性——知识、权力与自我》这部著作中，杰拉德·德兰蒂强调："所有的现代文化都是基于同一性思想；它仅仅复制现实，并且借此把自己提升到现实的地位，它把自己作为一种客观的实体而不是一种主观状态呈献给个体。"[①] 这告诉我们，现代文化仅仅是现实的翻版，缺乏文化创新元素，这种忽视主观状态的客观实体，使得文化发展陷入一个死胡同。毋庸讳言，中国文化的发展，就是要打破僵硬的文化发展模式，创新文化发展，正确认识文化与现实之间的内在逻辑。

然而，事实却正好相反。杰拉德·德兰蒂指出："现代文化已经确确实实地用尽了它的资源，甚至就其激进的形式而言，它已经在现代制度中得以实现。文化观念不再能够产生'新事物'，而'新'乃是现代性的核心。"[②] 这表明，现代文化已经被政治制度所吸收，逐渐变得僵硬化，文化内在的发展活力已经逐渐失去，正像德国哲学家盖伦所称的"文化结晶化"。这就告诉我们，中国的文化创新必须处理好文化制度和文化发展之间的关系，科学的文化制度应重新制定。与此同时，为了防止"文化结晶化"这种现象，中国的文化创新要在文化多元性的思想前提下，坚持马克思主义的文化立场，立足优秀传统文化，把握社会主义

[①] [英]杰拉德·德兰蒂：《现代性与后现代性——知识、权力与自我》，李瑞华译，商务印书馆2012年版，第79页。

[②] [英]杰拉德·德兰蒂：《现代性与后现代性——知识、权力与自我》，李瑞华译，商务印书馆2012年版，第108页。

新文化，吸收和借鉴国外优秀的文化思想。这并不代表在文化创新领域要坚持文化自由主义，而当今新自由主义对文化发展的危害也是需要高度警惕的。

值得欣慰的是，面对国内国际新形势的发展变化，我们党提出了"五大发展理念"，其中将"创新理念"摆在首位。对于文化创新发展，关键在于培育文化发展的新动力，让各种文化创新驱动争相迸发。对于文化创新，着眼点在于文化现代性的发展，用文化创新驱动来促进现代社会的解放和进步。正如杰拉德·德兰蒂所说："文化现代性的三个核心维度分别是道德—实践的、认知的和审美的，它们为现代社会提供了潜在解放模式。"① 所以，文化现代性的解放性内容首先强调的是道德与实践层面的，文化创新发展能否代表社会发展主体的基本立场，能否推动现实的社会主义实践活动，这是文化创新必须思考的问题。需要强调的是，我们要高度警惕文化自由主义，面对西方资本主义文化悄无声息的渗透，要正确处理好外来文化与中国传统文化的关系，在文化创新领域切勿走文化激进主义路线。

具体来讲，文化创新应考虑以下几个方面的问题。其一，贵在坚持正确思想的积极引导。在全面深化改革的历史新起点上，中国通过多种途径鼓励和引导文化创新，文化创新的种子要想在广大人民群众中生根发芽，亟须在思想上加以引导。毛泽东曾说："代表先进阶级的正确思想，一旦被群众掌握，就会变成改造社会、改造世界的物质力量。"② 所以，在创新思想的潜移默化的影响之下，文化创新思想一经群众所掌握，就会逐步转化为物质力量，从而推动现实社会实践的发展。其二，贵在坚持科学理论的指导。在实践优先的思想模式下，必须注重科学理论对实践的指导作用。对于文化创新，创新理论能否被认可也关系文化实践的成败。马克思曾说："批判的武器当然不能代替武器的批判，物质力量只能用物质力量来摧毁；但是理论一经掌握群众，也会变

---

① [英]杰拉德·德兰蒂《现代性与后现代性——知识、权力与自我》，李瑞华译，商务印书馆2012年版，第136页。
② 《毛泽东文集》第8卷，人民出版社1999年版，第320页。

成物质力量。理论只要说服人,就能掌握群众;而理论只要彻底,就能说服人。"①其三,贵在坚持文化实践创造。马克思曾说:"哲学家们只是用不同的方式解释世界,而问题在于改变世界。"②归根结底,文化创新不仅要解释文化发展问题,而且要通过文化创新实践来改造现实世界。

通过文化创新发展,可以进一步增强文化自信心。文化创新能够破解文化发展难题,增加文化创造的热情,为全面建成小康社会贡献力量。综观国际世界,中国不仅要在外在物质层面超越其他国家,而且要在内在的精神文化方面进行超越。因为综合国力的比较,这种内在精神文化的影响更具有持久性,能够提升中国的文化话语权,能够为中国的发展营造良好的文化氛围。

四 人民主体:文化自信的价值旨趣

唯物史观告诉我们,人民群众是物质财富的创造者,同样也是精神文化财富的创造者。注重人民主体精神,这是马克思主义哲学实践智慧的真正体现。毋庸置疑,人民主体是文化自信的价值旨趣,把人民主体思想贯穿于文化发展和文化创新的各个层面,这是我们在文化发展上真正实践人民主体思想的重要表现。这就启发我们,要深刻理解文化自信的价值旨趣,就必须坚持人民群众是文化自信的主体,要让广大人民群众共享文化发展成果,最终实现人民的全面发展。

首先,文化自信的主体是人民群众。人民群众是社会历史发展的主体性力量;文化的发展同样离不开人民主体,人民主体是推动社会前进的重要力量。中国文化自信,并不是一种抽象存在的文化自信,而是一种以人民群众为主体而存在的具体的文化自信。恩格斯曾经指出:"历史是这样创造的:最终的结果总是从许多单个的意志的相互冲突中产生出来的,而其中每一个意志,又是由于许多特殊的生活条件,才成为它所成为的那样。这样就有无数互相交错的力量,有无数个力的平行四边

---

① 《马克思恩格斯文集》第1卷,人民出版社2009年版,第11页。
② 《马克思恩格斯文集》第1卷,人民出版社2009年版,第506页。

形，由此就产生出一个合力，即历史结果，而这个结果又可以看作一个作为整体的、不自觉地和不自主地起着作用的力量的产物。"① 这就告诉我们，正是广大人民群众相互交错的力量，不自觉地或者不自主地推动着历史的发展。文化的发展也不例外，人民群众作为一个整体性因素推动文化创新，是历史发展的必然。

人民群众不仅是文化创新实践的主体，而且是文化自信的主体。有学者就指出："文化自信是文化主体对身处其中的作为客体的文化，通过对象性的文化认知、批判、反思、比较及认同等系列过程，形成对自身文化价值和文化生命力的确信和肯定的稳定性心理特征。"② 这深刻表明，作为文化自信的主体，人民群众对特定对象的文化进行反思与批判，从而表现出对文化价值和文化生命力的高度认同。在历史唯物主义中，马克思用哲学的视角去看待社会发展问题，用历史的眼光去分析人民群众的地位，始终去捍卫和维护人民主体性的尊严。正是在这个意义上，文化自信如果没有人民群众这个主体性存在，文化自信将是一个模糊的概念，也会违背马克思主义的基本精神。总而言之，文化自信不是一种盲目的自信，而是人民群众在经过文化自觉的发展阶段之后，逐渐在文化发展领域表现出来的一种自信状态。

其次，文化自信关键在于人民群众能够共享文化发展成果。文化自信体现了文化发展的价值状态，是人们精神文化财富的重要表现。文化发展成果能否让人民群众共享，是衡量一个社会是否全面发展的重要因素。历史和实践始终告诉我们，人民群众促进了社会物质财富和精神财富的创造与积累，推动了社会现实生活的改造，人民主体地位在历史的长河中越来越凸显。习近平总书记多次强调，人民群众是否共享了改革发展的成果，这是判断我们改革成功与否的标准。这就告诉我们，人民群众有共享文化发展成果的权利，这是改革成果惠及人民群众的重要表现，同样也是衡量我们社会是否进步的一个标准。在新形势下，我们要

---

① 《马克思恩格斯全集》第37卷，人民出版社1971年版，第461页。
② 刘林涛：《文化自信的概念、本质特征及其当代价值》，《思想教育研究》2016年第4期。

把人民主体性作为各项事业发展的前提,只有转变发展观念,包括文化在内的发展成果才能更多地惠及人民群众。

文化是人重要的存在方式,是人的生活世界。"人的生命活动,不仅是改变生活环境的活动,使自然'人化'的活动,把'人属的世界'变成'属人的世界'的活动,而且是改变人类自身的活动,使自身'文化'的活动,把'属人世界'变成'文化世界'的活动。"① 毫无疑问,文化就是人自身活动的结果,这种文化世界就是人的生活世界。人民群众在生活世界中如何表现自己,那么他们在文化世界中就是什么样。这就启示我们,人民群众对于文化的自信,其实就表现为对生活世界的自信。在全面建成小康社会的关键时期,让广大人民群众共享文化发展成果,也就是让人民群众不断丰富自身的生活世界。试想一下,如果出现了像哈贝马斯所说的生活世界的殖民化,那么就不会存在文化自信。所以,让人民群众共享文化发展的成果,可以防止生活世界殖民化的出现,以朝着全面的小康社会迈进。

最后,文化自信的价值目标是促进人的全面发展。当今中国,一切实践活动的出发点和落脚点都是实现人民群众的根本利益,文化自信也是一样。但实际情况是,人的发展还不是一种全面的发展,工具理性和价值理性并没有保持平衡,文化自信对促进人自身的发展的作用还不明显。尤其是在消费社会的影响下,"我们看到大众传媒化消费中意义转向、政治的非政治化、文化的非文化化、主体的非性化都是超越于对内容的'肆意'重新诠释之上的。一切都是在形式上发生了改变:无论何处,在真实的地点和场所之中,都有完全产自编码规则要素组合的一种'新现实'的替代品"②。这深刻说明,文化的发展表现为一种非文化的形式,这些都是在消费社会中产生的。在这种异化的文化氛围中,人的发展是一种片面的发展,没有文化的自信,只有消费主义文化的存在。

因此,全面发展中的人是具有深厚文化底蕴的人,是在浓厚文化氛

---

① 孙正聿:《哲学通论》,复旦大学出版社 2015 年版,第 193 页。
② [法]让·鲍德里亚《消费社会》,刘成富、全志钢译,南京大学出版社 2014 年版,第 117 页。

围中不断发展的人。对于文化发展的异化状态，要不断地进行深刻反思和批判，积极扬弃消费主义文化。处在全面深化改革的关键时期，要把人民主体性原则作为文化自信的根本性原则，在不断充实人们的物质生产生活资料的同时，更应该从精神文化层面促进人的全面协调发展。正是在这个意义上，我们要深刻理解文化自信的内涵，并高扬人民主体性原则。要始终明白，实现现实社会中人的现实幸福，物质自信是基本的保障，那么文化自信就是深层次的根本保障。对我们来说，要深刻把握文化自信与人的全面发展的内在关系，在中华优秀传统文化的熏陶下，坚持马克思主义的文化立场，不断培养真善美相统一的人。

综上所述，文化自信要建立在文化发展的基础上，在社会主义的实践当中不断丰富与完善。如果说历史与传统为文化自信提供了沃土，那么现实生活世界就为文化自信的巩固提供了实践平台，唯物史观语境下人的全面发展就是文化自信的价值目标。总之，文化自信作为中国道路上的重要"元素"，要立足于中国特色社会主义的实践，以人民主体为根本性原则，不断地进行文化创新，最终为实现民族复兴、国家富强、人民幸福而不懈努力。

第三节 唯物史观视域中的"美丽中国"建设

"美丽中国"是新时代中国特色社会主义伟大实践的深刻表征，它是环境美、社会美、文化美和生活美的内在统一，内涵非常丰富。"美丽中国"建设体现了唯物史观的创新精神，即是说，它具有坚实的社会现实根基、鲜明的历史逻辑和独特的制度自信。术语创新、文化精神和实践创新、开放创造是实现"美丽中国"的动力支撑。"美丽中国"建设的价值意蕴体现为实现人民对美好生活的需求和开启人类新文明。深入研究"美丽中国"的内涵，具有重大的现实意义。

"美丽中国"是新时代中国特色社会主义伟大实践的深刻表征，它是环境美、社会美、文化美和生活美的内在统一，内涵非常丰富。"美丽中国"建设体现了唯物史观的创新精神，具有全局性重大理论与实践意义。深刻领悟"美丽中国"的丰富内涵及其价值意蕴，对我们领悟和践行习近平新时代中国特色社会主义思想，具有极为重要的意义。

一 "美丽中国"的现实基础

唯物史观认为，人、自然和社会相互作用、相互联系，彼此内在地构成有机的不可分割的整体。"美丽中国"作为习近平新时代中国特色社会主义思想的重要组成部分，奠定其理论基础的是唯物史观在当代中国的发展与创新，是唯物史观中国化发展与创新的最新理论结晶。要言之，满足人民对美好生活的需求，不仅需要强大的物质基础，而且需要公平、和谐的社会以及美丽的生活环境，其基本含义是：富强、民主、和谐、文化和美丽中国的内在统一。所以，"美丽中国"是中国特色社会主义现代化强国的本质内涵。①

（一）"美丽中国"的思想境界

任何真正的思想都是历史性实践的产物，是时代精神的精华，它必将引领时代，解决时代面临的矛盾和问题，从而把时代推向前进。众所周知，诞生于西方的现代文明曾经给人类带来诸多"利益"，也使人类遭受诸多"灾难"，生态危机就是"现代文明"生成的毒瘤，已经严重地制约了人类的生存与发展，正如习近平总书记所说，从工业文明开始到现在仅三百多年，人类社会巨大的生产力创造了少数发达国家的西方式现代化，但已经威胁人类的生存和地球生命的延续。②

从根本意义上说，生态危机的根本原因在于现代资产阶级文明所确立的生产方式、生活方式和价值理念。即是说，以资本逻辑为核心的生产方式把人与自然、人与社会和人与自我的对立作为前提原则，这就必

---

① 万俊人：《美丽中国的哲学智慧与行动意义》，《中国社会科学》2013 年第 5 期。
② 习近平：《之江新语》，浙江人民出版社 2007 年版，第 118 页。

然导致这种生产方式从根本上破坏人与自然、人与社会和人与自我的和谐共生。以资本逻辑为核心的生活方式就是大量消费、超前消费，消费不是为了人们的生活"需要"，而是刺激资本的活跃，最大限度地使资本增殖，结果这种生活方式导致了人的生活全面异化。以资本为核心的价值理念必然是生产不是"以人为本"，而是"以物为本"，创造社会财富的目的不是造福于人民，随着财富的增加，人民不仅没有实现幸福，反而更加不幸。20 世纪 60 年代以来，生态危机开始被有识之士重视。诞生于 20 世纪 60 年代的《寂静的春天》，标志着人类对生态危机反思的开始；1972 年罗马俱乐部发表的《增长的极限》以及同年联合国在斯德哥尔摩通过的《人类环境宣言》都表明，人类必须从思想和行动上破解生态危机的难题。问题的关键是，如果我们沿用旧的生产方式、生活方式和价值理念，只是在根本问题上修修补补，是不可能解决生态危机的。

令人欣慰的是，"美丽中国"思想的提出，意味着一种新生产方式、生活方式和价值理念的形成，也就是说，"美丽中国"不仅是生态文明建设的目标，不仅体现为自然环境美，更为重要的是深刻表征了新时代中国特色社会主义现代化建设的新境界。正如习近平总书记所说："我们要建设的现代化是人与自然和谐共生的现代化，既要创造更多物质财富和精神财富以满足人民日益增长的美好生活需要，也要提供更多优质生态产品以满足人民日益增长的优美生态环境需要。"[①] 这深刻地表明，中国特色社会主义现代化是人类独特的现代化之路，即是说，它的独特性体现为，把环境美、社会美、文化美和生活美的内在统一作为实现现代化全过程的现实与逻辑前提。

马克思说："极为相似的事情，但在不同的历史环境中出现就引起了完全不同的结果。如果把这些发展过程中的每一个都分别加以研究，然后再把它们加以比较，我们就会很容易地找到理解这种现象的钥匙；

[①] 习近平：《决胜全面建成小康社会 夺取新时代中国特色社会主义伟大胜利——在中国共产党第十九次全国代表大会上的报告》，人民出版社 2017 年版，第 50 页。

但是，使用一般历史哲学理论这一把万能钥匙，那是永远达不到这种目的的，这种历史哲学理论的最大长处就在于它是超历史的。"①这表明，以"美丽中国"建设为前提的新时代中国特色社会主义现代化建设与西方现代化在不同的历史语境中出现，会产生不同的结果。西方的现代化是以牺牲人本身的幸福为前提的，这是因为西方的现代化以追求抽象财富为目的，人本身的价值反而被贬值了。马克思认为，西方的现代化尽管酿造了以前各个时代不曾有的美酒，但是像可怕的异教徒那样，只有用被杀害者的头颅做酒杯，才能喝下甜美的酒浆。西方现代化在实现伟大文明的同时，造成了人的全面异化，即是说，人的生存与发展的环境被破坏了，人与自然之间的物质变换被破坏了，人与社会之间和人与自身之间的和谐关系被破坏了。②以"美丽中国"为基础的中国现代化扎根于中国的社会现实之中，它是中华民族近代以来历史性实践的结晶，它的核心思想、思想方式、价值理念等都是中华民族生命实践的结晶。

这意味着，以"美丽中国"为基础的中国特色现代化的核心思想是人与自然、人与社会和人与自我的和谐共生；思想方式是马克思主义的辩证思想，即是说，社会发展不能以牺牲人民的生存发展为前提，而应把社会发展与生态环境保护、人的幸福有机结合起来；价值理念是以追求人民的幸福为最高价值诉求，从而实现人的自由全面发展。正因如此，"美丽中国"的视野与境界都达到了较高的水平，它必将对人类的生存与发展、对人类新文明的创生产生极为重要的作用。

（二）"美丽中国"的制度自信

历史实践表明，"美丽中国"目标的实现，必须坚持中国共产党的领导，必须坚持马克思主义的真精神，必须走社会主义道路。中国选择中国共产党领导下的社会主义制度，是历史的选择、人民的选择，具有历史的必然性。

---

① 《马克思恩格斯全集》第19卷，人民出版社1963年版，第131页。
② 刘奔：《全球化时代的全球问题——以环境问题为例，》，《三明学院学报》2006年第一期。

马克思认为，以私有制和资本逻辑为基础的资本主义，必然导致人对自然的征服和人对人的控制，最终导致自然和人的全面异化，这是资本主义制度的本质使然。社会主义彻底扬弃资本主义，实现自然和社会的和谐，为人的自由全面发展奠定制度保证，这深刻地表明，社会主义制度具有极大的优越性。从唯物史观的角度看，中国走社会主义道路，具有历史的必然性。在民族历史转向世界历史的进程中，资本主义以非人道、非和谐和非生态的方式把所有的灾难，包括人道灾难和生态灾难都转嫁到中华民族身上，使中国在民族历史转向世界历史的资本主义时代，遭受了令人难以想象的灾难。正是在这种灾难困苦中，中华民族以大无畏的革命精神和坚强的革命斗志，在同一切帝国主义和反动派的坚强斗争中孕育和锻炼出了无产阶级及其先锋队——中国共产党，从而为社会主义制度的建立奠定了坚实的基础。所以，中国的社会主义革命、社会主义建设以及改革开放，是真正的世界历史事件。这深刻地表明，中国只有走社会主义道路，才能把握世界历史的机遇，才能以人道的、和谐的、生态的方式实现自己的历史使命，才能实现"美丽中国"的目标，才能避免资本主义给中华民族带来灾难。①这也深刻地表明，社会主义制度是实现"美丽中国"的坚实根基，这是由中华民族历史性实践和世界历史的境遇以及资本主义发展自身所无法克服的矛盾所决定的。

更为重要的是，"美丽中国"的制度根基还体现为中国特色社会主义进入新时代。马克思认为，真理探讨本身应当是合乎真理的，合乎真理的探讨就是扩展了的真理，真理探讨的方式应当随着对象的改变而改变。中国特色社会主义进入新时代，这深刻地表明，中国社会走向更加现代的进程，社会主义实践也进入一个从未有过的新境界。很显然，当代中国特色社会主义进入全新的视域，社会主义正在经历的这个前所未有的新变化意味着，新时代中国特色社会主义这一新型社会主义的生命力显现出强大的生命力，它将经历波澜壮阔的成长过程。从这个意义上

---

① 刘奔：《刘奔文集》，中国社会科学出版社 2008 年版，第 27 页。

说，它充满生命的活力和强大的历史使命感，通过自己的成长获得一个有希望的未来，它不仅使未来中国成为"美丽中国"，而且为未来世界成为美丽世界贡献自己的智慧。① 习近平新时代中国特色社会主义思想是新时代中国特色社会主义伟大实践的理论指南。这就深刻地启示我们，深刻领悟和践行习近平新时代中国特色社会主义思想，用这一马克思主义理论中国化的最新成果指导当代中国特色社会主义的新实践，概括和提炼这一伟大实践的中国经验和中国智慧，从而为当代中国的"美丽中国"建设提供更加坚实的实践与理论根基。6

（三）"美丽中国"的历史逻辑

罗马非一日建成的，"美丽中国"思想的提出是现实历史发展的内在逻辑。党的十六大提出生态环境和资源保护是全面建成小康社会的基础，昭示着我国生态文明建设的新进程。党的十七大进一步明确了生态文明建设与全面建成小康社会的内在关系。党的十八大强调把生态文明建设放在突出地位，努力建设"美丽中国"，实现中华民族永续发展。"美丽中国"思想的提出，不仅表征着生态文明建设进入新境界，更为重要的是，中国特色社会主义现代化建设进入新时代，对中国特色社会主义本质的认识发生了质的飞跃。

党的十八大以来，习近平总书记站在现实与历史的高度，为"美丽中国"建设提出了一系列新思想、新观点、新思想，从而把中国特色社会主义现代化建设推向新的征程。事实上，早在浙江主政期间，习近平总书记就对生态文明、生态文化、生态价值、生态社会、生态意识等问题提出创新性的新观点，这可以说是"美丽中国"思想的先声。值得我们思考的是，习近平总书记立足于中国特色社会主义现代化和全球视野，从总体全局审视生态文明建设的重要性。在习近平总书记看来，当今世界都在追求的西方式的现代化是不能实现的，它是人类的苦难；西方工业文明建立在一部分人对另一部分人的控制和宰制的基础上，最终

---

① 郑杭生：《当代中国社会转型的实质：新型社会主义的成长》，《中国社会科学内刊》2007年第2期。

导致人类文明的崩溃。①更为重要的是,"美丽中国"思想与实现中华民族伟大复兴的中国梦结合起来,彰显了人民幸福是"美丽中国"目标的价值意蕴。正如习近平总书记所说:"走向生态文明新时代,建设美丽中国,是实现中华民族伟大复兴的中国梦的重要内容。"②"五大发展理念"的提出,进一步丰富了"美丽中国"的内涵。

2017年,在党的十九大上,习近平总书记指出,建设生态文明是中华民族永续发展的千年大计。这表明,"美丽中国"的深刻内涵、时代特征和价值意蕴获得进一步的认识和表征,丰富了中国特色社会主义现代化建设的内在规律。很显然,从生态文明到"美丽中国"思想的提出,深刻地表明,中国特色社会主义现代化建设的内涵不断地拓展与深化,对社会主义规律的认识也不断地拓展与深化,对人类文明的贡献也不断地拓展与深化。这是唯物史观在当代中国发展与创新的结晶,是中国特色社会主义四个自信的彰显。

二 "美丽中国"的强大支撑

"美丽中国"扎根于历史与实践之中,实现"美丽中国"具有深厚的思想、文化和实践底蕴,这也是实现"美丽中国"的强大动力支撑和根本保证。

(一)术语创新是"美丽中国"思想的直接现实

哲学家海德格尔说过,语言是存在之家。马克思指出:"语言是思想的直接现实。"③语言是思想的生命表现的要素,是感性的自然界。"感性的自然界"就是"自然界的社会现实"。某个时代的话语,是该时代思想的记录仪;语言的变化就是思想的变化。列宁强调,术语是人类认识之网上的纽结。这表明,术语创新本身就是思想创新的表现,表达了一个时代最真实的社会现实。社会现实生活的重大变革,导致术语也会发生重大的变革。术语是理论发展的阶梯和表征,每一新术语的出现,

---

① 习近平:《之江新语》,浙江人民出版社2007年版,第118页。
② 习近平:《携手共建生态良好的地球美好家园》,《光明日报》2013年7月21日。
③ 《马克思恩格斯全集》第3卷,人民出版社1960年版,第525页。

都表征着理论认识和创新向前推进，表征着该时代的思想高度。理论认识体系的创新，从某种程度上说，依赖于术语的创新。①"美丽中国"作为习近平新时代中国特色社会主义思想的直接社会现实，深刻地表征了当代中国的社会现实，是时代精神精华的重要表征。

我们认为，对"美丽中国"进行术语创新应该立足于以下三个方面。

第一，习近平新时代中国特色社会主义思想对我国新时代社会发展的各种重大问题作出了创新性的回答，是中国特色社会主义新时代伟大实践的理论指南。毫无疑问，我们无论是在观念上，还是在社会现实中，都面临着制约"美丽中国"目标实现的关键性因素，这就需要我们运用习近平新时代中国特色社会主义思想的智慧，敢于解决矛盾，突破体制机制以及利益障碍，下大功夫研究，真正搞懂"美丽中国"的思想内涵，使"美丽中国"具有实质性内容的创新话语体系，成为唯物史观中国化的核心话语体系。我们应避免在研究中就话语论话语，把话语变成无实质性内容的躯壳。

"美丽中国"体现了唯物史观的创新精神，话语内涵非常丰富；如果我们不能结合新时代的伟大实践，揭示它的话语革命中蕴含的思想创新，就会出现"肌无力"的状况。正如习近平总书记所说："如果不能及时研究、提出、运用新思想、新理念、新办法，理论就会苍白无力，哲学社会科学就会'肌无力'。"②关键的问题是，我们在研究"美丽中国"思想时，不仅要强调中国方案、中国智慧，而且还要根据人类历史发展规律、人类文明发展规律研究"美丽中国"的必然性以及世界历史意义。要言之，把"美丽中国"的话语体系提升到社会主义发展规律和人类社会发展规律的高度，提升"美丽中国"话语体系的人文逻辑和科学逻辑的有机统一。

第三，"美丽中国"是具有实质性内容的新概念，这一新思想的提出，将引领唯物史观的创新与发展。马克思说，理论只要彻底，就能说

---

① 丰子义：《从话语体系建设看马克思主义哲学创新》，《哲学研究》2017年第7期。
② 习近平：《在哲学社会科学工作座谈会上的讲话》，《人民日报》2016年5月19日。

服人。所谓彻底,就是要抓住事物的根本。这就意味着,在对"美丽中国"思想的研究中,应注重这一理论的彻底性研究,也就是说,注重对"美丽中国"的前提性、实质性、辩证性、逻辑性、人民性进行整体性研究,从而使"美丽中国"成为彻底性的理论,真正被人民群众所掌握。也就是说,"美丽中国"只有成为彻底性的话语体系,才能成为强大的精神力量和物质力量的内在统一体,从而使广大人民群众在思想和行动上践行。

(二)文化精神是"美丽中国"的思想基因

正确地理解"美丽中国"的真实内涵,是不能对中国的文化传统置之不理的,正如海德格尔所精辟地指出的,一切本质的和伟大的东西都是从"人有个家并且在一个传统中生了根"中产生出来的。要言之,"美丽中国"建设不仅是生态文明建设问题,而且是文化建设问题,文化传统是"美丽中国"的深厚底蕴。

中国的文化精神是"感性生命的精神"。中国的文化一开始就把社会存在与自然存在统一在一起。在中国文化视域中,"天"之观念也是社会之观念。所以,天变就是人世之变。天道与人道内在统一。"天视自我民视,天听自我民听"便是天道与人道内在统一的表征。"君子之于物也,爱之而弗仁;于民也,仁之而弗亲。亲亲而仁民,仁民而爱物"(《孟子·公孙丑上》),生动地诠释了中国文化精神的内涵。西方文化精神是"理性规范的精神"。事实上,古希腊哲学思想从其开端就确认了一个与人无关的宇宙,并试图对宇宙进行逻辑的理解,后来逐渐形成柏拉图的超感性的理念世界,即是说,在欧洲文化的渊源处就形成社会存在与自然存在的分离。① 西方经过一千五百多年的基督教文明,形成"原子式的个人",资产阶级文明由此形成。应该说,资产阶级文明(现代文明)是西方文化精神的产物,资本便是资产阶级文明的中枢和核心。这意味着,西方文化精神一开始就孕育着人与自然和人与社会的对立,从近代资产阶级文明形成发展到今天,这种对立和矛盾已经发展

---

① 王德峰:《简论中国文化精神及其在当代复兴的可能性》,《哲学研究》2005年第5期。

到要么这种文明崩溃（人类与此同归于尽），要么被人类新文明替代的程度。

事实上，"美丽中国"建设不能以西方文化精神为基础，只能以中国的文化精神为前提，也就是说，中国的文化精神决定着中国的发展只能走与西方不同的道路，"美丽中国"建设就是中国道路的本质体现。帕森斯说："如果像人们经常设想的那样，对环境不加限制就足以引起一个现代资本主义的发展，那么肯定远在近代以前，现代资本主义就在中国产生了。"①很显然，"美丽中国"是在与西方文化完全不同的语境下提出来的，它必定蕴含着中国文化精神，并且随着时代的发展而自我发展与创新。这意味着，以"美丽中国"建设为前提的中国特色社会主义现代化建设，不可能延续西方现代化之路；它在扬弃西方现代化道路的过程中会逐渐终结以人与自然和人与社会对立为核心的现代文明，从而开启新文明。

（三）实践优先、开放创造是"美丽中国"实现的根本保证

一方面，生活实践的观点是唯物史观的首要观点，彻底扬弃从原则和教条出发，把"实践优先、开放创造"作为理论创新之前提，从而从根本上实现实践和理论的双重解放，这是马克思实践观的本质内涵。"实践优先"和"开放创造"，使唯物史观达到实践自信和理论自信。之所以"实践优先、开放创造"成为唯物史观独自具有的理论品格，是因为追求人类幸福和献身无产阶级以及人类自由解放的坚定信念和价值指向。在马克思看来，人类追求幸福的实践活动具有超越一切的重要性，理论只有服务于这种实践，创造性地为其提供理论支撑和动力，才能表征自己的价值。②

另一方面，马克思的实践观既是现实的，又是超越的，马克思的实践观具有历史性的丰富意蕴。马克思的实践观不断地深入过去、当下和未来，从而解答人类面临的重大问题，尤其是当代人类面临的重大命运

---

① ［美］塔尔科特·帕森斯：《社会行动的结构》，载何兆武等主编《中国印象——世界名人论中国文化》，广西师范大学出版社2001年版，第251页。

② 高清海：《思想解放与人的解放》，黑龙江教育出版社2004年版，第238页。

问题。在这个意义上,马克思的实践观既是马克思唯物史观的生存论,又是历史辩证法。实践不仅表征着现实生活世界的发展与创新,同时也表征着人类美好生活的生成。所以,"美丽中国"不仅深入中华民族的历史性实践之中,是对中华民族历史性实践的哲学总结;又彰显着中华民族未来实践的内涵。"美丽中国"建设不仅是现实的,而且是超越的,它在马克思唯物史观思想的引领下,不断地从理论与实践的统一中,深化对新时代中国特色社会主义实践的重大问题的回答。这表明,"美丽中国"是当代中国建设美丽家园,创造幸福美好生活的内在依据,发挥着实践生存论和历史辩证法的功能。

习近平总书记坚持唯物史观的创新精神,在实践中不断开拓创新,从而使"美丽中国"的思想在实践中不断地发展与创新。习近平总书记指出,要坚持实践第一的观点,来推进各项工作,要靠实践出真知。正是坚持唯物史观的创新精神,习近平总书记提出一系列新观点、新论断、新思想,极大地丰富和发展了"美丽中国"的思想内涵,成为马克思唯物史观发展与创新的典范。"正定旅游""城市生态建设""浙江经验""两山论""生态兴则文明兴""生态红线""美丽中国"都是习近平总书记坚持实践优先、开放创造,发展和创新唯物史观的结晶,体现了马克思主义理论家、思想家和政治家的实践创新精神。

三 "美丽中国"的价值意蕴

从价值意蕴考量"美丽中国"目标的实现,意味着实现人民对美好生活的需要和开启人类新文明,这正是马克思唯物史观的核心思想。

(一)"美丽中国"建设为满足人民对美好生活的需要奠定了坚实的基础

建设"美丽中国",表明中国特色社会主义进入新时代,社会基本矛盾发生了重大变化,不断满足人民对美好生活的需求,增强人民的幸福感,提升人民的生活质量和身心健康。而实现这一切,实现人与自然、人与社会和人与自我的和谐共生是前提,这也是实现中华民族伟大复兴的中国梦和全面建成社会主义现代化强国的应有之义。

社会现实生活的历史唯物主义向度

向美好生活回归,满足人民对美好生活的需要,既是马克思创立唯物史观的理论旨趣,也是当代中国唯物史观发展的思想皈依。马克思在对资本主义的批判和超越中发现了美好生活的思想基础,在这一思想基础上,马克思唯物史观的鲜明的本质精神得以体现出来。《共产党宣言》提出过一个重要的核心命题,即是说,资产阶级社会是人类社会最后一个对抗社会,以"每个人的自由发展"为基础的联合体将代替存在阶级和阶级对立的资产阶级社会。值得我们思考的是,19世纪末,意大利的卡内帕请求恩格斯为即将出版的《新纪元》周刊题词,概括马克思主义的核心思想,恩格斯经过反复考量和周密思考后认为,就表述未来社会新纪元的核心思想和表达马克思历史唯物主义的核心思想而言,除了上述命题再也找不出合适的了。"每个人的自由发展"就是满足人民对美好生活的需要。"美丽中国"建设是唯物史观的核心思想,是马克思"每个人的自由发展"思想在当代中国的实践,它体现在当代中国的"实际生活过程"和社会现实生活之中。

在马克思唯物史观的思想中,当下的社会现实以及人民生活的异化与科学共产主义的现实生活以及人民对美好生活的需要相互交织;在科学共产主义现实生活以及实现人民对美好生活的需要的思想指引下,马克思在对当下的社会现实以及人民生活异化的批判中,发挥了唯物史观的理论与实践功能。马克思唯物史观视域下的人民对美好生活的需要是感性、现实和实践的,它体现在人们的生产方式、生活方式和价值理念以及所构成的一切社会生产关系的深刻变革之中。一言以蔽之,马克思唯物史观是在现实与理想的辩证张力中,批判资本主义现代文明导致的人与自然、人与社会和人与自我的异化关系中,生成人与自然、人与社会和人与自我的和谐共生,满足人民对美好生活的需要。

从唯物史观的思想旨趣来说,习近平新时代中国特色社会主义思想把人民对美好生活的需求融入对社会历史发展规律的探索过程。如果没有"美丽中国"的基本境遇,唯物史观在当代中国的发展与创新就只能停留在形式上和表面上,无法真正实现理论与实践内涵的有机统一。所以,对于"美丽中国"思想内涵的认识以及对"实现人民对美好生活的需要"的领悟，正是对习近平新时代中国特色社会主义思想对于"美丽中国"深刻内涵的领悟。

毋庸置疑，马克思唯物史观立足于现实的人、感性的自然界和交往社会的内在关系，阐明唯物史观的思想创新，实现"美丽中国"以及满足人民对美好生活的需要本身就是唯物史观创新的应有之义。对于满足人民对美好生活的需要的现实前提，唯物史观依据当下的社会现实生活以及社会历史规律的发展，揭示实现"美丽中国"是满足人民对美好生活需要的现实和逻辑前提。无疑，"美丽中国"思想中蕴含的术语创新、文化传承与创新和实践优先、开放创造的哲学担当，深化了唯物史观中国化的现实与逻辑前提。正是从这个意义上说，唯物史观认为，"美丽中国"建设能够以自身的强大生命力统摄未来社会的发展，以理想性来引导和超越现实性。所以，"美丽中国"建设作为唯物史观满足人民对美好生活需要的"实践诠释学"，具有更深刻的思想意蕴和时代内涵。

(二)"美丽中国"建设促进了人类新文明的生成

"美丽中国"建设与美丽世界建设是不可分割的，美丽中国建设为美丽世界建设提供了重要启示和风向标，美丽世界正是人类新文明的核心思想。现代资产阶级文明的历史界限越来越明晰，马克思、尼采、斯宾格勒、汤因比、胡塞尔、海德格尔、德里达等伟大思想家从不同的视角指明了这一文明的历史界限。一方面是自然的界限，如果按照现代资产阶级文明发展下去，地球是无法满足资本原则和人的主体性欲望的；另一方面是社会的界限，随着这一文明的成熟，社会变得更加唯利是图，人的生活更加全面异化。以"美丽中国"建设为前提的中国特色社会主义不仅扬弃了现代资产阶级文明，而且正在开启人类新文明，从这个意义上说，"美丽中国"建设是具有世界历史意义的事件。

其一，生态危机是危及人类生存与发展的全球性问题，解决这一危机，必须超出狭隘的民族国家观，站在人类命运共同体的思想高度，形成全球责任伦理观念。习近平总书记提出的"构建人类命运共同体"和"建设地球美好家园"是人类新文明建构的根本原则和出发点，具有世界观和方法论的意义。德国哲学家康德说过:"要变得有理性和明智,这从来都不会太晚;但如果洞见出现得晚,那么要实施它在任何时候都会更加困难。"①这深刻地表明,习近平总书记站在人类生存与发展的高度,把"美丽中国"建设与"构建人类命运共同体"内在地结合起来,希望构建人类"同一个世界、同一个家园、同一个梦想"的美丽世界,这也是人类新文明的应有之义。

其二,正如前文所述,中国特色社会主义现代化道路没有走西方现代化之路,而是充分吸收西方现代化的优势,扬弃其劣势,创造性地走独特的道路,也就是社会主义道路。习近平新时代中国特色社会主义核心思想是以人与自然、人与社会和人与自我的和谐共生为内涵的。托马斯·曼曾经指出,正如一种生物可能因缺少某种化学成分或某种元素而患病一样,我们这个社会,如果缺少"席勒元素",也会衰落。同样,历史与实践证明,当代社会,如果缺少"美丽中国元素",就不可能健康地发展。这意味着,以"美丽中国"建设为前提的中国特色社会主义现代化建设不仅造福于中国人民,而且对世界人民作出了重大贡献,为人类新文明的形成提供了中国方案、中国智慧。

其三,这种新文明不是以资本逻辑和进步强制为基础,而是以自然和谐、人类和谐、人类幸福为基础,它的根本性质是社会主义的。它的深厚底蕴是吸收了中国优秀的传统文化,并创造性地实现了现代转换,成为新文明的有机组成部分。更为关键的是,这种新文明的理论与实践基础是马克思主义的发展与创新,把马克思的人的自由全面发展植入其灵魂之中。很显然,这种具有社会主义性质的新文明是人类未来的希望,正如詹姆逊所说:"如果中国的社会主义能够成功地建立一个不同于西方资本主义的选择,这毫无疑问对全球的任何一个地方都是重要的,将有深远的意义。"②

其四,"美丽中国"建设昭示的是一种力量,这种力量"明确地改

---

① [德]康德:《未来形而上学导论》,李秋零译,中国人民大学出版社2013年版,前言第2页。
② [美]詹姆逊:《詹姆逊文集》第1卷,王逢振译,中国人民大学出版社2004年版,第356—357页。

变自身的力量，那种将过去的、陌生的东西、现在的东西融为一体的力量，那种治愈创伤、弥补损失、修补破碎模型的力量"①。这种伟大力量蕴含在中华民族伟大历史性实践之中，蕴含在习近平新时代中国特色社会主义伟大实践之中。这种力量深刻地表征在超越现代资产阶级文明，生成人类新文明的路途之中。

马克思指出，历史不断前进，经过许多阶段才把陈旧的生活方式送进坟墓。但是，世界历史形式的最后一个阶段就是喜剧。以"美丽中国"建设为现实与逻辑前提的新时代中国特色社会主义伟大实践正在形成人类历史的新时代，它必将引领中国人民实现中华民族伟大复兴的中国梦，建成社会主义现代化强国，也必将对人类文明作出重大的贡献。

---

① ［德］弗里德里希·尼采:《历史的用途与滥用》，上海人民出版社2005年版，第4页。

第四章 生态文明的社会现实生活基础

第一节 马克思生态哲学的基本概念

生态哲学是马克思关注的重要理论问题之一,或者说,生态哲学是马克思历史唯物主义的应有之义。长期以来,马克思的生态哲学思想没有得到应有的重视,甚至西方一些生态学家存在对马克思的误解。他们认为,马克思只有经济理论和阶级斗争理论,缺乏生态理论。美国生态学家唐纳德·沃斯特认为:"在马克思(笔者注)身上,无法找多少对保护任何古老的自然观的关心以及环境保护的任何关注。"[①]在相当的程度上,人们忽视了马克思历史唯物主义的生态意蕴。直到20世纪60年代,自美国学者蕾切尔·卡逊的《寂静的春天》问世以来,国际学术界对马克思的生态哲学思想产生了浓厚的兴趣。这尤其表现在以莱斯、阿格尔、高兹、佩珀、格伦德曼、岩佐茂、奥康纳、福斯特等为代表的生态学马克思主义者所作的开创性研究中。20世纪90年代以来,我国学界开始关注这一问题,并取得了一定的研究成果。但总的看来,马克思

---

① [美]唐纳德·沃斯特:《自然的经济体系——生态思想史》,侯文蕙译,商务印书馆1999年版,第491页。

生态哲学思想需要进一步研究，尤其需要拓展其学术维度。

我们认为，揭示马克思生态哲学的内涵，应该在历史唯物主义理论指导下，深入研究马克思生态哲学的核心范畴及其内在关系。正是在这个意义上，本章将通过论述马克思生态哲学的三个核心范畴——异化、自然和物质代谢，以及它们在马克思生态哲学方面的基础地位，彰显马克思生态哲学的理论价值与实践价值。

一 人的异化与自然的异化

异化理论是贯穿马克思一生哲学思考的基本理论，这一理论在马克思哲学中拥有基础性的、根本性的地位和作用。① 但人们更多关注的是人的异化，而对自然的异化没有给予应有的重视，正如有的学者所指出的："如果我们要想在过去几十年所发表的'官方'马克思主义著作中去寻找马克思的异化概念，那将是徒劳的。马克思历史哲学的这个极为重要的范畴，甚至在总结马克思历史哲学体系的大量历史唯物主义教科书中都根本没有被提到。"② 事实上，马克思的异化理论，蕴含着丰富的生态意蕴，换言之，异化不仅是马克思历史哲学的重要范畴，也是马克思生态哲学的重要范畴。何以言之呢？

在社会关系层面，异化主要涉及人与人之间的关系，也就是说，人与人之间本该是平等的、真情的、互信的关系；而在资本主义条件下，却成了占有的、剥削的、猜疑的"异化"关系。而在生态哲学的层面，异化主要涉及人与自然的关系，换言之，异化谈论的是"异化的自然"或"自然的异化"。在《1844年经济学哲学手稿》中，马克思这样写道："异化劳动从人那里夺走了他的无机的身体即自然界。""异化劳动使人自己的身体，同样使在他之外的自然界，使他的精神本质，他的人的本质同人相异化。"③ 也就是说，人是自然界的重要组成部分，"自然界就它自身不是人的身体而言，是人的无机身体"，人与自然界应该和谐

---

① 俞吾金：《再论异化理论在马克思哲学中的地位和作用》，《哲学研究》2009年第12期。
② 陆梅林：《异化问题》（上册），文化艺术出版社1986年版，第378页。
③ 《马克思恩格斯全集》第3卷，人民出版社2002年版，第274页。

相处，但异化劳动却把人与自然界疏离，从而导致人与自然界"异化"。事实上，在马克思看来，人与人之间的关系和人与自然界之间的关系是内在统一的。所以，马克思说："在这种自然的、类的关系中，人同自然界的关系直接就是人和人之间的关系，而人和人之间的关系直接就是人同自然界的关系，就是它自己的自然规定。"① 但在资本主义条件下，人与人之间的社会关系和人与自然界之间的"生态"关系，却失去了原初的关系，变成了异化的关系。换言之，人与人之间的社会关系异化必然导致人与自然界之间的生态关系异化。

那么，在马克思那里，"自然的异化"或"异化的自然"究竟是指什么呢？无疑，在马克思所处的时代，生态问题还没有上升为那个时代的根本问题，但马克思的思想已经蕴含着丰富的生态哲学思想。因为，马克思考察的出发点不是一般的人类社会，而是资本主义这种特殊的社会形态。② 在资本主义社会中，异化是贯穿始终的。也就是说，异化与资本主义社会是同一个硬币的两个面，彼此紧密地联系在一起。由此可见，马克思通过异化这个哲学范畴揭示它的生态意蕴是为了揭示资本主义制度的"内在秘密"，从而为人类的全面解放铺平道路。正是在这个意义上，马克思揭示了异化的生态内涵。

其一，人的生活世界的异化。人本应在劳动的创造中幸福、快乐地生活，但人的生活严重地被异化，人失去人的内在生活，变成动物式的生活。正如马克思所说："人（工人）只有在运用自己的动物机能——吃、喝、生殖，至多还有居住、修饰等等——的时候，才觉得自己在自由活动，而在运用人的机能时，觉得自己只不过是动物。动物的东西成为人的东西，而人的东西成为动物的东西。"③

其二，自然环境的异化。在资本主义条件下，人们生存的自然环境被严重异化，人们吃的、喝的、用的，甚至呼吸的空气无不被严重地污染。在马克思看来："一旦这条河归工业支配，一旦它被染料和其他废

---

① ［德］卡尔·马克思:《1844 年经济学哲学手稿》，人民出版社 2000 年版，第 56 页。
② 《马克思恩格斯全集》第 42 卷，人民出版社 1979 年版，第 97 页。
③ ［德］卡尔·马克思:《1844 年经济学哲学手稿》，人民出版社 2000 年版，第 55 页。

料污染，河里有轮船行驶，一旦河水被引入只要把肥水排除出去就能使鱼失去生存环境的水渠，这条河的水就不再是鱼的'本质'了，它已经成为不适合鱼生存的环境。"①这表明，在资本主义工业化中，环境的污染已经严重地威胁了人类的生存与发展。

其三，人对自然感情的异化。异化劳动是一种强制性的劳动，人们像逃避瘟疫一样逃避它，因为异化劳动是人的本质的缺失、肉体的痛苦和精神的摧残。在这种情况下，人对大自然的感情也发生了异化，换言之，在异化的感情中，即使面对秀美的自然风光和可爱的生灵，处于绝望和沮丧中的劳动者也是绝对不会赏析的。马克思敏锐地指出，一个忧心忡忡的人面对再美的景色也会无动于衷。异化是对人的本质力量对象化的否定，是对人与自然关系的极大疏离，是对人的美感的压抑。②

其四，自我与自然的互惠关系瓦解。在资本主义条件下，我们只剩下毫无意义的世界。自然只不过是可以随我们的意愿而任意改变的东西，文明也不过是一台大型整容手术。因此，自然不再是人类的身体，人与自然决裂。马克思认为，在资本主义制度下，我们的身体感觉都已经"商品化"，身体已经转变成了近乎抽象的生产工具，它无法体味自己的感情生活。③

需要我们进一步思考的是，人的异化和自然的异化是资本主义制度导致的，也就是说，资本逻辑必然导致人的异化和自然的异化。马克思在《资本论》中写道："资本主义生产方式按照它的矛盾的、对立的性质，还把浪费工人的生命和健康、压低工人的生存条件本身，看作不变资本使用上的节约，从而看作提高利润率的手段。"④值得注意的是，马克思在这里提到了资本主义所导致的环境污染及其对工人生命、健康的摧残。遗憾的是，直到今天，人们仍然没有认识到马克思的远见卓识和

---

① 《马克思恩格斯全集》第42卷，人民出版社1979年版，第369页。
② 《马克思恩格斯全集》第42卷，人民出版社1979年版，第369页。
③ 解保军:《马克思恩格斯对资本主义的生态批判及其意义》，《马克思主义研究》2006年第8期。
④ [英]特里·伊格尔顿:《马克思为什么是对的》，新星出版社2011年版，第227页。

超凡的理论洞察力。对于我们这个时代所面临的严重的生态危机,人们提出了各种具体的解决方案,但大多是治标不治本,更多的是乌托邦式的幻想。因为,不触动资本主义制度,认为通过各种技术手段可以消除生态危机,这是天真的想象。人与人关系的异化和人与自然关系的异化是资本主义的毒瘤,不从根本上切除它,人与人的和谐和人与自然的和谐是不会实现的。正如福斯特所指出的:"核心问题在于资本主义的生产方式与自然之间的逻辑关系。""只有全面发掘社会主义者关于生态问题的理论遗产,才能够对当今社会作出生态学和唯物主义的分析,从而彻底解决我们所面临的生态环境问题。"①

更为重要的是,马克思不是通过抽象的说教,而是付诸革命的实践解决人类面临的"人与人的异化"和"人与自然的异化"问题。在马克思看来,只有超越资本主义,走向共产主义,"人与人的异化"和"人与自然的异化"才能真正解决,生态危机才能真正消除。马克思说:"共产主义是对私有财产即人的自我异化的积极的扬弃,因而是通过人并且为了人而对人的本质的真正的占有;因而,它是人向自身、向社会的(即人的)人的复归,这种复归是完全的、自觉的而且保存了以往发展的全部财富的。这种共产主义,作为完成了的自然主义,等于人道主义,而作为完成了的人道主义,等于自然主义。"②在这里,人道主义与自然主义的一致,就是人与自然的和谐,也就意味着人与自然异化的真正消除。

由此可见,马克思异化理论的生态意蕴正在于批判资本主义社会中所产生的"自然的异化",从而揭示出"自然异化"的内涵及解决的途径,凸显马克思生态哲学的本质属性。正确理解马克思异化理论的生态意蕴,有助于我们解决所面临的环境污染、生态危机、资源短缺等问题。

---

① [美]约翰·B.福斯特、刘仁胜:《历史视野中的马克思的生态学》,第102页。
② [德]卡尔·马克思:《1844年经济学哲学手稿》,人民出版社2000年,第81期。

二 自在自然与人化自然

如果说马克思异化理论的生态意蕴是从"反面"阐明马克思生态哲学思想，那么，从实践的维度阐明自然的生态意蕴则是马克思生态哲学的另一路径，而这正是我们在下面所要论证的问题。

马克思的自然观包括自在自然和实践基础上的"人化自然"。自在自然包括两个方面：一是人类产生之前的自然界；二是人的实践活动未触及和未受人的实践活动影响的自然界。马克思在承认自然界的先在性的同时，把思考的重点放在实践基础上的"人化自然"。因为马克思始终关注人类的现实生活世界，不是从抽象、脱离人的实践看问题，而是从人类的实践观点看问题，这也是马克思历史唯物主义理论的出发点。

马克思认为，不应该从抽象的自然观出发来考察自然界，恰恰相反，应该从具体的、历史的自然观出发来考察自然界。所以马克思说："先于人类历史而存在的自然界，不是费尔巴哈在其中生活的那个自然界，也不是那个除去在澳洲新出现的一些珊瑚岛以外今天在任何地方都不再存在的、因而对于费尔巴哈来说也是不存在的自然界。"[①] 马克思进一步写道："周围的感性世界决不是某种开天辟地以来就已存在的、始终如一的东西，而是工业和社会状况的产物，是历史的产物，是世世代代活动的结果。"[②] 在这里，值得注意的是，尽管马克思承认先于人类历史而存在的自然界，但他真正关心的是人类实践活动所触及的自然界。事实上，我们周围的世界是感性的世界，所谓感性的世界，是人类实践活动改造的自然界，它被人类赋予具体的、历史的文化内涵。

应该看到，当代西方的一些学者已经深入地思考了马克思的实践基础上的"人化自然"。在卢卡奇看来，马克思给人与自然的关系引进了全新的理解。施密特指出，从一开始把马克思的自然概念同其他种种自然观区别开来，反映了马克思自然概念的社会历史性质。波普尔也指

---

① 《马克思恩格斯全集》第3卷，人民出版社1960年版，第50页。
② 《马克思恩格斯全集》第3卷，人民出版社1960年版，第48页。

出，事实本身没有意义，只有通过我们的决断，才能获得意义。就自然界本身来说，自然界是没有意义的，自然界只有依靠我们的决断才有意义。哈贝马斯在谈到马克思的自然观时，也有一段重要的论述："作为人的主观自然和作为人的周围环境的客观自然，自在自然始终是社会劳动系统的组成部分，它被分解为同一个'物质变换过程'的两种要素。从认识论上说，虽然我们必须把自然界设想为一种自在的存在物。然而，但我们只有在劳动过程所揭示的历史范围内才能认识自然界；在劳动过程所揭示的历史范围内，人的主观自然和构成人的世界的基础和周围环境的客观自然界是联系在一起的。自此，'自在的自然界'是我们必须加以考虑的一个抽象物。但是，我们始终只是在人类历史形成过程的视野中看待自然界的。"①

所有这些见解都表明，马克思的自然观是实践基础上的人化自然观，马克思的自然观与以往一切旧哲学（无论是唯物主义还是唯心主义）的抽象自然观的根本差异在于：马克思的自然观始终是实践基础上的人化自然观，马克思从不脱离人的实践活动谈论自然，而是具体地、历史地谈论自然。在马克思看来，脱离人的自然对人来说是毫无意义的。所以，马克思指出："我们开始要谈的前提并不是任意想出的，它们不是教条，而是一些现实的个人，是他们的活动和他们的物质生活条件，包括他们得到的现成的和由他们自己的活动所创造出来的物质生活条件。"② 这里，马克思指出，现实的前提不是想象，不是抽象，不是教条；而是现实的个人在他们所处的物质条件下创造的。现实的前提是历史唯物主义理论的重要体现，也是我们解释马克思自然生态意蕴的钥匙。

应该指出的是，无论是当代西方的生态中心主义者还是真正的社会主义者都未能正确理解马克思的人化自然观，因而，他们不可能对当代生态问题提出真正的真知灼见。绿色运动提出的"回到自然"的"自

---

① [德]尤尔根·哈贝马斯：《认识与兴趣》，郭官义、李黎译，学林出版社1999年版，第29页。
② 《马克思恩格斯全集》第3卷，人民出版社1960年版，第23页。

然"实际上是指马克思所说的"自在自然",而"回到自然"就是让人类回到洪荒远古时代的食物链结构,为了让人类与动物和植物处于平等的竞争地位,从而重新建立某些空想的生物伦理和环境伦理秩序的"自在自然"。这是生态中心主义的本质。众所周知,生物伦理和环境伦理只有人类才能提出,离开了人类这个主体,自然界的一切都失去了存在的意义。真正的社会主义认为,人类与万物共同来源于自然界并且有共同的物质基础,所以,人类与自然万物处于平等的地位。马克思认为,人类与动物之间有重大区别,因为动物只生产自身,而人再生产整个自然界。[①] 极端人类中心主义认为,只有人类有价值,自然界没有价值;为了人类的利益,人类可以任意地、无限制地从自然界中获得自己的资源,可以任意主宰或统治自然界。我们认为,应该倡导新的人类中心主义,其内涵是:既要考虑人类的利益,又要考虑自然界的内在价值,也就是说,要尊重自然界的生态内在平衡。换言之,坚持人类的利益应以尊重自然界的生态平衡为前提,从而实现人类与自然界的和谐共生。

显而易见,真正解决当代生态问题,必须深入马克思生态哲学之中。必须深入历史唯物主义理论之中。在马克思看来,人与自然的关系不是理论问题,而是实践问题,人与自然的关系是实践基础上的本质关系。因此,自然的生态意蕴包含以下几种:第一,实践是人与自然界联系的中介,脱离人的自然界和脱离自然界的人都是不可想象的;第二,人与自然界相互作用、相互贯通、相互制约,彼此保持内在的张力;第三,人与自然界的关系不是静态的,而是动态的,这种关系是辩证的,是一个整体系统的辩证发展;第四,在实践基础上,实际地改变自然的状况和人的状况,实现人与自然的和谐。

进一步思考,我们看到马克思的生态哲学思想与历史唯物主义理论的内在关联性,换言之,马克思生态哲学本身就是历史唯物主义的应有之义。在《1857—1858年经济学手稿》中,马克思提出了著名的"三大社会形态"理论,"人的依赖关系(起初完全是自然发生的),是最初

---

① 《马克思恩格斯全集》第42卷,人民出版社1979年版,第97页。

的社会形态，在这种形态下，人的生产能力只是在狭窄的范围内和孤立的地点上发展着。以物的依赖性为基础的人的独立性，是第二大形态，在这种形态下，才形成普遍的社会物质交往、全面的关系、多方面的需求以及全面的能力的体系。建立在个人全面发展和他们共同的社会生产能力成为他们的社会财富这一基础上的自由个性，是第三个阶段。第二阶段为第三个阶段创造条件"。① 马克思这段重要的论述具有以下四层含义。

其一，当人类历史处于第一大社会形态，即"人的依赖性关系的社会形态"时，人类还没有获得独立性、自主性，人对自然界还处于依赖状态。所以，在马克思看来，人们与自然界的狭隘关系制约着人与人之间的狭隘关系，而人与人之间的狭隘关系也制约着人类与自然界的狭隘关系。因而，在这个阶段，人与自然界保持着"狭隘"的平衡关系。

其二，当人类历史发展进入第二大社会形态，即"物的依赖性为基础的社会形态"时，人获得独立性和自主性，人不再从属于、依赖于自然界，而是对自然界进行征服和改造，从而使自然界到处打上人的实践活动的烙印。"与这个社会阶段相比，以前的一切社会阶段都只表现为人类的地方性发展和对自然的崇拜。只有在资本主义制度下自然界才不过是人的对象，不过是有用物。"②

其三，正是由于人的独立性、自主性和创造性，人在获得征服、改造自然能力的同时，也严重破坏了自然界的生态平衡，从而导致环境污染、生态危机和资源短缺问题。人类在获得自己独立性、创造性的同时，也给自己套上了威胁自己生存与发展的枷锁。人类赖以生存的自然界遭到了严重的破坏，而自然界反过来报复我们。地震、海啸和传染病等自然灾害无不与自然界生态的严重失衡有重大且密切的关系。

其四，当人类历史发展到第三阶段，即以"建立在个人全面发展和他们共同的社会生产能力成为他们的社会财富这一基础上的自由个性"

---

① 刘仁胜：《马克思关于人与自然和谐发展的生态学论述》，《教学与研究》2006年第6期。
② 《马克思恩格斯全集》第46卷（上册），人民出版社1979年版，第393页。

为特征的社会形态时，也就是人们通常说的共产主义社会，人类的能力获得全面发展，人与人的矛盾和人与自然的矛盾得到真正的解决，人与自然界的生态和谐才能真正实现。

从上面的论述可以看出，马克思不是超越一切历史条件，以抽象的方式来谈论自然问题的，而是始终把这一问题放在特定的社会历史条件下考察。马克思的划时代贡献在于，他不是以静态的、非历史的、非生态的观点来考察自然，而是以实践的、历史的和生态的视野来考察自然，所以，马克思的生态哲学真正切入了我们这个时代的现实。

那么，今天我们人类面临的威胁是什么呢？答案是，一是军事的，二是环境的。随着各国为了争夺稀缺资源而陷入武装冲突，这两者今后将会越走越近。因为，资本主义扩张、竞争和剥削的逻辑聚集在民族—国家这个体系中，从长远或短期来看，是不稳定的。资本主义无论什么时候都是世界和平的最大威胁。解决这些问题，不能忽视马克思主义的真知灼见。①"在小小的星球上，生命的活动是有限度的，我们如何去了解这些限度并依此行事，对今天的亿万人民来说，已成为极为关注的核心道德问题。"②因此，正确理解马克思的生态哲学思想对我们今天尤其有重要的现实意义。

三 新陈代谢与新陈代谢断裂

在马克思生态哲学中，新陈代谢是一个极为重要的概念，也是一个长期以来被忽视的概念。众所周知，新陈代谢概念不是马克思首次提出的，但正是马克思赋予新陈代谢理论生态意蕴，从而使它成为马克思生态哲学中的基础性、核心性概念。当代美国著名学者福斯特敏锐地指出："马克思在两个意义上使用这个概念，一是指自然和社会之间通过劳动而进行的实际的新陈代谢相互作用；二是在广义上使用这个词汇，用来描述一系列已经形成的但是在资本主义条件下总是被异化地再生产

---

① 《马克思恩格斯全集》第42卷，人民出版社1979年版，第120页。
② ［英］特里·伊格尔顿：《马克思为什么是对的》，新星出版社2011年版，第232页。

出来的复杂的、动态的、相互依赖的需求和关系，以及由此而引起的人类自由问题——所有这一切都可以被看作与人类和自然之间的新陈代谢联系，而这种新陈代谢是通过人类具体的劳动组织形式而表现出来的。这样，新陈代谢概念既有特定的生态意义，也有广泛的社会意义。"① 这段重要的论述表明，马克思的新陈代谢概念，不仅具有重要的社会意义，而且具有重要的生态意义，马克思要把新陈代谢的生态意义与社会意义紧密地联系在一起。

马克思认为，新陈代谢是以劳动为媒介形成的人与自然的环境关系，也就是说，劳动是促成人和自然间的物质变换的活动。在《资本论》中，马克思这样写道："劳动首先是人和自然之间的过程，是以人自身的活动来中介、调整和控制人和自然之间的物质变换的过程。人自身作为一种自然力与自然物质相对立。为了在对自身生活有用的形式上占有自然物质，人就使他身上的自然力——臂和腿、头和手运动起来。当他通过这种运动作用于他身外的自然并改变自然时，也就同时改变他自身的自然。劳动过程是人和自然之间的物质变换的一般条件，是人类生活的永恒的自然条件。"② 值得注意的是，在马克思看来，人与自然的关系是通过劳动体现的，劳动"是人和自然之间的物质变换的一般条件，是人类生活的永恒的自然条件"。事实上，马克思把新陈代谢这一概念，通过劳动建立人与自然相互联系的复杂的、相互依赖的过程，作为他的理论核心，从而建构他自己的生态哲学理论。如前所述，马克思通过对自然的异化或异化自然这一生态哲学范畴内涵的研究，揭示了人与自然的内在关系，新陈代谢概念为马克思提供了一个论证异化自然概念的具体方式，从而使马克思生态哲学思想进一步深化。马克思说："不是活的和活动的人同他们与自然界进行物质变换的自然无机条件之间的统一，以及他们因此对自然界的占有；而是人类存在的这些无机条件同这种活动的存在之间的分离，这种分离只是在雇佣劳动与资本的关

---

① [美] 约翰·贝拉米·福斯特：《马克思的生态学——唯物主义与自然》，高等教育出版社2006年版，第175—176页。

② [德] 卡尔·马克思：《资本论》第1卷，人民出版社2004年版，第215页。

系中才得到完全的发展。"①这表明,新陈代谢理论是马克思批判资本主义生态的重要理论。如果说,马克思通过新陈代谢概念,揭示了以劳动为中介,人类与自然之间的物质变换关系,从而使新陈代谢理论的生态意蕴显现出来;那么,马克思通过新陈代谢断裂概念,进一步对资本主义生态进行批判,对新陈代谢理论的生态意蕴进行了全面的揭示。

在马克思看来,资本主义生产方式是导致新陈代谢断裂的根本原因,也是导致生态破坏的主要原因。马克思通过自己的研究,深刻地揭示出新陈代谢断裂的本质。马克思说:"资本主义生产使它汇集在各大中心城市的人口越来越占优势,这样一来,它一方面聚集着社会的历史动力,另一方面又破坏着人和土地之间的物质交换,也就是使人以衣食形式消费掉的土地的组成部分不能回到土地,从而破坏土地持久肥力的永恒的自然条件。这样,它同时就破坏了城市工人的身体健康和农村工人的精神生活。""资本主义农业的任何进步,都不仅是掠夺劳动者的技巧的进步,而且是掠夺土地技巧进步,在一定时期内提高土地肥力的任何进步,同时也是破坏土地肥力持久源泉的进步。一个国家,例如北美合众国,越是以大工业作为自己发展的起点,这个破坏过程就越迅速。因此,资本主义生产发展了社会生产过程的技术和结合,只是由于它同时破坏了一切财富的源泉——土地和工人。"②

马克思关于新陈代谢断裂的概念是他对资本主义进行批判的核心元素,但马克思并没有停留在土壤养分的循环和城乡之间的对立关系上,他还通过现实问题来阐释代谢断裂,例如,森林砍伐问题、土地沙漠化问题、气候变化问题、森林中鹿群的消失问题、物种的商品化问题、污染问题、工业排污问题、有害物质的污染问题、循环利用问题、煤矿资源耗竭问题、疾病问题、人口过剩和物种进化问题,等等。③

马克思对资本主义制度的批判与对新陈代谢生态意蕴的揭示是结合在一起的。在19世纪四五十年代,马克思所关注的新陈代谢断裂主要

---

① [德]卡尔·马克思:《资本论》第1卷,人民出版社2004年版,第215页。
② [德]卡尔·马克思:《资本论》第1卷,人民出版社1975年版,第552—553页。
③ [德]卡尔·马克思:《资本论》第1卷,人民出版社1975年版,第552—553页。

是土壤肥力的衰竭；到了19世纪五六十年代，马克思对资本主义社会中新陈代谢断裂的关注从土壤肥力的流失扩充到整个资本主义社会是自然的异化；到了19世纪六七十年代，马克思探讨资本原则、资本逻辑对资本主义社会中新陈代谢断裂的影响。① 由此，马克思通过对资本主义的生态批判，得出结论：第一，资本主义在人类和地球的新陈代谢关系中催生出"无法修补的断裂"，而地球是大自然赋予人类的永久性生产条件；第二，这就要求新陈代谢关系的"系统性恢复"成为"社会生产的固有法则"；第三，在资本主义制度下的大规模农业和远程贸易加剧并扩展了这种新陈代谢的断裂；第四，对土壤养分的浪费反映在城市的污染和排放物上；第五，大规模的工业和机械化农业共同参与了对农业的破坏；第六，所有这一切城乡对立都是在资本主义制度下的写照；第七，理性的农业需要独立的小农业主或者联合而成的大生产商自主经营其生产活动，这在资本主义条件下是根本不可能的；第八，现状需要对人类和地球之间的新陈代谢关系进行规整，从而指向超越资本主义制度的社会主义和共产主义。② 这就深刻地启示我们，我们所面临的生态问题，绝不是仅仅靠技术、政策、法令等能解决的，因为，由于资本积累这一反社会的天性驱使，资本主义无法避免生态遭到破坏。资本主义也许会适当地保护环境，尤其是当环保科技本身就会为其从市场上带来利润的时候。资本积累使一切从属于资本自我扩张和增长的需要，但资本积累驱动力的不合理性不可避免地对生态平衡抱有敌意。③ 就此而言，应在马克思哲学和当代生态思想之间建立一个牢固的联盟；这个联盟既意味着前者直接面对并深入时代的生态课题中去，又意味着后者积极地理解并吸收马克思主义哲学的思想。只有当这样的联盟被深深地植入当代的生态意识中，才有可能从根本上开展解决当代生态问题之具有原则

---

① 陈学明：《马克思"新陈代谢"理论的生态意蕴——J.B. 福斯特对马克思生态世界观的阐述》，《中国社会科学》2010年第2期。
② [美]约翰·贝拉米·福斯特：《历史视野中的马克思的生态学》，高等教育出版社2004年版，第2页。
③ [英]特里·伊格尔顿：《马克思为什么是对的》，李杨、任文科、郑义译，新星出版社2011年版，第301页。

高度的理论与实践探索。①

从上面的论述可以看出，马克思从来不是以非历史的、抽象的方式来谈论新陈代谢理论的生态意蕴，而是始终把这一问题放在资本主义社会这一特定的历史语境中考察。马克思新陈代谢理论的生态意蕴的划时代意义在于：他揭示了人与自然之间新陈代谢协调的历史条件以及现实路径，从而为解决我们所面临的生态危机提供了理论上和实践上的指导。

综上所述，我们对马克思生态哲学的三个范畴——异化、自然和新陈代谢的生态意蕴的揭示，使马克思生态哲学的理论自觉向我们呈现出来。事实上，当代人类面临环境污染、生态危机和资源短缺这些关涉人类生存与发展的重大问题，将这些重大问题升华为马克思生态哲学的问题，并把它们凝结成马克思生态哲学的核心范畴，这是一个重大的理论课题，也是一个重大的实践课题。理论自觉与实践自觉是同一个问题的两面，这是我们应该始终坚持的研究方向。

第二节　马克思实践观的生态意蕴

马克思的生态思想是建立于其实践观之上的，也就是说，马克思的实践观是其生态思想的前提。马克思彻底扬弃哲学史上的实践观，提出"环境的改变和人的活动或自我改变的一致"的革命实践，这意味着，在实践基础上的人与自然的内在统一是马克思哲学观的核心思想；同时也是马克思生态思想的哲学前提。马克思实践观具有整体性视域、历史性纬度、辩证性意蕴、创新性特质和人文向度五大原则，这也是马克思生态思想的"硬核"。很显然，深入地思考马克思实践观的生态意蕴，

---

① 吴晓明：《马克思主义哲学与当代生态思想》，《马克思主义与现实》2010年第6期。

对于正确理解马克思的生态思想,澄清对马克思生态思想的错误认识,具有不可或缺的重要意义。

一 问题的提出

国内外理论界一直把马克思的生态思想作为研究的重点之一。学术界如何看待马克思的生态思想资源?经典马克思主义理论中是否有生态思想?学界对这两个问题存在争议。一派认为,经典马克思主义的理论只涉及社会发展中的生产力与生产关系、经济基础与上层建筑关系的内在矛盾,并没有论及资本主义条件下的生态矛盾;因此他们认为,建构当代马克思主义的生态思想只能到当代经济学、政治学和绿色运动中去寻找理论资源。另一派认为,当代全球生态危机的最根本的问题是人与自然的代谢关系断裂问题,而断裂问题早在马克思那里就提出来了;因此,挖掘马克思的生态思想,建构马克思生态思想的自然本体论成为当代生态思想之间建构的主要课题。[①]国内也有学者指出,应在马克思主义哲学与当代生态思想建立牢固的联盟,这个联盟意味着,前者直接深入时代的生态课题之中,同时又意味着后者积极地理解并吸收马克思主义哲学的思想。[②]应该说,对马克思生态思想的理解,由于学者的学科背景、知识积累与理论视角的不同,得出的结论自然也不相同。有学者认为,从马克思的经典文本无法直接找到马克思关于生态思想的论述,进而断言马克思哲学缺乏生态思想;还有学者意识到马克思具有丰富的生态思想,并在著作中阐释马克思生态思想的意蕴,这在某种程度上触及了马克思生态思想的部分真理。问题的关键在于,马克思哲学与当代生态思想究竟是什么样的关系?我们在何种意义上才能证明马克思生态思想是我们这个时代的真理与良知?

笔者认为,破解上述疑难问题,需要对马克思生态思想的哲学前提

---

① 参见何萍、骆中锋《国外生态学马克思主义的新发展》,《吉林大学社会科学学报》2015年第11期。

② 参见吴晓明《马克思主义哲学与当代生态思想》,《马克思主义与现实》2010年第6期。

进行批判。马克思生态思想是建立在其实践观基础上的,也就是说,马克思的实践观是其生态思想的前提。众所周知,马克思虽然没有直接使用"生态""生态思想"的词语,但在他的实践观中蕴含着深厚的生态意蕴。一言以蔽之,如果我们仅从马克思的只言片语或者个别结论中寻找马克思的生态思想,而不是深入马克思实践观的内在精神,从整体上揭示马克思哲学的生态意蕴,结果就会导致只见部分不见全貌、只见树木不见森林的错误结论。有鉴于此,笔者从马克思生态思想的哲学前提批判中得出结论:马克思哲学与当代生态思想是内在一致的,马克思哲学本身就是关于生态问题的哲学自觉。

二 马克思哲学观的实践品格

毫无疑问,任何有重大社会影响的思想都有其哲学前提,因而,了解和把握它们的哲学基础,是把握该思想内涵的关键。了解和把握马克思的生态思想同样如此。马克思的新哲学观中蕴含着深刻的当代生态思想,这里所说的"新哲学观"是马克思建构的,它不同于以往的任何哲学观。在马克思看来,哲学不是构建形而上学的思想王国,在思辨的概念体系中"自娱自乐",而是实现人类自由和解放的思想武器。马克思的哲学观的核心体现在"革命的实践"上,使哲学成为改造社会的重要工具。马克思的哲学观与其生态思想的一致性,凸显了马克思哲学观的重大革新,这构成了马克思生态思想的基础和前提。

众所周知,实践是思想史上的重要概念。古希腊哲学家亚里士多德最早把实践分为"制作"和"行动","制作"主要是指生产活动,"行动"是指伦理、道德行为。在亚里士多德的语境中,尽管他把生产活动也称作实践,但是,亚里士多德的实践主要指伦理、道德行为。康德受亚里士多德的启发,把实践划分为"理论理性"与"实践理性","理论理性"是"遵循自然概念的实践","实践理性"是"遵循自由概念的实践"。康德严格区分了这两类不同的实践活动,事实上,康德提出的"人为自然立法"的思想更加凸显了人的理论理性的重要性。马克思扬弃了康德的实践观,并把实践改造为"革命的实践",马克思在《关于费尔巴哈的提纲》中这样写道:"环境的改变和人的活动或自我改变的一致,只能被看作是并合理地理解为革命的实践。"① 革命的实践意味着,环境改变人,人也改变环境,而且这两者统一在革命的实践活动之中。这也意味着,人与自然的统一并不是"天然"的统一,而是在实践基础上的统一,统一本身就是社会生活,"全部社会生活在本质上是实践的。凡是把理论引向神秘主义的神秘东西,都能在人的实践中以及对这个实践的理解中得到合理的解决"②。

众所周知,马克思恩格斯首先是一个革命家,更是一个坚定的共产主义者,他们的所有理论创造活动都是为了建构一个新世界,即是说,这个"新世界"是把人与自然和人与社会的统一作为基础的"世界"。在这个新世界中,人类的任何实践活动都是在人与自然和人与社会统一的基础上进行的。所以,马克思恩格斯反复强调:"共产主义对我们来说不是应当确立的状况,不是现实应当与之相适应的理想。我们所称为共产主义的是那种消灭现存状况的现实的运动。"③ 这清晰地表明,马克思哲学不是传统的形而上学的思辨,而是改变不合理的社会现状的实践哲学。马克思恩格斯的哲学高扬革命的实践品格,马克思恩格斯都是在这一实践品格的基础上认识世界和改造世界的。马克思终其一生献身于人类的自由与解放,他所追求的是通过变革人与社会和人与自然的矛盾和对抗,建构人与社会和人与自然的内在统一,进而实现人类的自由和幸福。毋庸置疑,尽管人们强调马克思的实践是"人类能动地改造客观物质世界的活动",尽管人们反复强调马克思的实践观的重要性,但人们仍然是在旧的实践观的视域中理解马克思。

何以如此?这是因为,在马克思实践观的视域中,"革命的实践"是"人改造客观物质世界"和"客观物质世界改造人"的一致,割裂二者的辩证关系,都会退回前马克思的实践观。这意味着,革命的实践不仅创造一个新世界,而且创造一个新人类,新世界与新人类相得益彰,

---

① 《马克思恩格斯选集》第 1 卷,人民出版社 2012 年版,第 134 页。
② 《马克思恩格斯选集》第 1 卷,人民出版社 2012 年版,第 135—136 页。
③ 《马克思恩格斯文集》第 1 卷,人民出版社 2009 年版,第 539 页。

彼此相互制约，构成有机整体。随着新世界和新人类的诞生，颠倒的世界和颠倒的人类的观念才会消失。① 这就启发我们，只要人们持有旧的实践观，即使高喊解决生态问题，实际上也会成为纸上谈兵。目前，国内外理论界一部分学者坚持"马恩对立论"，比如施密特就认为："在恩格斯那里，自然和人不是被首要意义的历史的实践结合起来的，人作为自然过程的进化产物，不过是自然过程的受动的反射镜，而不是作为生产力出现的。"② 很显然，即使像施密特这样的西方马克思主义大家也会误解马克思。他们误解马克思恩格斯思想的根本原因在于，不理解马克思恩格斯的实践观，即是说，马克思恩格斯的所有实践活动都是革命的实践。也就是说，马克思恩格斯在认识世界和改造世界的过程中，都是把实践基础上的人与自然统一作为前提和基础的。

必须指出，马克思的实践观是新唯物主义的实践观，马克思的唯物主义新在把改变世界和改变人类自身的统一作为主旨，因而，马克思的唯物主义本身就蕴含着社会改造的思想，这是马克思唯物主义所独有的品格。马克思说："从前的一切唯物主义（包括费尔巴哈的唯物主义）的主要缺点是：对对象、现实、感性，只是从客体的或者直观的形式去理解，而不是把它们当作感性的人的活动，当作实践去理解，不是从主体方面去理解。"③ 这表明，马克思之前的唯物主义，包括费尔巴哈的唯物主义，只是强调改变环境，唯心主义只注意人的能动的精神，而没有把它们结合起来。应该说，黑格尔力争把人与自然的关系结合起来，他看到了唯物主义和唯心主义分割人与自然关系的局限。黑格尔说："哲学的最高目的就在于确认思想与经验的一致，并达到自觉的理性与存在于事物中的理性的和解，亦即达到理性与现实的和解。"④

马克思认为，黑格尔尽管实现了理性与现实的和解，但黑格尔的"和解"是抽象思辨的。马克思指出："在黑格尔的体系中有三个因素：

---

① 马拥军：《"马恩对立论"之根源何在》，《学术月刊》2013年第3期。
② ［德］A.施密特：《马克思的自然概念》，商务印书馆1988年版，第50页。
③ 《马克思恩格斯选集》第1卷，人民出版社2012年版，第133页。
④ ［德］黑格尔：《小逻辑》，贺麟译，商务印书馆1980年版，第42页。

斯宾诺莎的实体，费希特的自我意识以及前两个因素在黑格尔那里的必然的矛盾的统一，即绝对精神。第一个因素是形而上学地改了装的、脱离人的自然。第二个因素是形而上学地改了装的、脱离自然的精神。第三个因素是形而上学地改了装的以上两个因素的统一，即现实的人和现实的人类。"① 黑格尔把人与自然的关系统一在"绝对精神"之中，至多在精神领域"造反"，而不可能触及社会现实的矛盾。马克思颠倒了黑格尔的实践观，回到了真实的社会现实世界。马克思在《德意志意识形态》中写道："这是一些现实的个人，是他们的活动和他们的物质生活条件，包括他们已有的和由他们自己的活动创造出来的物质生活条件。"② 这里，现实的个人、现实的个人的活动和活动的物质生活条件不是外在的，而是辩证统一的，构成不可分割的有机的、鲜活的整体。

很显然，在马克思哲学的视域中，马克思的实践观为其生态思想提供了最有力的现实根基。或许，之所以说"马克思是我们同时代的人"，是因为马克思的哲学思想蕴含着解决我们这个时代问题的哲学自觉。这就深刻地提示我们，无论是浪漫主义的回归原始自然论，还是道德伦理主义的自然价值论，都未能领悟马克思革命实践的意蕴，也就无法提出解决当代生态思想问题的真知灼见，正如生态学马克思主义者福斯特所说："仅仅关注生态价值的各种做法，在更加普遍的意义上，就像哲学上的唯物主义和唯灵论，都无益于理解这些复杂的关系。"③ 质言之，理解马克思的实践观绝不是简单的事情，正如西方马克思主义者卢森堡所精辟地指出的，不是马克思的思想没有用了，而是我们的需要还没有达到运用马克思思想的高度。马克思恩格斯绝没有这样的关于人与自然脱离现实关系的形而上学观，在他们的思想认识和现实观照中，从来没有把人与自然的现实关系割裂开来，也从来没有把人与社会的辩证关系分割开来。马克思的辩证法是历史辩证法，历史辩证法从人与自然关系的

---

① 《马克思恩格斯全集》第2卷，人民出版社1957年版，第177页。
② 《马克思恩格斯选集》第1卷，人民出版社2012年版，第146页。
③ [美]约翰·贝拉米·福斯特：《马克思生态学——唯物主义与自然》，高等教育出版社2006年版，第21页。

总视域中审视一切。"只有历史的辩证法才达成了一种全新的情况。这不仅是由于在历史的辩证法中,界限本身是相对的,或说得更确切些,是在变动之中的;这不仅是由于所有那些存在的形式(它们的抽象的对应物是各种形式的绝对)都变成了过程,和被把握为具体的历史的现象,以至于绝对不是被抽象地否定,而是被把握为具有具体的历史形态,被把握为过程本身的环节。"① 马恩对立论者的论据之一就是马克思的辩证法是历史辩证法,强调历史实践的优先性;恩格斯的辩证法是自然辩证法,注重自然的自身发展规律,因而,马克思与恩格斯的思想是对立的。殊不知,恩格斯的自然辩证法的前提是历史辩证法,即是说,恩格斯是在马克思的实践观的前提之下论述自然辩证法的,所以,在恩格斯的语境中,自然不是抽象的脱离实践的纯粹自然,而仍然是实践基础上的人与自然关系的有机统一。这表明,马克思的哲学观与其生态思想乃是不可分割的内在统一体,而且只有在这种统一体中,马克思哲学观的重大变革才得以彰显出来。

三 作为生态思想前提的马克思实践观的方法论原则

正如前文所述,马克思的革命的实践奠定了生态思想的前提,马克思哲学的鲜明的实践品格,因其固有的现实维度,彰显出独特的认识世界和改造世界的方式。从方法论的视域看,马克思哲学之所以构成其生态思想的前提,主要是因为马克思哲学的"总问题":不是为现实作辩护,而是在批判旧世界中建构新世界。一般认为,马克思哲学是批判的理论,这样认识马克思哲学不全面,马克思哲学不仅是批判理论,而且是社会建设理论。事实上,马克思哲学的批判性与建设性始终交织在一起,始终保持内在的张力。这是因为,马克思哲学不是抽象的思辨哲学,而是变革世界的实践哲学。因此,马克思一针见血地告诫我们,不消灭哲学,就不能改造现实;不改造现实,就不能消灭哲学,这正表明

---

① [匈]格奥尔格·卢卡奇:《历史与阶级意识》,杜章智、任立、燕宏远译,商务印书馆2009年版,第287页。

马克思哲学的实践品格。

　　进一步说，马克思的实践观坚持的是整体性视域、历史性维度、辩证性意蕴、创新性特质和人文向度的原则，这些原则同样是马克思生态思想的"硬核"。要言之，马克思哲学对生态思想的思考，始终建立在这五大原则基础上。正因如此，马克思哲学不仅具有当下的现实性，而且具有超越当下的理想性，这意味着，马克思哲学是具有远见，马克思哲学不仅属于我们这个时代，而且超越我们这个时代。很显然，今天，我们与马克思生活的时代相比，发生了翻天覆地的变化。在马克思的生活的时代，生态问题并没有凸显出来；今天，生态问题成为重大社会问题之一。毋庸置疑，解决当代的生态危机，马克思的哲学思想是我们的宝贵"利器"。问题的核心在于，不是寻找马克思关于生态思想的只言片语，或者是个别现成的答案，而应深入领悟马克思的哲学观的内涵，像马克思那样思考和解决问题。所以，我们要了解和把握马克思的生态思想，必须从马克思的实践观出发，全面考察其特征和意蕴。

　　第一，马克思实践观的整体性视域。 生态思想涉及的是人、自然界以及人的实践方式的整体性问题，对于这些问题，不能只从一个方面了解，而必须从整体上了解，"我们必须从对象的发展上细心研究对象本身，而决不允许任意划分；事物本身的理性在这里应当作为一种自身矛盾的东西展开，并且在自身中求得自己的统一"①。马克思的实践观不同于其他思想家的实践观的根本在于：马克思的实践观始终把整体作为有机的整体，这样，生态思想就是他本身的思考重点；当代许多思想家也在思考生态问题，但不能真正切入问题的要害，因为他们是从部分出发，也就是头痛医头、脚痛医脚，而不是对身体进行整体治理，这必然会导致治标不治本。马克思的实践观正是把整体性作为自己的重要原则，才使其自身具有丰富的生态意蕴。马克思说："人通过人的劳动而诞生的过程，是自然界对人来说的生成过程。""人和自然界的实在性，

---

① 《马克思恩格斯全集》第47卷，人民出版社2004年版，第8页。

即人对人来说作为自然界的存在以及自然界对人来说作为人的存在。"①在马克思实践观的视域中,离开了自然界,人类无法存在;同样,离开了人类,自然界也无法存在。这是因为,自然界是人的实践活动的自然界,是人化自然,离开了人类的实践活动,自然界将成为抽象的、思辨的自然界。马克思指出:"在人类历史中,即在人类社会的形成过程中生成的自然界,是人的现实的自然界;因此,通过工业——尽管以异化的形式——形成的自然界,是真正的、人本学的自然界。"马克思又指出:"自然科学却通过工业日益在实践上进入人的生活,改造人的生活,并为人的解放作准备,尽管它不得不直接地使非人化充分发展。工业是自然界对人,因而也是自然科学对人的现实的历史关系。因此,如果把工业看成人的本质力量的公开的展示,那么自然界的人的本质,或者人的自然的本质,也就可以理解了。"②马克思把自然科学、人文科学看作一门科学,即历史科学。这表明,马克思的实践观始终是在整体性的视域中看待世界,而不是把世界抽象化。马克思实践观的整体性启发我们,之所以会出现当代的生态问题,是因为缺乏对人、自然界、社会以及人自身的整体性视域。因此,马克思的实践观的整体性是我们解决人与自然和人与社会矛盾的思想武器。

必须指出,西方马克思主义者敏锐地意识到了马克思实践观的整体性视域。卢卡奇在《历史与阶级意识》中指出:"不是经济动机在历史解释中的首要地位,而是总体的观点,使马克思主义同资产阶级科学有决定性的区别。总体范畴,整体对各个部分的全面的决定性的统治地位,是马克思取自黑格尔并独创性地改造成为一门全新科学的基础的方法的本质。"③柯尔施在《马克思主义和哲学》中也指出:"马克思主义的唯物主义,首先是历史的辩证的唯物主义。换言之,它是这样的一种唯物主义,它的理论认识了社会和历史的整体,而它的实践则颠覆了这

---

① 《马克思恩格斯全集》第3卷,人民出版社2002年版,第310—311页。
② 《马克思恩格斯文集》第1卷,人民出版社2009年版,第193页。
③ [匈]格奥尔格·卢卡奇:《历史与阶级意识》,杜章智、任立、燕宏远译,商务印书馆2004年版,第77页。

个整体。"①事实上,马克思将一生最重要的著作《资本论》看作"一个艺术的整体"。所有这些表明,马克思的实践观的整体性原则是马克思哲学观的应有之义,舍此,就会走向马克思实践观的反面,也就无法真正理解马克思的生态思想的内涵,这是我们理解马克思生态思想的前提之一。

第二,马克思实践观的历史性维度。马克思在考察人与自然的关系时,不是从抽象的原则出发,而是从现实的历史原则出发,这使马克思的实践观富有深厚的历史内涵。费尔巴哈由于缺乏历史性的原则,致使他的"实践"是抽象的、思辨的,缺乏改造社会现实的功能。马克思在批判费尔巴哈时指出:"他没有看到,他周围的感性世界绝不是某种开天辟地以来就直接存在的、始终如一的东西,而是工业和社会状况的产物,是历史的产物,是世世代代活动的结果,其中每一代都立足于前一代所奠定的基础上,继续发展前一代的工业和交往,并随着需要的改变而改变他们的社会制度。"②黑格尔对马克思的贡献不仅在于辩证法,历史感对马克思也产生了重大启发。黑格尔在《小逻辑》中指出:"唯物论认为物质的本身是真实的客观的东西。但物质本身已经是一个抽象的东西,物质之为物质是无法知觉的。所以我们可以说,没有物质这个东西,因为就存在着的物质来说,它永远是一种特定的具体的事物。"③由于黑格尔的哲学基础是绝对精神,他所说的历史仍然是指精神的历史,或者说是观念的历史——尽管他反对抽象,最终使他的实践观走向脱离现实历史的抽象思辨。"他(指黑格尔——引者注)只是为历史的运动找到抽象的、逻辑的、思辨的表达,这种历史还不是作为既定的主体的人的现实历史。"④现实历史就是人的实践活动,"历史不过是追求着自己目的的人的活动而已"⑤。历史本身就是人的实践活动创造的,"整个所谓

---

① [德]卡尔·柯尔施:《马克思主义和哲学》,王南湜译,重庆出版社1993年版,第38页。
② 《马克思恩格斯文集》第1卷,人民出版社2009年版,第528页。
③ [德]黑格尔:《小逻辑》,贺麟译,商务印书馆1980年版,第115页。
④ 《马克思恩格斯全集》第3卷,人民出版社2002年版,第316页。
⑤ 《马克思恩格斯全集》第2卷,人民出版社1957年版,第118—119页。

世界历史不外是人通过人的劳动而诞生的过程,是自然界对人来说的生成过程"①。恩格斯把马克思的实践观称为"现实的人及其历史发展的科学"②。马克思认为,就具体的实践活动而言,每个时代是不一样的,但它们具有历史继承性。所有这一切,都充分意味着,马克思的实践观本身就是历史的,历史是人类改造社会现实的活动,从而使人类实现自己的幸福和自由。

应该说,在人类历史的发展进程中,生态问题在近代才开始凸显,也就是资本主义制度形成之后,生态危机成为资本主义的"毒瘤",这意味着,生态问题是社会历史发展中的问题,是资本主义社会这种特定社会形态的产物。克服生态危机,需要有社会制度的重大变革,需要彻底扬弃不合理的实践方式。

第三,马克思实践观的辩证性意蕴。马克思指出:"辩证法在对现存事物的肯定的理解中同时包含对现存事物的否定的理解,即对现存事物的必然灭亡的理解;辩证法对每一种既成的形式都是从不断的运动中,因而也是从它的暂时性方面去理解;辩证法不崇拜任何东西,按其本质来说,它是批判的和革命的。"③批判的和革命的构成马克思实践观的独特品质,也是马克思哲学的鲜明特征。只有在实践的基础上,人与自然界才能实现真正的统一。马克思的实践观的辩证性表明,应通过对现实中不合理的制度和思想观念的批判,实现人类的自由和解放。事实上,马克思的实践是革命的实践,即是说,革命的实践是批判的和革命的。

坚持马克思实践观的辩证性,就必须发扬马克思的革命的批判精神。马克思的实践批判同法兰克福学派的社会批判思想具有原则性的界限。法兰克福学派的批判是不触及资本主义社会制度的批判,即是说,法兰克福学派的批判是对资本主义社会的局部批判,仍然保留资本主义社会的根基和大厦。所以,法兰克福学派的批判缺乏马克思的革命的批

---

① 《马克思恩格斯全集》第3卷,人民出版社2002年版,第310页。
② 《马克思恩格斯文集》第4卷,人民出版社2009年版,第295页。
③ [德]卡尔·马克思:《资本论》第1卷,人民出版社1975年版,第24页。

判精神,是不可能成为当代生态思想的基础和前提的。这是因为,从根本意义上说,法兰克福学派的批判思想是为非生态思想辩护的,是非生态思想的理论基础。马克思的批判是变革社会现实的革命实践,这本身就蕴含着生态思想,正如马克思所敏锐地指出的:"意识的一切形式和产物不是可以通过精神的批判来消灭的,不是可以通过把它们消融在'自我意识'中或化为'幽灵'、'怪影'、'怪想'等等来消灭的,而只有通过实际地推翻这一切唯心主义谬论所有产生的现实的社会关系,才能把它们消灭;历史的动力以及宗教、哲学和任何其他理论的动力是革命,而不是批判。"[1]

第四,马克思实践观的创新性特质。马克思的实践观不是封闭的,而是开放的。马克思追求的是人类的自由和解放,这就意味着,马克思的实践观是站在人类命运共同体的立场上,为人类的自由幸福开辟道路的哲学。这深刻地表明,马克思的实践观不断地与时代对话、与人类文明的一切优秀成果对话、与未来对话,从而深化对人类命运重大问题的解答。可以说,马克思实践观本身是创新的,不断地同各种教条主义和保守主义做坚决的斗争,蕴含着新的问题意识和超前的目光,从而捍卫马克思实践观的创新精神。这意味着,马克思的实践观必须冲破两个教条:地球上的资源是无限的与人的改造世界的能力是无穷的,在此基础上,创新理解人与自然界的关系,从而为生态思想的形成奠定基础。

第五,马克思实践观的人文向度。正如前文所述,马克思的实践观不仅是实践批判,而且是实践建构,实践批判与实践建构是彼此统一的,这是人所独有的能力。无论是实践批判还是实践建构,人都是"按照美的规律来构造"[2]。这是因为:"动物只是按照它所属的那个种的尺度和需要来建造,而人懂得按照任何一个种的尺度来进行生产,并且懂得处处都把内在的尺度运用于对象。"[3]这里,人按照美的规律也就是人按

---

[1] 《马克思恩格斯选集》第1卷,人民出版社2012年版,第172页。
[2] 《马克思恩格斯选集》第1卷,人民出版社2012年版,第57页。
[3] 《马克思恩格斯选集》第1卷,人民出版社2012年版,第57页。

照人文精神的规律来实践，动物只能按照种的尺度，而不能按照人文精神的尺度构造，因而，动物是没有实践的，只有本能，人才能有自觉的实践活动。法国文学大师雨果曾经诠释过人的生存，大意是：动物存活，人类生存。生存就要理解。生存就是对现实报以微笑，就是越过城墙远眺未来。存在就是自己身上要有一杆秤，秤上要衡量何为善，何为恶。存在就是讲公道、追求真理，就是理智、忠诚、实心实意、真诚、善良、心中牢记权利和义务。存在就是知道自己想做什么、能做什么、应该做什么。存在就是自觉。这是极有见地的。事实上，人文与自然本身就是统一的，割裂它们的内在关系，人与自然都会变成抽象物，变成没有生机和活力的"僵尸"。实际说来，从人产生起，自然就不是纯粹的自然了，而是人化自然，是人的实践活动改造的自然，即是说，人形成之后的自然是人文自然，自然的命运决定人的命运；同样，人的命运也决定自然的命运。① 我们可以从近代资本主义社会形成之后，以及近代之后自然科学突飞猛进的发展对人与自然的影响，很清楚地理解人的命运与自然的命运的密切关系。

马克思在《资本论》第三卷中写道："这个领域内的自由只能是：社会化的人，联合起来的生产者，将合理地调节他们和自然之间的物质变换，把它置于他们的共同控制之下，而不让它作为一种盲目的力量来统治自己；靠消耗最小的力量，在最无愧于和最适合于他们的人类本性的条件下来进行这种物质变换。"② 这里，我们可以清晰地看出马克思的实践观所蕴含的人文向度。

概言之，马克思实践观的五大原则，是马克思生态思想的前提，这是马克思生态思想的哲学方法论。对待这五大原则，我们不能教条和抽象地理解，而应把它们看作马克思实践观的应有之义，也就是说，这五大原则本身也是实践的。这就提示我们，在理解马克思生态思想的哲学前提时，切不可离开马克思哲学观的总体视域，即是说，

---

① 参见张汝伦《再论人文精神》，《探索与争鸣》2006年第5期。
② ［德］卡尔·马克思：《资本论》第3卷，人民出版社2004年版，第928—929页。

马克思把一切都付诸生活的实践；脱离马克思实践观，从马克思的结论或者马克思的个别语句中寻找马克思生态思想的"依据"，是不可能真正理解马克思的生态思想的。这同时也启示我们，唯有站在马克思实践观的前提之下，把马克思哲学视为改造社会现实的思想武器，即是说，马克思哲学是社会现实的重要组成部分，而不是把马克思哲学与社会现实分离开来，马克思哲学作为其生态思想的前提才是可能的。

由此看来，我们将在马克思实践观的思想武器中看到，马克思通过对私有制和资本逻辑的批判，凸显出"实践的异化"的重要思想，这一思想仍然是马克思实践观的重要组成部分，只不过是马克思针对变革资本主义社会的现实而提出的。我们的分析表明，马克思的生态思想的哲学前提之所以是牢固的，是因为马克思始终是在革命的实践中建立他的思想，革命的实践将摧毁实践的异化，在更高的层次上形成以人类自由和解放为基础的实践形态，这就是马克思生态思想的现实观照。

第三节 实践异化与生态危机

马克思认为，私有制和资本逻辑导致"实践的异化"，从而使在实践基础上的人与自然的内在统一变成"在实践异化"基础上的人与自然的对立，这就必然导致生态危机。马克思还认为，走出生态危机的困境，需要革命的实践，即共产主义的实践，才能彻底扬弃私有制和资本逻辑导致的"实践异化"，实现人与自然的内在统一，进而实现人类的自由和解放。只有实现人与自然的内在统一才能真正实现人类的自由与解放，这是同一个问题的两个方面，彼此辩证地结合在一起。

毋庸置疑，把握马克思生态思想的哲学前提，除了领悟马克思的哲学观及其他的方法论所蕴含的生态思想外，还要进一步了解马克思对私有制和资本逻辑导致的实践异化的批判。应该说，这同样是理解马克思生态思想的关键，这是因为，从马克思对实践异化的批判中，我们可以清晰地了解马克思生态思想的问题意识和现实关切。

一　实践异化是生态危机的重要根源

所谓的生态危机是指人与自然的关系不是和谐的，而是对立的，人类生存环境受到严重的破坏，从根本上说，这是由于人类的实践异化导致的。所谓实践异化，是指人们的实践活动、实践方式、实践目的不是以人与自然的统一和人与社会的统一为基础和出发点，从而实现人类的自由和解放；而是以人与自然的对立和分裂以及人与社会的对立、分裂为前提，从而最大限度地激发人的欲望，最终导致人类和自然的双重危机。实践异化的重要体现是：人对自然的宰制和控制，自然的人文性不再存在；整个社会形成一部分人对另一部分人的剥削和压迫的社会关系。导致实践异化的根源是私有制和资本逻辑的合谋，这实际上是马克思"三形态理论"的第二大形态，即以物的依赖性为基础的社会。

毋庸置疑，实践的异化是人类社会发展的特殊形态，生态危机也是这个社会形态的产物，这是私有制和资本逻辑共谋的结果，换言之，实践异化是资本主义社会的产物，只要资本主义社会存在，实践异化就不会消除，因为，私有制和资本逻辑是资本主义社会的核心和基础。马克思批判私有制与资本逻辑，是因为私有制和资本逻辑的共谋致使实践发生异化，要想扬弃实践的异化，必须扬弃私有制和资本逻辑产生的实践基础，只有这样，才能实现人与自然和人与社会的内在统一，进而实现人类的自由与解放。

通常来讲，人们对于马克思的《资本论》，要么看作经济学论著，要么看作哲学论著，事实上，《资本论》为马克思生态思想提供了实践观的论证。《资本论》的副标题是"政治经济学批判"，这表明，《资本论》是对私有制和资本逻辑的实践异化的批判，其批判的实质是彻底推翻实践异化形成的社会关系和制度。这意味着，在马克思看来，只要人的实践活动异化了（马克思的四种异化是其主要方式），生态危机就会发生，人的自由与解放就不可能。马克思的批判之所以是实践批判，是因为马克思的批判蕴含经济哲学的目光，始终把物质生产作为批判的根基。马克思说："正像批判的批判把思想和感觉、灵魂和肉体、自身和世界分开一样，它也把历史同自然科学和工业分开，认为历史的诞生地不是地上的粗糙的物质生产，而是天上的迷蒙的云兴雾聚之处。"① 马克思的批判不是对观念的批判，而是对物质生产的批判。正因如此，马克思对私有制和资本逻辑的批判是革命的实践，也就是说，是对私有制和资本逻辑形成的前提的批判。

从哲学观上看，实践异化是主客二分的哲学观，阉割人与自然界的统一性。马克思指出："只有在人被看作是某种与自然界不同的东西时才有意义。"② 这意味着，实践的异化是把人与自然的对立作为其哲学基础的。从这个意义上说，主客二分的哲学观是实践异化的哲学基础。

进一步说，马克思哲学传统中蕴含着生态思想，这可以从马克思对现代性的批判中看出来。现代性是目前理论界讨论的重点问题。无论人们对现代性的分歧多么大，人们对现代性达成的共识是：现代性最大限度地张扬人的理性精神，凸显主体的能动性和创造性，以便对自然界进行控制和改造。应该说，现代性是把人与自然界的对立和分裂作为前提的。近代哲学和自然科学的开创者笛卡儿的"我思故我在"，其实质是主客二分的思想方式，是把人与自然界的对立作为基础的，是现代性实践形态的哲学根基。现代性的表现形态之一就是现代科学技术。按照海德格尔的看法，现代科学技术是"座驾"，这就是说，所谓"座驾"就是现代科学技术使人与自然和人与社会的关系遭受严重的破坏，人对自

---

① 《马克思恩格斯文集》第1卷，人民出版社2009年版，第350—351页。
② 《马克思恩格斯选集》第1卷，人民出版社2012年版，第157页。

然的控制和人对社会的控制达到前所未有的程度。这表明，现代性把人的命运与自然的命运对立起来，人的力量越强大，对自然的破坏就越严重，致使自然反过来对人进行报复，使人类自身的生存面临诸多危机和挑战。在马克思看来，现代性是实践异化的表现，马克思对实践异化的批判就是对现代性的批判。

应该说，马克思的实践观的轴心始终是"人和自然界之间、人和人之间的矛盾的真正解决"①。这里，我们可以清晰地看出，马克思不是单方面地强调人或自然界，而是把它们的关系放在总体性视域中考察。这意味着，马克思的生态思想是在马克思哲学的问题意识和学术旨趣中形成的。马克思哲学的问题意识是：破解私有制和资本逻辑共谋的秘密，从而为扬弃这一实践的异化提供哲学观。马克思的这一问题意识，我们可以清晰地在《1844年经济学哲学手稿》《关于费尔巴哈的提纲》《德意志意识形态》《共产党宣言》《资本论》等著作中看出来。无疑，在马克思的经典著作中，并没有出现现代性的概念，但是，马克思是对现代性批判、诊断和建构最深刻的思想家。这是因为，在马克思的重要著作中，蕴含着扬弃实践异化的思想，事实上是对资本主义现代性进行批判和建构的思想。马克思的共产主义思想实际上是新现代性思想，也就是说，是彻底扬弃以私有制和资本逻辑为基础（以市民社会为根基）的思想，是立足于人类社会或社会化人类的实践观。

如果说，马克思哲学的问题意识是在对实践异化的批判中呈现未来社会的全貌，那么，这个未来社会的特质就是以人与自然和人与社会内在统一为基础的生态思想，这一过程不是自然而然的，而是革命的实践的结晶。马克思的学术旨趣不是在书斋中沉思，亦不是在理论的王国中构造体系，而是把理论付诸革命的实践，解答时代凸显的重大问题。众所周知，也有思想家对私有制和资本逻辑进行过批判，生态学马克思主义者就是其中之一，但他们的批判仍然是治标不治本的，根本不可能触及当代社会的生态矛盾，这是因为他们的批判缺乏马克思实践批判的彻

---

① 《马克思恩格斯文集》第1卷，人民出版社2009年版，第185页。

底性和革命性。正因为马克思哲学思想本身就是面向现实的，它才超越了那些思辨的抽象哲学，正如马克思批判青年黑格尔派所指出的："这些哲学家没有一个想到要提出关于德国哲学和德国现实之间的联系问题，关于他们所作的批判和他们自身的物质环境之间的联系问题。"① 关注现实本身就是马克思哲学的重要维度，也就是说，马克思哲学始终把现实作为理论的基础。

二 消灭私有制和资本逻辑是扬弃实践异化的现实路径

如前文所述，马克思把消灭私有制看作人与自然统一的前提，马克思在《共产党宣言》中指出："共产党人可以把自己的理论概括为一句话：消灭私有制。"② 马克思认为，国民经济学把私有制看作永恒的，它构造的前提是虚构的，不是真实的。国民经济学从虚构的前提出发得出的结论自然是错误的。马克思的批判不仅是对国民经济学的批判，更是对构成国民经济学的前提的批判。"我们不要像国民经济学家那样，当他想说明什么的时候，总是置身于一种虚构的原始状态。这样的原始状态什么问题也说明不了。"③ 马克思彻底解构了国民经济学家的前提，这就澄明了问题的实质，"国民经济学从私有财产的事实出发。它没有给我们说明这个事实"。"它把资本家的利益当作最终原因；就是说，它把应当加以阐明的东西当作前提。"④ 马克思不是对私有制抱有偏见，而是因私有制产生的实践异化导致的人与自然关系的对立而批判私有制。马克思说："私有制使我们变得如此愚蠢而片面，以致一个对象，只有当它为我们所拥有的时候，就是说，当它对我们来说作为资本而存在，或者它被我们直接占有，被我们吃、喝、穿、住等等的时候，简言之，在它被我们使用的时候，才是我们的。"⑤

---

① 《马克思恩格斯选集》第 1 卷，人民出版社 2012 年版，第 145—146 页。
② 《马克思恩格斯文集》第 2 卷，人民出版社 2009 年版，第 45 页。
③ 《马克思恩格斯文集》第 1 卷，人民出版社 2009 年版，第 156 页。
④ 《马克思恩格斯文集》第 1 卷，人民出版社 2009 年版，第 155 页。
⑤ 《马克思恩格斯文集》第 1 卷，人民出版社 2009 年版，第 189 页。

众所周知，私有制早已产生，但是，私有制在形成之后的很长时期并没有直接导致人与自然的对立或分裂；到了近代，私有制与资本逻辑结合成有机体，私有制才把人与自然的对立作为它追求的方向和目的。"资本不是一种个人力量，而是一种社会力量。"①这就是说，资本是特定历史阶段的产物，是特定社会关系的集中表征。"资本不是物，而是一定的、社会的、属于一定历史社会形态的生产关系。"②在以资本逻辑为主导的私有制中，一切都服从于资本的需要。资本的本性就是最大限度地追求高额剩余价值；在资本逻辑的主导下，人的独立性和个性变成资本的独立性和个性。这样，资本不是把人与自然界看作内在统一的，而是看作对立的。自从资本形成之后，自然界成为任人宰割、任人破坏的对象，自然界已经成为人统治的对象，人性的自然界不再存在。

进一步来说，资本主义生产方式本身是恶的生产方式，因为无论它的前提、过程还是目的都是以人与自然的对立为宗旨的。这意味着，资本主义生产方式不仅生产出"人与自然的对立、分裂"，而且还生产出人对人的剥削和压迫，这两个方面是同时生产出来的。马克思告诉我们："资本主义生产方式以人对自然的支配为前提。"③对自然的支配和控制是资本主义社会的内在本性，这就从根本上揭示了资本主义制度不能解决人与自然的矛盾。马克思同时又指出："资本主义生产过程，在联系中加以考察，或作为再生产过程加以考察时，不仅生产商品，不仅生产剩余价值，而且还生产和再生产资本关系本身：一方面是资本家，另一方面是雇佣工人。"④之所以资本主义生产方式生产出人对自然的支配，是因为它生产出人剥削人、人压迫人、一部分人占有另一部分人的劳动成果的社会关系。从根本上说，这种资本主义的社会关系必然导致人与自然的对立，"人们对自然界的狭隘的关系决定着他们

---

① 《马克思恩格斯文集》第 2 卷，人民出版社 2009 年版，第 46 页。
② 《马克思恩格斯全集》第 46 卷，人民出版社 2003 年版，第 922 页。
③ 《马克思恩格斯选集》第 2 卷，人民出版社 2012 年版，第 239 页。
④ 《马克思恩格斯选集》第 2 卷，人民出版社 2012 年版，第 259—260 页。

之间的狭隘的关系，而他们之间的狭隘的关系又决定着他们对自然界的狭隘的关系"①。资本主义社会形成人与社会之间的狭隘关系和人与自然之间的片面关系，这是资本主义制度自身所决定的，是它自身无法克服的矛盾。

马克思指出："资本是生产的；也就是说，是发展社会生产力的重要的关系。只有当资本本身成了这种生产力本身发展的限制时，资本才不再是这样的关系。"②马克思认为，资本发展到一定阶段，成为生产力发展的阻碍时，以资本为基础的生产关系才能被推翻，形成一种新的生产关系。这意味着，只要是以资本为核心的生产关系，就必然是实践的异化，也就是说，不仅人与自然的关系被异化，而且人与社会的关系也被异化，而且这两种异化是内在统一的。现代社会之所以会产生生态危机，主要是以资本为核心的生产关系导致的。恩格斯指出："资本和劳动的关系，是我们全部现代社会体系所围绕旋转的轴心。"③这里所说的"资本与劳动的关系"就是实践的异化，致使自然的人性也逐渐消失。

以私有制与资本逻辑为轴心的现代社会与实践的异化相得益彰，彼此相互支撑。马克思正是在对以私有制和资本逻辑为轴心的实践异化的批判中，建构以人类社会或社会化了的人类为基础的革命的实践。马克思认为，资本主义社会以市民社会为基础，共产主义社会以人类社会或社会化了的人类为基础。一般来说，人们对马克思的五形态理论、三形态理论耳熟能详，但是，马克思还有两形态理论，很少有论者注意。马克思把共产主义社会之前称为"史前时期"，而把共产主义社会称为人类社会或社会化了的人类，这意味着，在马克思看来，只有人类社会才能实现人与自然和人与社会的内在统一，从而使人类的自由解放成为现实。从史前时期发展到人类社会，需要革命的实践。革命的实践是对实践异化的扬弃，革命的实践是以人类社会为基础的，是在实践基础上的

---

① 《马克思恩格斯选集》第1卷，人民出版社2012年版，第161页。
② 《马克思恩格斯全集》第46卷（上册），人民出版社1979年版，第287页。
③ 《马克思恩格斯文集》第3卷，人民出版社2009年版，第79页。

"人道主义与自然主义的统一",是对史前时期的实践异化的扬弃。在革命的实践视域中,彻底扬弃私有制和资本逻辑,人不再是利己主义的个人,而是把自己的能力和兴趣作为自己的宗旨;人也不再欲壑难填,而是把自己的需要与自然结合起来;自然也不再是人类征服的对象,不再与人相对立,而是人类审美的对象,是人类美的依托,人与自然融为一体。

马克思说过,人与自然不是两个独立的存在物,而是内在统一的整体。正是私有制和资本逻辑导致的实践异化把人与自然完全地对立起来。马克思历史唯物主义告诉我们,实践异化的产生与消除走的是同一条道路,这就是说,在实践异化的内部蕴含着超越自身的因素,当这种因素占据主导地位,并彻底克服对面的消极因素时,就能真正实现恩格斯所说的,人将不仅感受到而且知道他们是与自然统一的。

三　历史评价视域中的实践异化

马克思对以私有制和资本逻辑为轴心的实践异化导致的人与自然关系和人与社会关系的疏离,既表现出道德义愤,同时又在历史评价中认识实践的异化。马克思反对以浪漫主义的态度对待人类社会发展中出现的问题。马克思指出:"古代的观点和现代世界相比,就显得崇高得多,根据古代的观点,人,不管是处在怎样狭隘的民族的、宗教的、政治的规定上,毕竟始终表现为生产的目的,在现代世界,生产表现为人的目的,而财富则表现为生产的目的。"① 马克思基于道德评价,对当代社会忽视人的发展这一现象给予尖锐的批判。马克思同时又指出:"留恋那种原始的丰富,是可笑的,相信必须停留在那种完全空虚之中,也是可笑的。"② 马克思是从历史唯物主义的视域中评价社会历史,而不是以浪漫主义的态度对待历史。马克思是在世界历史的视野中批判私有制和资本逻辑导致的实践异化。马克思视野中的历史不是浪漫主义、虚无主义

---

① 《马克思恩格斯全集》第 46 卷(上册),人民出版社 1979 年版,第 486 页。
② 《马克思恩格斯全集》第 46 卷(上册),人民出版社 1979 年版,第 109 页。

的历史，而是开放的历史；马克思视野中的逻辑不是形式逻辑，而是蕴含否定之否定的实践逻辑。批判私有制和资本逻辑并不是要马上消灭私有制和资本逻辑，而是利用和限制私有制和资本逻辑，充分吸收资本主义创造的一切优秀成果，在历史的发展和创新中实现对私有制和资本逻辑的扬弃，异化的形成与异化的扬弃走的是同一条道路。马克思的共产主义实践不仅仅是对私有制和资本逻辑的道德批判，而是道德批判、历史批判和经济批判的内在统一。在马克思看来，对私有制和资本逻辑导致的实践异化的批判，只有立足于逻辑与历史的一致，从人类历史和实践逻辑的视域，或者从理论与实践统一的视域进行批判，才是革命的实践批判。①

正如前文所述，马克思的实践观是革命的实践。实践的异化为革命的实践提供了深厚的思想基础，马克思对实践的异化始终在历史评价与道德评价的辩证张力中深化自己的革命的实践思想。马克思的《共产党宣言》对资产阶级革命的历史这样评价道："资产阶级在历史上曾经起过非常革命的作用。资产阶级在它已经取得了统治的地方把一切封建的、宗法的和田园诗般的关系都破坏了。它无情地斩断了把人们束缚于天然尊长的形形色色的封建羁绊。"②"资产阶级在它的不到一百年的阶级统治中所创造的生产力，比过去一切世代创造的全部生产力还要多，还要大。自然力的征服，机器的采用，化学在工业和农业中的应用，轮船的行驶，铁路的通行，电报的使用，整个整个大陆的开垦，河川的通航，仿佛用法术从地下呼唤出来的大量人口，——过去哪一个世纪料想到在社会劳动里蕴藏有这样的生产力呢？"③ 马克思充分肯定了资产阶级在历史上所起的革命作用，但这种革命作用同时也产生了人与自然和人与社会关系的对立、分裂。马克思认为，资产阶级所产生的这一切都是历史的产物，"这些观念、范畴也同它们所表现的关系一样，不是永恒

---

① 参见马拥军《马克思主义与中国梦》，天津人民出版社2015年版，第112—113页。
② 《马克思恩格斯选集》第1卷，人民出版社2012年版，第402—403页。
③ 《马克思恩格斯选集》第1卷，人民出版社2012年版，第405页。

的。它们是历史的暂时的产物"①。马克思认为，资本主义社会，即私有制和资本逻辑以及实践异化，都是"历史的暂时性"，必然被一种新的生产方式所替代，这就是立足于人类社会基础之上的新的实践（共产主义的实践），也只有在共产主义实践的基础上，生态思想才能形成。马克思立足于革命的实践既是对实践异化的扬弃，又是对新的内涵的哲学阐释。

马克思在《1857—1858年经济学手稿》中，提出"三大社会形态"理论："人的依赖关系（起初完全是自然发生的），是最初的社会形态，在这种形态下，人的生产能力只是在狭窄的范围内和孤立的地点上发展着。以物的依赖性为基础的人的独立性，是第二大形态，在这种形态下，才形成普遍的社会物质变换、全面的关系、多方面的需求以及全面的能力的体系。建立在个人全面发展和他们共同的社会生产能力成为他们的社会财富这一基础上的自由个性，是第三个阶段。第二个阶段为第三个阶段创造条件。"②这意味着：第一，人类社会发展的第二大社会形态是以物的依赖性为基础的，也就是实践异化的社会，它体现了人类社会历史发展的暂时性；第二，实践的异化产生了人与自然和人与社会对立的同时，也产生出"个人关系和个人能力的普遍性和全面性"③；第三，实践的异化必然被革命的实践所替代，即成为人的自由和解放基础的人与自然和人与社会的内在统一。这就启示我们，妄想否定资本的历史性和存在的客观性，否定资本的文明的一面；或者全面地依靠资本，一味地把资本抬到至高无上的地位，都是片面的、错误的。我们必须承认资本的历史地位，同时，又要认识到资本的历史局限性。

马克思的实践异化批判意味着，马克思不是从抽象的绝对原则出发，亦不是从浪漫主义的想象出发构建他的生态思想，而是立足于历史唯物主义的历史批判方法。正是在这个意义上，马克思的生态思想不仅

---

① 《马克思恩格斯全集》第4卷，人民出版社1958年版，第144页。
② 《马克思恩格斯全集》第46卷（上册），人民出版社1979年版，第104页。
③ 《马克思恩格斯全集》第46卷（上册），人民出版社1979年版，第109页。

体现了超越私有制和资本逻辑的实践异化,而且是未来人类文明的"方向盘"。

四　共产主义实践基础之上的生态思想

马克思说过,真正的哲学是时代精神的精华和人类文明的活的灵魂。马克思认为真正的哲学不仅要深入把握自己的时代,而且要具有超越自己时代的内在精神。事实上,真正具有这种哲学品格的当属马克思恩格斯创造的马克思主义哲学。马克思主义哲学不仅洞察了当代人类实践被异化了,即是说,人类的实践不是把人与自然的统一作为实践的原则,而是把人与自然的对立、分裂作为原则,这就必然会导致当代生态危机以及一系列的社会问题。作为改造世界的马克思哲学,具有卓越的理论智慧和超前的眼光,这体现在马克思关于共产主义实践的思想之中。

第一,共产主义实践具有扬弃私有制和资本逻辑的整体世界观。资本主义的世界观是部分世界观,也就是说,把生活世界看作人与自然和人与社会对立的世界观,这就意味着,在私有制和资本逻辑支配下,人的生活和人的观念是异化的,这是实践异化的必然结果。马克思恩格斯认为:"不是意识决定生活,而是生活决定意识。"[1]生活世界被分裂为人与自然的对立和人与社会的对立,人由此也形成关于这些对立的观念。共产主义实践不仅是对这种对立的现实的扬弃,而且是对产生这种观念的前提的扬弃,"历史的全部运动,既是这种共产主义的现实的产生活动,即它的经验存在的诞生活动,同时,对它的思想着的意识来说,又是它的被理解和被认识到的生成运动。"[2]共产主义扬弃以私有制和资本逻辑为基础的世界观,而形成把人与自然界和人与社会看作整体的世界观,这正是马克思生态思想的内涵。

共产主义实践不仅包括物质条件,而且包括精神条件。一方面,私

---

[1] 《马克思恩格斯文集》第1卷,人民出版社2009年版,第525页。
[2] 《马克思恩格斯文集》第1卷,人民出版社2009年版,第186页。

有制和资本逻辑的"历史暂时性"打下了坚实的物质基础,这是共产主义实践的物质前提;另一方面,共产主义在对私有制和资本逻辑的批判中,生成共产主义的思想观念,这是共产主义实践不可分割的两个方面,彼此相互支撑。马克思认为,无产阶级"认识到产品是劳动能力自己的产品,并断定劳动同自己的实现条件的分离是不公平的、强制的,这是了不起的觉悟,这种觉悟是以资本为基础的生产方式的产物"①,也正是为这种生产方式敲响的新的丧钟。埋葬资本主义制度的是无产阶级,因为无产阶级不仅是推翻资本主义制度的现实的物质力量,而且是具有共产主义觉悟的革命者。共产主义的价值指向不是唯利是图、自私自利、资本至上,而是实现人与自然和人与社会的统一、人的全面发展、人的幸福自由,因而,人的自由解放是共产主义的核心思想。这表明,共产主义不仅意味着资本的私人界限的消失,而且意味着资本的民族界限和其他一切界限的消失。这样,作为私有制和资本逻辑共谋的资本将转化为具有使用价值的非资本,人类进入"人类社会"时期,人与自然和人与社会在实践基础上实现了统一,人的自由解放成为现实。②很显然,马克思的生态思想与共产主义实践是内在统一的,共产主义实践本身就是马克思生态思想的实践表达。这深刻地启示我们,共产主义实践不仅生成生态文明的物质基础和制度保障,而且还生发生态文明的人文基础,这两个方面是有机地结合在一起的,是同一个硬币的两个方面,彼此相互依赖。

第二,共产主义实践的生态思想意蕴。正如前文所述,共产主义实践是对实践异化的扬弃,共产主义实践本身就蕴含着丰厚的生态思想。共产主义的基础是"人类社会",这就超越了立足于"市民社会"的资本主义社会。这意味着,共产主义实践对实践异化的扬弃的过程是漫长的,因为,共产主义实践不仅要改造社会环境,而且还要改造人类自身,这两者的改造保持内在的张力。

---

① 《马克思恩格斯全集》第46卷(上册),人民出版社1979年版,第460页。
② 参见马拥军《马克思主义与中国梦》,天津人民出版社2015年版,第210页。

马克思指出:"共产主义是对私有财产即人的自我异化的积极的扬弃,因而是通过人并且为了人而对人的本质的真正占有;因此,它是人向自身、也就是向社会的即合乎人性的人的复归,这种复归是完全的复归,是自觉实现并在以往发展的全部财富的范围内实现的复归。这种共产主义,作为完成了的自然主义,等于人道主义,而作为完成了的人道主义,等于自然主义,它是人和自然界之间、人和人之间的矛盾的真正解决,是存在和本质、对象化和自我确证、自由和必然、个体和类之间的斗争的真正解决。"①马克思的这段重要论述蕴含着以下重要思想:其一,共产主义消灭了以私有制和资本逻辑为基础的实践异化,因而,才使人的本质得以呈现。人的本质就是合乎人性的发展,即是说,合乎人性的就是合乎社会的,是在以前的发展成果基础上的自我超越。其二,作为合乎人性的共产主义实现了"人道主义与自然主义的"实践基础之上的统一,彻底解决了人与自然和人与社会的矛盾。这样,共产主义向我们展现了革命的实践的内涵,革命的实践就是共产主义实践,是对私有制和资本逻辑导致的实践异化的扬弃。其三,这同时也意味着,共产主义在实现人与自然和人与社会内在统一之时,就解决了人的存在和本质、对象化和自我确证、自由和必然、个体和类之间的矛盾,真正使人类从以"市民社会"为基础的"史前时期"进入以"人类社会或社会化了的人类"为根基的社会。

有论者认为,上述思想是马克思不成熟的思想,因而存在马克思早期与成熟期思想的对立,其实,这种看法是错误的。我们从马克思的《1844年经济学哲学手稿》,到马克思恩格斯合著的《共产党宣言》《德意志意识形态》,再到马克思的《资本论》,可以清晰地看到,一条理论贯穿其中,就是共产主义实践,其内涵是解决"人与自然和人与社会"的矛盾,实现人类的自由解放。这表明,在马克思的实践观中本身就蕴含着生态思想。

---

① 《马克思恩格斯文集》第1卷,人民出版社2009年版,第185页。

马克思指出："意识在任何时候都只能是被意识到了的存在,而人们的存在就是他们的现实生活过程。"① 共产主义的存在就是人与自然和人与社会矛盾的真正解决,从而实现人类的自由解放。这并不意味着,这一矛盾解决了,其他矛盾就没有了。实际情况是,这一矛盾解决了,还会有其他矛盾,至于矛盾是什么,如何解决,这些问题仍然需要通过共产主义的实践,也就是革命的实践来解答。

第三,共产主义实践生成人类的自由解放。在对马克思生态思想的理解中,大多论者没有意识到生态思想与人类解放的关系,这就不可能真实把握马克思生态思想的真谛。因为,马克思生态思想的最高价值诉求是实现人类的自由解放,这也是共产主义实践的价值指向。正如马克思在《共产党宣言》中所指出的:"代替那存在着阶级和阶级对立的资产阶级旧社会的,将是这样一个联合体,在那里,每个人的自由发展是一切人的自由发展的条件。"② 这表明,正是马克思的共产主义实践所蕴含的生态思想,才使马克思在改造社会的实践中,始终把生态思想作为其前提,这是马克思共产主义实践的价值维度使然。

由此可见,马克思的共产主义实践观,也是马克思的实践观的应有之义。本书对超越以私有制和资本逻辑为基础的实践异化作了深刻的哲学批判,在这一基础之上阐释了马克思的生态思想。我们认为,忘记产生生态危机的根源,即是说,以私有制和资本逻辑为轴心的实践异化,这也是资本主义生产方式的真实内涵,在浪漫主义和虚无主义中徘徊,是不可能解决生态危机问题的。所以,只有在马克思实践观的视域中,从它的整体性视域、历史性维度、辩证性意蕴、创新性内涵和人文向度的内在统一中,把握马克思生态思想的哲学前提,我们才能真正切入马克思的生态思想。很显然,把握马克思哲学观的生态意蕴,对于我们在实践中坚守马克思哲学,并用于我们的实践,具有不可或缺的重要意义。

---

① 《马克思恩格斯文集》第1卷,人民出版社2009年版,第525页。
② 《马克思恩格斯选集》第1卷,人民出版社2012年版,第422页。

总而言之，马克思的私有制和资本逻辑批判本质上是革命的实践批判。马克思的私有制和资本逻辑批判从根本上澄明了生态危机形成的现实基础。马克思立足于革命的实践，即共产主义实践，彻底扬弃私有制和资本逻辑导致的实践异化。共产主义实践，是马克思解决生态危机的独特方式，也是生态文明形成的基石。

第五章 当代中国社会现实生活视域中的中国道路

第一节 马克思幸福观的历史唯物主义向度

马克思的幸福观建立在历史唯物主义基础之上,实践是幸福的前提和基础。马克思的幸福观从"现实的个人"出发,探讨无产阶级的幸福与整个人类幸福的内在关系,从而真实地超越了各种幸福观的狭隘视域。在马克思看来,不能把幸福归于一个方面,也不能把幸福归于内在因素和外在因素,而应从实践出发全面理解幸福的意蕴,幸福在本质上是总体性的。马克思付诸实践批判与现实建构,从资本逻辑批判、劳动的解放和自由时间的获取三个维度探索幸福的实现路径。马克思从根本上改变了对幸福的提问方式、幸福的意蕴和幸福的实现路径,真正体悟和把握了幸福的真实内涵。这表明,幸福是马克思历史唯物主义的重要范畴,是发展创新马克思历史唯物主义的当代视域。

较长时期以来,在人们对马克思历史唯物主义的理解和研究中,马克思的幸福观没有成为马克思历史唯物主义的核心思想,这在某种程度上遮蔽了马克思历史唯物主义的本真精神。事实上,马克思的幸福观建立在历史唯物主义基础之上,把幸福置于现实的物质生产生活的基础之上,这就从根本上改变了对幸福的提问方式、幸福的意蕴和幸福的实现路径,真正体悟和把握了幸福的真实内涵。很显然,对于这个表示马克思历史唯物主义本质特征的幸福概念,由于人们的研究缺乏马克思历史唯物主义的视域,反而使研究无法实现重大的突破,这无论如何都是应该注意的问题。

必须指出的是,在对马克思历史唯物主义视域中的"幸福观"的理解中,我们首先应该明白马克思历史唯物主义的三个维度。马克思历史唯物主义的第一个维度是实践的维度。马克思历史唯物主义不是为世界辩护的"实用哲学",也不是脱离社会现实生活的"经院哲学",而是改变世界的实践哲学,从这个意义上说,马克思的幸福观是实践的幸福观。马克思历史唯物主义的第二个维度是批判的维度。马克思正是在对"资本逻辑"的批判中,破解了当代人类不幸福的根源:"物"成为支配人们命运的根本力量。也就是说,在当代社会,"物"不是给人类的幸福创造条件,而是加剧了人类的异化程度,从而使人们生活在异化幸福之中。"在资产阶级社会里,资本具有独立性和个性,而活动着的个人却没有独立性和个性"①;因此,必须扬弃以"资本逻辑"为基础的社会关系和社会制度,为幸福的实现奠定基础。马克思历史唯物主义的第三个维度是鲜明的立场维度。马克思历史唯物主义是关于无产阶级和人类幸福的思想,这一鲜明的立场是马克思历史唯物主义的红线,贯穿始终。质言之,在马克思看来,真正实现人民的幸福,必须彻底"推翻那些使人成为被侮辱、被奴役、被遗弃和被蔑视的东西的一切关系"②。颠覆少数人宰制和剥夺多少人利益的"虚假共同体",建立"每个人的自由发展是一切人的自由发展的条件"③的"真正共同体"。必须指出的是,马克思历史唯物主义的三个维度是相互贯通、相互作用、相互影响的,"辩证地"构成有机的不可分割的逻辑整体。

---

① 《马克思恩格斯选集》第1卷,人民出版社2012年版,第415页。
② 《马克思恩格斯选集》第1卷,人民出版社2012年版,第10页。
③ 《马克思恩格斯选集》第1卷,人民出版社2012年版,第422页。

有鉴于此，在理解马克思历史唯物主义三个维度的基础上，本章主要讨论马克思历史唯物主义视域中的幸福的前提、幸福的意蕴以及幸福的现实路径，这对于发展创新马克思历史唯物主义具有的重要意义。

一　幸福的前提

马克思历史唯物主义视域中的幸福观，是把实践作为前提的幸福观，这意味着，马克思在对幸福的理解和阐释中，始终把实践作为幸福的基础和出发点。马克思指出："全部社会生活在本质上是实践的。凡是把理论引向神秘主义的神秘东西，都能在人的实践中以及对这个实践的理解中得到合理的解决。"① 将实践作为幸福生活的前提，摆脱了抽象的、神秘主义的幸福观，由此，真实的幸福观才能成为现实。

首先，马克思批判了费尔巴哈的感性直观的幸福观，确立了实践的幸福观。费尔巴哈认为，要想获取幸福的源泉，就必须回到自然中去。② 费尔巴哈把"自然"视为幸福的源泉，他所说的"自然"是脱离人类实践活动的抽象自然，自然界被视为与人类相分离，并且被孤立抽象地理解，显而易见，抽象直观的思想存在者意义上的自然界也是直观抽象的。③ 正是由于费尔巴哈抽象地直观自然界，才使他无法理解幸福的真实内涵，没有超越历史上的感觉幸福观。费尔巴哈在《黑格尔批判》中写道："假如你们想要改善人们，那么，就使他们幸福吧；假如你们若想使人们幸福，那么请到一切幸福、一切欢乐的源泉——感官那里去吧。"④ 费尔巴哈基于他的直观唯物主义视域，进而把幸福的源泉归为感官，没有超出旧唯物主义的幸福观视域。

马克思在对一切唯物主义，包括费尔巴哈的直观唯物主义的批判中，阐明了他的实践幸福观。马克思在《关于费尔巴哈的提纲》中说，包括费尔巴哈在内的以前的旧唯物主义的局限性就在于：对于对象和现

---

① 《马克思恩格斯选集》第1卷，人民出版社2012年版，第135—136页。
② 参见《费尔巴哈哲学著作选集》上卷，荣震华等译，商务印书馆1984年版，第84页。
③ 参见《马克思恩格斯全集》第42卷，人民出版社1979年版，第178—179页。
④ 参见《费尔巴哈哲学著作选集》上卷，荣震华等译，商务印书馆1984年版，第213页。

实的感性存在,并没有当作感性的人的活动和从实践的角度去理解,也不是从主体的角度去理解,而是局限于感性的直观形式。① 这里,马克思所说的"从主体方面去理解",就是在实践基础上从人们的幸福的角度去理解,幸福建立在"感性的人的活动"基础之上,即是说,人类实践活动是幸福的真实根基,这是因为:人以"主体"的身份生活在这个世界上,为了幸福地生活下去,人必须以实践的方式与周围世界保持辩证的关系。简言之,人对外部事物、他人,甚至整个人类社会的改造,是建立在实践活动基础之上的。② 很显然,马克思把实践作为幸福的真实根基,既避免了把幸福理解为单纯的主观感受,又克服了理性主义以及宗教神学把幸福推向彼岸世界的虚假幸福观,使幸福真正地回到社会生活实践之中。

其次,按照马克思历史唯物主义的真精神,人类的实践是历史的,历史是由人民群众在实践的基础上创造的,在人的劳动过程中,世界历史才得以诞生。③ 人类创造历史的目的是实现人类的幸福,历史是广大人民创造幸福生活的伟大事业,随着历史活动的展开,人民群众的队伍会日益壮大。正是在这个意义上,马克思曾指出,历史本身并不拥有任何的丰富性,对于为了拥有一切而进行战斗的,并不是历史本身,而是现实的感性的人。这也就是说,历史所要追求的目的其实是在人的实践活动中不断展开的,活生生的人也并不是历史为了达到自身目的而具有的特殊人格。④ 历史是"现实的、活生生的人"创造自己幸福生活的过程,所以,幸福不是绝对真理,其内涵随着人类实践的不断变化而不断地生成。幸福并不是通过所谓的绝对真理而达到的,如果依靠于绝对真理,幸福只会被囿于狭隘的界限内而止步不前。在哲学认识的领域是如此,在其他任何认识领域以及在实践行动的领域也是如此。⑤

---

① 参见《马克思恩格斯选集》第1卷,人民出版社2012年版,第133页。
② 参见俞吾金《实践与自由》,武汉大学出版社2010年版,第370页。
③ 参见《马克思恩格斯全集》第42卷,人民出版社1979年版,第131页。
④ 参见《马克思恩格斯全集》第2卷,人民出版社1957年版,第118—119页。
⑤ 参见《马克思恩格斯选集》第4卷,人民出版社2012年版,第223页。

进一步说,马克思的幸福观与以往一切哲学家的幸福观的根本区别在于:马克思不是抽象地脱离人类历史的实践活动审视幸福,也不是把幸福看作固定不变的教条。马克思始终是从人类的历史实践活动中探讨幸福。马克思曾说,由于社会关系、生产条件、人们的社会存在不断改变,人们的意识也在不断地改变。①人们的思想观念随着历史实践的变化而变化,这就意味着人们对幸福的理解也会发生变化,应该在人类历史的发展中深化幸福的意蕴。

最后,马克思在世界历史发展规律中审视人类的幸福。马克思站在历史唯物主义立场,考察了人类历史发展的内在规律,并进一步论证了人类实践所蕴含的幸福观。马克思曾在《1857—1858年经济学手稿》中指出,在人类社会发展的第一个阶段,主要依靠人的依赖关系,由于是完全基于自然发生的,人们的生产能力只是在狭小的范围内进行且很孤立。在人类社会的第二个发展阶段,对物质的依赖让人具有相对的独立性,普遍的物质交换、多层次的需求、丰富全面的社会关系以及全面的能力体系不断形成。在全面的、共同的社会生产能力从属于社会财富的基础上的人的自由个性的形成,是人类社会发展的第三个阶段。第三个阶段形成于第二阶段所创造的生产力的基础之上。②马克思的这段经典论述,不仅表明人类社会历史的发展规律,而且内在地表征了人类幸福实现的内在规律,而且这两个规律是有机地、辩证地结合在一起的。换言之,人类社会历史发展规律内含价值目标——实现人类的幸福;而实现人类幸福的根本宗旨蕴含在人类社会历史发展规律之中。

毋庸置疑,一切旧唯物主义,包括费尔巴哈的唯物主义,由于不理解实践的深刻意蕴,因而无法在幸福观上超越前人的见解,未能找到实现当代人类幸福的路径。马克思的实践唯物主义就是历史唯物主义,是解开人类幸福之谜的钥匙。对于一个共产主义者,即实践的唯物主义者而言,所有的问题就在于批判和改变事物存在的现状,从而使得现存世

---

① 参见《马克思恩格斯选集》第1卷,人民出版社2012年版,第419—420页。
② 参见《马克思恩格斯全集》第30卷,人民出版社1995年版,第107—108页。

界革命化。①学术界对"实践的唯物主义者"进行了大量的研究,并辨明了实践的唯物主义者与实践唯物主义的区别与联系,但是对于"使现存世界革命化,实际地反对和改变事物的现状"的真实内涵以及划时代意义缺乏深入的研究。事实上,"使现存世界革命化,实际地反对和改变事物的现状"具有深刻的意蕴,它的主要内涵是在实践中改变不合理的社会关系和社会制度,创生出以"人类幸福"为基础的社会关系和社会制度,从而形成有利于人类幸福的生存环境,这是揭示马克思历史唯物主义思想内涵的新哲学宣言。

二 幸福的意蕴与特征

长期以来,人们之所以对于幸福问题的探讨止步不前,是因为在相当程度上缺乏马克思历史唯物主义的眼光,这应当引起我们的思考。毋庸置疑,马克思历史唯物主义视域中的"幸福观",真实地再现了幸福的意蕴,彻底扬弃了脱离人民大众的抽象幸福观,从而使幸福的价值立场建立在人民大众的立场之上。从根本意义上说,马克思之所以能扬弃抽象的幸福观,是因为他把人民大众的幸福建立在物质生活生产实践基础之上,从根本上改变了对幸福的提问方式和幸福的意蕴。学界从历史唯物主义视域对马克思的解放理论给予了足够的研究,形成了可观的研究成果,但对马克思历史唯物主义视域中的幸福观的意蕴缺乏深度研究。

第一,"现实的个人"是幸福的逻辑主体。在马克思看来,幸福的主体不是抽象的、脱离实践的"人",而是鲜活的"现实的个人"的幸福。我们谈论现实的个人的前提条件,既不是教条的,也不是随心所欲提出的,而是一些只有在想象中才能够抛弃的现实性基础。现实生活中的个人,这是以他们已经存在的和自身实践活动过程中创造出来的物质生活条件为根基的。②这里,马克思解构了旧唯物主义和唯心主义对幸

---

① 参见《马克思恩格斯全集》第3卷,人民出版社1960年版,第47—48页。
② 参见《马克思恩格斯选集》第1卷,人民出版社2012年版,第146页。

福主体的抽象理解，回到"现实的个人"的幸福。"现实的个人"幸福立足于"物质生活条件"，不断地创造新的物质生活条件，从而使"现实的个人"的幸福不断地生成。这样，马克思把幸福建立在现实的物质生产生活发展基础之上，而且赋予幸福创造性的内涵，凸显了"现实的个人"幸福的内在逻辑。要言之，"现实的个人"的幸福建立在物质生活实践基础之上，在历史中不断地自我创造和超越，从而彰显人的内在本性。

第二，在对马克思幸福主体的理解中，澄清"现实的个人"与"人"的区别是理解马克思幸福观的关键。据考证，马克思使用的德语名词 Individuum（复数为 Individuums 或 Individuen），专指"个人"，而不是指抽象意义上的人。在德语中，抽象意义上的"人"一般用另一个名词 Mensch（复数为 Menschen）来表示。很显然，Individuum 与 Mensch 是有重大差别的：前者的着重点是具体的、现实的个人，后者的着重点是抽象的人或整体的人。①这意味着，马克思强调的是具体的每个人的幸福，而不是抽象的"人"的幸福。正是在这个意义上，马克思认为，"现实的个人"的幸福就是"全面发展的个人"，它不是自然地形成的，而是在历史实践中形成的，现实本身就是感性的活动。有鉴于此，马克思曾指出，全面发展的现实性的个人，是历史活动的产物，而非自然的产物。这也即是说，全面发展的个人的存在是在他们自身共同的社会关系之中的，并且服从于他们所依赖的社会关系。②在马克思看来，"现实的个人"只有成为"全面发展的个人"，"现实的个人"的幸福才能变为现实。

第三，"现实的个人"的幸福与无产阶级的幸福是辩证地结合在一起的。马克思认为，只有无产阶级实现了幸福，"现实的个人"的幸福才能真正实现。在资本主义社会中，"现实的个人"的幸福是不可能的，因为资本主义社会是以"市民社会"为基础的，政治革命是市民社会的

---

① 参见俞吾金《被遮蔽的马克思》，人民出版社2012年版，第423页。
② 参见《马克思恩格斯全集》第46卷（上册），人民出版社1979年版，第21页。

革命，幸福只能是抽象的或形式的，无产阶级无法解放自己。只有到了共产主义社会，"现实的个人"的幸福才能变为现实，因为共产主义社会彻底扬弃了资本主义社会，是以人类社会为前提的。质言之，从市民社会到人类社会，无产阶级是推动历史进程的中坚力量，马克思之所以把实现"现实的个人"的幸福寄托在无产阶级身上，是因为：无产阶级运动作为一种独立的运动，不仅在于是由绝大多数无产者所参加的，而且还在于为了绝大多数人而谋利益。① 这里，马克思所说的无产阶级就是处于社会底层的广大民众，他们代表着人类的未来，肩负着实现人类幸福的重任。

第四，马克思认为，无产阶级的幸福观超越了抽象个人的狭隘的幸福观，把幸福放在整个世界历史中考量。没有整个人类实现幸福，即使个别地方实现了幸福，也不能算是真正实现了"现实的个人"的幸福。马克思指出，只有在世界历史的意义中，无产阶级才有存在的可能性，就好比在世界历史中考察共产主义的事业，它才有实现的可能。其实，各个人的世界历史性地存在，就是强调各个人在与世界历史的直接联系中存在。② 这意味着，马克思的幸福观具有开阔的"世界历史"视野，超越了历史上所有的幸福观的视域。

第五，在马克思看来，幸福就是"现实的个人"能够全面地占有自己的本质，各方面都能得到发展，人不再以非人的方式（如以物的方式或其他方式）表现自己。换言之，幸福既不是外在的金钱和权力，也不是内在的心理活动，而是总体性的范畴。幸福受现实的物质生产生活的制约，到了共产主义社会，社会财富极大丰富，人的精神境界提高，社会分工不再存在，人们的工作将不是生存的需要，而是满足人幸福的需要，幸福的总体性才能变成现实。马克思曾说，在共产主义社会里，特殊的活动范围对于任何人来说都是不存在的，而是可以在任何部门发展和进行生产，并且根据自身的兴趣，选择今天干这事，明天干那事，上

---

① 参见《马克思恩格斯文集》第 2 卷，人民出版社 2009 年版，第 42 页。
② 《马克思恩格斯选集》第 1 卷，人民出版社 2012 年版，第 166—167 页。

午打猎,下午捕鱼,傍晚从事畜牧,晚饭后从事批判。猎人、渔夫、牧人或批判者角色的互换,就使得人的真正兴趣得以挖掘。①这样,每个人都能够实现自己的兴趣,克服职业对人的异化,实现自我价值。这就需要人作为一个完整意义上的人,应该以一种全面的方式,占有自己的全面本质。②这意味着,只有"作为一个完整的人,占有自己的全面本质","现实的个人"的幸福才能实现。"作为完整的人,占有自己的本质"意味着"现实的个人"的幸福是全面的、多维度的,至少包括:物质生活、精神生活、情感生活、尊严生活、心理生活、艺术生活,等等。它们之间相互渗透、相互影响、相互作用,构成"现实的个人"幸福的丰富内涵。应该指出的是,人的幸福不是被动的,而是主动的,"人在选择时而不是被选择时才最成为自己;人是骑士而非马匹;人是目的的寻求者(而不仅仅是手段),并以他自己的方式追求目的;可想而知,追求的方式越多,人的生活就变得越丰满"③。幸福就是生活的丰富性、深刻性和全面性,片面、肤浅和单调是幸福的敌人。

第六,"现实的个人"的幸福就是实现"每个人自由而全面的发展"。马克思在《共产党宣言》中就指出,自由人的联合体将代替阶级和阶级对立的资产阶级旧社会,在这个联合体当中,每个人的自由发展是一切人自由发展的前提条件。④"现实的个人"只有在真正的"共同体"中,才能使幸福变为现实。马克思在《德意志意识形态》中指出,在人类历史上,存在两种不同的"共同体":一是"真正的共同体";二是"虚幻的共同体"。在马克思看来,共产主义社会是"真正的共同体",参加这个"共同体"的,不是作为阶级的成员,而是"现实的个人",个人与"共同体"之间不是"异化"、宰制的关系,而是一方的幸福以另一方的幸福为条件,双方共处于幸福链条之中。对于"虚幻的共同体",不是作为"现实的个人",而是作为阶级的成员,掌

---

① 《马克思恩格斯选集》第1卷,人民出版社2012年版,第165页。
② 参见《马克思恩格斯全集》第42卷,人民出版社1979年版,第123—124页。
③ [英]以赛亚·伯林:《自由论》(修订版),胡传盛译,译林出版社2010年版,第226页。
④ 参见《马克思恩格斯选集》第1卷,人民出版社2012年版,第422页。

管这个共同体的是少数统治阶级,因此,尽管他们打着代表人民利益的旗号,但实际上是为少数统治阶级服务的。因此,这对于少数统治阶级是"幸福",而对于人民大众则是痛苦。①因此,马克思说:"把每一个人都有完全的自由发展作为根本原则"的"真正的共同体",才是人类幸福的根基。

上文从六个方面论述了马克思幸福观的意蕴以及特征。这清晰地表明,马克思历史唯物主义视野中的幸福观,是建立于社会现实生活之上的,从人类现实生活实践中理解幸福。马克思的幸福观是开放的。它从"现实的个人"出发,探讨无产阶级的幸福与整个人类的幸福的内在关系,从而真实地超越了各种幸福观的狭隘视域。在马克思看来,不能把幸福归于一个方面,也不能把幸福归于内在因素和外在因素,而应从实践出发全面理解幸福的意蕴,幸福在本质上是总体性的,如果我们把幸福仅仅归于一个方面,或者某一个因素,势必误解马克思幸福观的丰富意蕴。

三 幸福的现实路径

在马克思幸福思想的意象中,实现"现实的个人"的幸福是其核心价值旨趣,这是马克思幸福观的鲜明立场。马克思幸福观建立于历史唯物主义之上,这意味着,马克思幸福观的实现路径立足于革命的实践。马克思曾指出,哲学家们不仅要用不同的方式去解释这个世界,更要改造这个世界。②马克思付诸实践批判与现实建构,从资本逻辑批判、劳动的解放和自由时间的获取三个维度探索幸福的实现路径。一言以蔽之,在马克思历史唯物主义视域中,只有扬弃资本逻辑,劳动的解放才有可能;只有劳动解放了,人们才能获得自由支配的时间,幸福才能真正实现。

首先,马克思是通过对现代社会的批判建构他的幸福观。所谓现代

---

① 参见叶汝贤《每个人的自由发展是一切人的自由发展的条件——〈共产党宣言〉关于未来社会的核心命题》,《中国社会科学》2006 年第 3 期。

② 参见《马克思恩格斯选集》第 1 卷,人民出版社 2012 年版,第 136 页。

社会"就是存在于一切文明国度中的资本主义社会"①。马克思正是在对资本逻辑以及社会生产关系的批判中,对人类未来的幸福路径进行建构的。在马克思看来,无论是宗教的"虚幻幸福",还是资本的"异化幸福",都不是真正的幸福。质言之,如果说马克思的宗教批判揭示了人们的虚幻幸福的内涵,那么,马克思的资本逻辑批判则揭示了被"物"的抽象所统治的"异化幸福"的特征。正因如此,马克思指出,人的自我异化的神圣形象被揭露之后,揭穿非神圣形象的自我异化,就成为服务于历史的哲学的迫切任务。②这里,所谓"非神圣形象的自我异化"就是以资本逻辑为核心以及它所体现的意识形态(民主、自由、平等,等等),它所代表的是少数人的利益,给少数统治阶级提供幸福的温床,对于人民大众则是苦难。正是在这个意义上,马克思在《资本论》中一针见血地指出:"资本来到世间,从头到脚,每个毛孔都滴着血和肮脏的东西。"③

依据马克思历史唯物主义的观点,我们发现,生活在资本主义社会,表面上是幸福的,可以从事自己想从事的工作、事业,实现自己的价值;实际上,这种幸福是虚假的幸福,因为每个人的背后都有一个看不见的东西在支配自己,就是资本主义社会生产关系以及在其支配下的社会权力。马克思指出,每个个人的活动或产品要想成为活动的产品,只有在交换价值中才能得以体现;所以货币作为孤立化和个体化的一般产品出现了。与此同时,每个个人只有是交换价值和货币的所有者,才能支配别人的活动并掌控社会财富。也只有这样,他们才会拥有社会权力和相应的社会联系。④资本是通过"物"及其观念表现出来的,是一种抽象的统治。

马克思进而指出:"抽象或观念,无非是那些统治个人的物质关系

---

① 《马克思恩格斯选集》第3卷,人民出版社2012年版,第373页。
② 参见《马克思恩格斯选集》第1卷,人民出版社2012年版,第2页。
③ [德]卡尔·马克思:《资本论》第1卷,人民出版社1975年版,第829页。
④ 参见《马克思恩格斯全集》第46卷(上册),人民出版社1979年版,第103页。

的理论表现。"① "物"及其的抽象表现形式或观念对人的统治,使人把"异化幸福"误认为"真实幸福"。马克思进一步指出,人变得片面和愚蠢,原因就在于,一个东西被我们占有,或者被当作资本而存在的时候,被我们吃、喝、穿、住等等的时候。简言之,在它被我们使用的时候,才是我们的。②因此,"物"对人的统治,使人完全丧失了幸福,从而也丧失了自我实现的价值。也就是说,不是人支配物,而是物支配人,人完全变成受物宰制的奴隶。这就意味着,人们并不能自由地发挥自身的体力和智力,而是饱受折磨和精神摧残,人们常常感受到的是不幸,而不是幸福。③人的"物化"把人降低为欲望的动物,没有精神追求和兴趣的动物,没有尊严和情感的动物,人变成受"物"支配的工具,所以,这必然意味着人的幸福的丧失。④

应该指出的是,马克思站在历史唯物主义的立场,在批判资本逻辑对人的幸福的遮蔽的同时,又充分肯定资本逻辑的内在发展及其创新为人类的幸福开辟了道路,异化的产生与异化的扬弃走的是同一条道路。马克思在谈到现实的个人的幸福时写道:"要使这种个性成为可能,能力的发展就要达到一定的程度和全面性,这正是以建立在交换价值基础上的生产为前提的,这种生产才在产生出个人同自己和同别人的普遍异化的同时,也产生出个人关系和个人能力的普遍性和全面性。"⑤ 马克思在批判资本主义"异化幸福"的同时,又充分肯定资本主义的发展为人类幸福的实现创造了条件。马克思从物质生产实践出发,奠定了幸福的历史唯物主义底蕴。《资本论》的副标题是"政治经济学批判",这意味着,马克思通过政治经济学批判阐释幸福的现实路径。这就启示我们,在当代中国的发展中,我们既要发展资本、创新资本,又要利用资本、限制资本。也就是说,在经济领域,必须发展资本、创新资本,以最大

---

① 参见《马克思恩格斯全集》第46卷(上册),人民出版社1979年版,第111页。
② 《马克思恩格斯全集》第42卷,人民出版社1979年版,第124页。
③ 《马克思恩格斯全集》第42卷,人民出版社1979年版,第93页。
④ 参见贺来《有尊严的幸福生活何以可能?》,《哲学研究》2011年第7期。
⑤ 《马克思恩格斯全集》第46卷(上册),人民出版社1979年版,第108—109页。

限度发展生产力;在社会领域,我们要利用资本、限制资本,使资本服务于人的幸福。

其次,马克思通过劳动解放建构他的幸福观。在马克思看来,劳动是幸福的源泉。但在资本主义社会里,劳动不仅不是幸福的源泉,而且是导致不幸福的根源,人们像逃避瘟疫一样逃避劳动,劳动被完全异化了。"我的劳动是自由的生命表现,因此是生活的乐趣。在私有制的前提下,它是生命的外化,因为我劳动是为了生存,为了得到生活资料。我的劳动不是我的生命。"① 因此,在马克思看来,要消除异化劳动,就要消灭私有制,"私有制使我们变得如此愚蠢和片面"。这样,人的幸福才能实现。马克思指出,一切属人的感觉和特征的彻底解放,都在于私有财产的废除,这种废除所带来的解放,无论是在主观上还是在客观上,都使得这些感觉和特性变成了人。② 马克思又指出,对私有财产的积极扬弃,其实就是说,通过现实生活中的人,对对象化了的人、人的创造物和人的本质的真正占有,不应当理解为享有和拥有,也不能理解为对物的直接和片面的享受。③ 人的幸福就是推翻使人的劳动异化的社会关系和社会制度(私有制),彻底根除劳动异化,使人能够在劳动中呈现自己的本质,使人的各方面彻底解放。

马克思进而认为,劳动解放是历史的,是现实的物质生产发展历史过程。在共产主义社会之前,由于还存在社会分工,异化劳动不可能真正根除。马克思认为,每个人都拥有一个强加于他的特殊的活动范围,其原因就在于分工的出现,他们并不能越出这个范围,只要他们想拥有生活资料,他们必须扮演猎人、渔夫、牧人或者批判者的角色,并且始终应该是这样的人。④ 这意味着,只要存在社会分工,人们工作是为了生存的需要,劳动异化就始终存在。到共产主义社会,私有制被彻底根除,社会分工已不存在,劳动才会真正成为人的幸福的源泉。马克思

---

① 《马克思恩格斯全集》第42卷,人民出版社1979年版,第38页。
② 参见《马克思恩格斯全集》第42卷,人民出版社1979年版,第125页。
③ 参见《马克思恩格斯全集》第42卷,人民出版社1979年版,第124页。
④ 参见《马克思恩格斯选集》第1卷,人民出版社2012年版,第165页。

说,到了共产主义社会,生产劳动会成为解放人的手段,而不是奴役人的手段,因为生产劳动给每一个人提供了展示自身体力和脑力的能力以及全面发展的机会,所以,生产劳动将会成为一种乐趣。① 在共产主义社会中,劳动成了解放人的手段,从而使人更具有个性和丰富性,幸福的意蕴更加丰富。

最后,马克思是通过获取自由时间来建构他的幸福观的。在现代社会,"资本逻辑"及其"进步强制"把人连根拔起,也就是说,每个人为了生存下去,不得不牺牲大部分时间从事劳动,真正属于个人的自由时间很少。尽管现代科学技术飞速发展,并没有从根本上增加人的自由时间,反而加剧了人的"物化","现代技术作为订造着的解蔽绝不是纯粹的人的行为,它摆置着人,逼促人把现实当作持存物来订造"②。霍克海默、阿道尔诺指出,由于在物质生产中供求机制被破坏,这些机制表现为一种控制手段的上层建筑,巩固着统治者的统治。资本主义的这种生产方式,使得他们用灵魂和肉体紧紧地控制着诸如工人、职员、农庄主和小资产者等消费者,并且让他们心满意足去消费资产阶级所提供的产品。③ 鲍德里亚在《消费社会》中也敏锐地指出,在现代社会,不断增长的物、服务和物质财富所构成的惊人的消费和丰盛现象存在于我们的身边,这使得人类的自然环境发生了根本性的变化。更为确切地说,在富人的身边,物的包围代替了原先人的包围。④ 这意味着,从某种程度上说,当代社会人的物化更加严重了。这表明,需要人们从"物"的包围中解放出来,从而使人们有更多的自由时间做自己喜欢的事情,幸福才能到来。无论是休闲的时间,还是从事高级活动的时间,自然都将把拥有自由时间的人变为其另外一个主体。⑤

---

① 参见《马克思恩格斯全集》第 20 卷,人民出版社 1971 年版,第 318 页。
② 孙周兴选编:《海德格尔选集》下卷,上海三联书店 1996 年版,第 937 页。
③ 参见[德]马克斯·霍克海默、[德]西奥多·阿道尔诺《启蒙辩证法》,洪佩郁、兰月峰译,重庆出版社 1990 年版,第 124 页。
④ 参见[法]让·鲍德里亚《消费社会》,刘成富、全志刚译,南京大学出版社 2014 年版,第 1 页。
⑤ 参见《马克思恩格斯全集》第 46 卷(下册),人民出版社 1980 年版,第 225—226 页。

马克思认为，人的积极存在实际就表现在时间上，时间是人发展的空间和人的生命的尺度。①从生存论角度看，时间是人的幸福实现的重要条件，体现了人的幸福的内在规定性。要言之，判断幸福的重要标准之一就是人能否自由地使用时间，从而全面满足自己的兴趣和发展各种能力。可以设想，如果没有自己可支配的时间，时间被大部分用来谋生，或者时间完全被"物"所占有，实现人的幸福是不可能的。正是在这个意义上，马克思指出，对于整个社会而言，创造能够产生自由支配的时间，也就是说，创造能够产生科学、艺术等的时间。②

在马克思历史唯物主义中，幸福与时间是密切地联系在一起的。在马克思看来，只有节约劳动时间，增加自由时间，才能为幸福的实现提供充分的条件。马克思认为，自由王国建立在必然王国的基础之上，真正的自由王国的开始，就在于人类自身能力的发展；同时只有工作日的根本性缩短，自由王国才能够繁荣起来。③随着现代科学技术的发展和劳动时间的缩短，人们的自由时间会更多，时间是人的积极存在，而不是消极的存在，这为人们幸福的实现提供了坚实的物质基础。④

四 结语

在西方哲学传统中，尽管对幸福的研究很多，但是，它们很少站在人民大众的立场。立足于历史唯物主义的实践探索人民大众的幸福，这使马克思幸福观的出场路径表现得与众不同。如果说，在传统的历史唯物主义教科书中，幸福问题是一块飞地，在某种程度上遮蔽了马克思历史唯物主义的本真精神；那么，在当代马克思历史唯物主义创新中，应该把幸福观作为历史唯物主义的核心思想。应该说，历史唯物主义在当代中国的重大历史任务，是展开对"资本逻辑"的批判，从而处理好资本与人民大众幸福的矛盾，进而实现历史唯物主义的当代转型和发展

---

① 参见《马克思恩格斯全集》第47卷，人民出版社1979年版，第532页。
② 《马克思恩格斯全集》第46卷（上册），人民出版社1979年版，第381页。
③ ［德］卡尔·马克思：《资本论》第1卷，人民出版社1975年版，第927页。
④ 参见俞吾金《实践与自由》，武汉大学出版社2010年版，第306—307页。

创新。

质言之，马克思历史唯物主义创新成为当代马克思主义研究的重大课题。众所周知，马克思历史唯物主义不仅具有现实批判的功能，而且肩负着为社会现实生活提供价值导向的重任。毫无疑问，马克思历史唯物主义的发展与创新，离不开对当代资本主义的理解与批判。卢卡奇曾指出，只有与资本主义新阶段的经济分析相联系，才能在社会实践基础上对重新理解马克思的尝试。① 当代资本主义的新变化，使人类的幸福更加"异化"，这需要我们借助当代国外马克思主义的理论眼光，弄清资本主义虚幻幸福的本质，从而使我们的社会主义现代化建设尽量避免出现"虚幻幸福"。要想实现这一目标，重要的任务就是辨明马克思历史唯物主义幸福观的逻辑前提、深厚意蕴、价值立场以及实践路径。

进而言之，当代中国正处在实现中华民族伟大复兴的征程中，人民幸福是中国梦的最高价值诉求，也是马克思主义中国化的最新成果。党的十八届五中全会通过的"五大发展理念"，是马克思幸福观在实践中的运用与发展，是通往人民幸福的"桥梁"。坚持"五大发展理念"，要求我们把人民大众的幸福作为一切实践的根本，尤其要在创新发展中，始终围绕人民大众的幸福，真正消除阻碍人民大众幸福的各种障碍。要言之，通过各种体制创新、机制创新和资本创新，调整阻碍人民大众幸福的各种社会关系和各种社会制度，从而使人民大众的幸福落到具体的实践中。

---

① 参见［匈］格奥尔格·卢卡奇《关于社会存在的本体论》上卷，本泽勒编，白锡堃等译，重庆出版社 1993 年版，第 295 页。

第二节　中国道路与马克思主义实践观

马克思主义实践观,不仅具有当下的现实性,而且寄寓着超越当下的理想性,也就是说,马克思主义实践观诉诸实践批判并且本身就贯穿在当代人类实践的伟大历史进程之中。一言以蔽之,马克思主义实践观本身就具有对未来的筹划,要求在当代人类实践的具体化进程中,探索出实现社会主义或共产主义新文明的可能性。[①] 美国学者宾克莱在《理想的冲突》中认为,马克思主义是迄今为止人类提出的最美好的理想。马克思主义的实践观不仅能够解释世界,更重要的是改变世界,改变世界就是超越当下的世界文明,建构新的世界文明,进而实现人类的自由全面发展。毫无疑问,马克思主义实践观开创的新文明,在当代中国体现在以国家富强、民族振兴、人民幸福为宗旨的中国梦之中,它内在地包含马克思主义与中国特色社会主义道路的辩证统一。从根本意义上说,中国特色社会主义道路是马克思主义实践观的现实形态,丰富和发展了马克思主义实践观的内涵,是马克思主义实践观发展的里程碑。正因如此,建立在马克思主义实践观基础之上的中国梦不是一般的梦,也不是空洞的口号,而是思想内涵非常丰富的梦,思想境界较高的梦,它不仅是实现中华民族伟大复兴的坚实根基,而且是生成人类新文明的内在动力;所以,实现中国梦不仅会造福于中国人民,而且会造福于世界各国人民,为人类新文明的形成奠定基础。从马克思主义实践观的高度审视中国梦的思想内涵,不能不提及三个重要问题:一是中国梦的真实根基,二是中国梦的本质特征,三是中国梦的创新内涵。之所以要提出这三个问题,是因为中国梦在

---

① 吴晓明:《马克思主义的当代意义》,《中国社会科学报》2013年第8期。

实践上植根于中国特色社会主义道路,在理论上源于马克思主义理论创新,马克思主义实践观是中国梦的哲学基础,也就是说,中国梦回答了未来的中国是什么样、未来的世界是什么样、未来的人类文明是什么样的问题。不用说,理解中国道路与马克思主义实践观的内在关系,是把握中国梦思想境界的关键。

一 中国梦表征的时代精神

中国梦真正切入了时代的中国问题,是当代中国时代的呼声和格言,开启了实现中华民族伟大复兴的新征程。这是因为,中国梦的真实根据是中国特色社会主义道路,它是中华民族伟大实践的结晶,表征着中华民族实践、求索的心路历程,正如习近平总书记所说,中国特色社会主义道路是在改革开放 30 多年的伟大实践中走出来的,是在中华人民共和国成立 60 多年的持续探索中走出来的,是在对近代以来 170 多年中华民族的发展历程的深刻总结中走出来的,是在对中华民族 5000 多年悠久文明的继承中走出来的。这就深刻地表明,中国特色社会主义道路是中华民族实践智慧的深刻表征,它凝结了中华民族的心智发展历程,具有深刻的哲学内涵。中国梦是对中国特色社会主义新的发展阶段在实践和理论上的提升,真切地表达了中华民族的希望和追求。

进一步说,中国特色社会主义道路真切地切入了中国的社会现实,开启了中华民族伟大复兴的新境界。这是因为,它从理论上获得了自己的独特性,就是中国特色社会主义理论体系,这个理论体系是马克思主义实践观在当代中国的具体化,而且是马克思主义实践观在当代中国的创造性运用。中国特色社会主义道路已经摆脱了西方实践乃至理论的纠缠,并且日益成熟、完善。中国特色社会主义道路自信、制度自信和理论自信表征了中国特色社会主义伟大实践的创造性,形成了自己的独特风格——中国特色。没有这个中国特色,就不可能真正形成马克思主义实践观的中国化,也不可能形成马克思主义实践观发展的新形态;同样地,没有马克思主义实践观的中国化,中国特色社会主义道路就不可能真正形成。从本质意义上说,只有一种实践真正地获得了它自己的独特性,并且还吸纳了它那个时代人类一切文明的成果,它才能真正担当历史的重任,并且为开辟新文明提供方向标。中国特色社会主义道路具有自己的特殊性,而且吸收了人类文明的一切成果,它正在开辟新的文明道路。所以,中国特色社会主义道路不仅具有中国意义,而且具有世界意义。随着中国社会迈入更加现代化和更具创新性的阶段,中国特色社会主义的实践和探索也进入了一个全新的境界,它表现得更加欣欣向荣和充满活力,更加充满自信,前途更加光明。这一过程赋予了中国的马克思主义研究者新的使命和责任:反映和刻画中国社会的转型变迁,概括和总结这一过程中的中国经验,把新型社会主义在中国的日常生活、组织形式转变、制度变迁、社会和社区建设、文化价值观和文化话语建构的实践,把当代中国社会的多姿多彩、活力澎湃、昂扬奋进的真实形貌,把马克思主义对现实社会问题、矛盾和冲突的困惑和关切,以及对我们时代所能达到的成就的期望和畅想,把当代中国的民生问题,特别是人民群众亟须解决的问题,以客观而生动、真实而宏阔、严谨而激越的笔触,写入当代中国马克思主义研究的每一页。[①]因此,当代中国的马克思主义研究者应该把中国特色社会主义实践中的重大理论与实践问题,提升为马克思主义实践观的核心问题,使其成为马克思主义实践观的重要概念和范畴,并且,把马克思主义实践观用于分析和解决重大的社会实践问题,真正推进当代中国的实践创新。中国特色社会主义与马克思主义实践观不是两个问题,而是同一个问题的两个方面,也就是说,中国特色社会主义如果脱离马克思主义实践观,就不是中国特色社会主义了,中国特色社会主义只有在马克思主义实践观的指导下,才是对科学社会主义的发展与创新;同样可以说,马克思主义实践观,如果脱离中国特色社会主义,就会变成抽象的教条,脱离马克思主义发展的轨道。不论人们是否认识到,或者是否承认,抑或从内心深处是否

[①] 郑杭生:《当代中国社会转型的实质:新型社会主义的成长》,《中国社会科学内刊》2007年第2期。

相信，一个无可争辩的事实是，中国特色社会主义道路从实践上丰富和创新了马克思主义实践观思想，使其内涵更加丰富。正是在当代中国改革开放的伟大实践中，马克思主义实践观的强大生命力得到了生动的体现。毫无疑问，马克思立足于自觉的生活实践，自觉地把开放创造作为理论的生命之源。这就是说，马克思实践优先的思想，彻底瓦解了从原则和教条出发来宰制生活实践的惯习，把理论从自我封闭中解放出来，从而真正实现了理论的解放和实践的解放。应该说，这与马克思追求人类幸福、自由和解放的思想信念与价值理念是密切相关的。马克思主义实践观所达到的思想境界，是马克思献身人类福祉、追求人类解放的生动体现。完全可以说，实践优先与开放创造，构成了马克思主义实践观的核心思想，也是马克思主义的思想境界。①显而易见，马克思主义实践观不仅规制现实世界是什么样，而且还规范现实世界应该是什么样，它实现了事实世界与价值世界的内在统一，也就是现实性与理想性的有机统一。正是从这个意义上说，马克思主义实践观的思想境界在中国特色社会主义道路上得到了真正的体现，并且获得了创造性的发展；同样，中国特色社会主义道路也是在马克思主义实践观的指导下，实践优先、开放创造的新型独特道路。中国特色社会主义是一项伟大的开创性事业，伟大的事业必有伟大的梦想，换言之，支撑今天中国特色社会主义伟大事业的理想信念是中国梦，它们的内在依据是马克思主义的实践优先，勇于创新。中国梦展现了中华民族更加美丽的未来，理论视野宽广，思想内涵丰富，需要我们深入研究。如果理论活动只醉心于象牙塔中的寻章摘句，只向西方学术话语寻找灵感，只满足于脱离实际的高谈阔论，在当代中国马克思主义发展的机遇与它所承担的使命与责任之间保持距离，则势必摆脱不了时代弃儿的命运。②正如毛泽东所指出的，如果有了正确的理论，只是把它空谈一阵，束之高阁，并不实行，那么，再好的理论也是没有意义的。马克思主义实践观的当代意义，不

---

① 高清海：《思想解放与人的解放》，黑龙江教育出版社2004年版，第155页。
② 孙麾：《写在稿纸的边上》，中国社会科学出版社2011年版，第188页。

是原封不动地躺在那里的,而是在与时代的不断对话中,与社会现实生活的不断对话中彰显出来的。应该说,盲目把西方的理论拿到中国来,用它来套中国的问题,是一种理论上的懒汉行为。我们知道,西方理论在西方是正确的,它是对西方问题的应答,是在西方的社会现实中生成的。我们之所以深入研究西方理论,是为了了解西方理论产生的历史语境以及解决问题的方式,从而为我们提供解决自己问题的思路。也就是说,把西方的理论作为一面镜子,反观我们自己所面临的问题,从而使我们少走或不走弯路,这才是马克思主义的态度。因而,马克思主义研究,要善于捕捉时代的问题,在伟大的社会实践中敏锐地发现问题。显而易见,中国特色社会主义与中国梦的内在关系问题,就是当前马克思主义研究的核心问题,就是马克思主义中国化的重要问题,就是当代中国的时代问题,也是我们自己的"中国理论"问题。

二 中国梦的理论创新

中国梦的真实根基是中国特色社会主义,具有独特的实践语境。中国梦从理论渊源上看是马克思主义实践观的创新;从实践的维度看,是中国特色社会主义道路的深化,二者始终保持内在的张力,所以中国梦具有与众不同的思想境界。马克思指出,极为相似的事情,在不同的历史环境中出现会导致完全不同的结果。如果把这些发展过程分别加以研究,然后再把它们加以比较,我们就会很容易地理解这种现象。这就意味着,中国梦与美国梦是在不同的"历史环境"中形成的,从而形成不同的思想境界。众所周知,美国梦最早是通过屠杀印第安人和贩卖黑人形成的,一开始就充满血腥的暴力和残忍,并且逐渐演变成霸权主义和强权主义的价值理念。与美国梦相比,中国梦的思想境界就比较高,这是因为,中国梦是中华民族生命实践的结晶,它内在地蕴含着中华民族的兴衰、荣辱、苦难、复兴。我们知道,鸦片战争以降,中华民族陷入深重的灾难,受尽屈辱,几乎世界上大大小小的帝国主义国家都欺负过我们。面临多灾多难的中华民族,众多仁人志士努力寻找救国救民之路,诸如自由主义、民族主义、资本主义、实用主义、无政府主义等,但最终都未能挽救中国。直到中国人民在中国共产党的领导下，把马克思主义的普遍真理与中国的具体实际结合起来，才实现了民族独立和解放。中国共产党领导中国人民走的是中国特色社会主义道路，这是中华民族伟大复兴之路，也是一种新文明之路。

中国特色社会主义道路既不能用西方自由主义的理论来解释，也不能用俄罗斯历史上存在过的民粹主义来解释，同样不能用民主社会主义来解释。因为它们都忽略了作为执政党的中国共产党在中国特色社会主义道路上的坚强领导作用。我们知道，俄国跨越"资本主义制度的卡夫丁峡谷"的前提是爆发俄国革命，而俄国革命的前提是俄国共产党的领导。因此，没有俄国共产党的领导，以后的一切都不可能发生。同样，没有中国共产党的领导，中国特色社会主义道路就不可能形成，现在的一切也不可能发生。① 这就深刻地启示我们，唯有在中国共产党的领导下，走中国特色社会主义之路，中华民族的伟大复兴才能真正实现。民族的苦难直到今天仍令每一个中国人刻骨铭心，更加体认到，实现国家富强、民族振兴、人民幸福的中国梦，不仅是历史的担当，也是对世界和平与发展做出的重大贡献。完成这个重大的责任和历史使命，离不开马克思主义中国化的创新。回忆历史，稍加思考，我们就会发现，20世纪中国选择马克思主义，具有历史的必然性，也就是说，是对西方资本主义的一种反映，或者说是一种超越的努力，这就为中国特色社会主义的形成奠定了基础。应该说，对置身于列强环伺的境地，随时有可能被瓜分的中国来说，马克思主义至少在以下几个方面具有吸引力：马克思主义是反对资本主义或帝国主义的；马克思主义是反对西方的；马克思主义是一种普遍主义；马克思主义是科学的客观规律；马克思主义是世界性与民族性的统一；马克思主义是超越工业文明，开拓人类新文明的理论与实践统一的实践创新理论；马克思主义是现实性与理想性的统一。20世纪的中国革命，通过对底层民众的广泛动员与组织，建立起了一个独立而强大的新中国。改革开放以后，中国则通过部分融入资本

---

① 俞吾金：《被遮蔽的马克思》，人民出版社2012年版，第458页。

主义全球体系，成为一个经济大国。①未来的新时代，马克思主义将引领中国，在充分吸纳全球化和现代性优秀元素的基础上，继续走中国特色的现代化之路，并且会总结已有的经验，在实践中扬弃不足及其局限，创造性地生发出独特的文明，实现中国的富强、民主、文明与和谐，从而为人类作出重大的贡献。历史与实践将再次证明，在新的时代，以马克思主义为理论武器的中国人民，会再创奇迹，实现中华民族伟大复兴的中国梦。

应该看到，从最根本的意义上说，中华民族在五千年的文明历程中所形成的克己复礼；天人合一；和而不同；己所不欲，勿施于人；天下大同的思想境界，是中国梦的思想基因，它内在地体现了中国梦必须传承中华民族在五千年的文明历程中所形成的优秀元素。也就是说，中国梦不能脱离中国的优秀传统，但这里的传统是不断发展的传统。正如黑格尔所说，传统并不仅仅是一个管家婆，只是把她所接收过来的忠实地保存着，然后毫不改变地保持着并传给后代；传统不是一尊不动的石像，而是生命洋溢的，有如一道洪流，离它的源头愈远，它就膨胀得愈大。这就意味着中国梦的思想境界较之于美国梦是更高的，因为美国梦基本上没有自己的思想文化传承，是在"原始"的意义上开创的。正如有的学者所指出的，美国梦的精神原则是个人主义、自由主义、实用主义、竞争主义和征服主义，它只对自己负责，不对他人负责，只为自己谋幸福，而不顾及他人；也就是说，美国梦的幸福是建立在他人不幸福的基础之上的，是通过粉碎他人的梦想而成就自己的梦想，所以，美国梦不会给世界人民造福，反而会对世界造成严重的威胁。相比之下，中国梦的思想境界远远高于美国梦。中国梦不仅造福中国人民，同时也造福世界人民；不仅强调自己的发展，而且注重世界的发展，始终把世界各个国家、各个民族的共存共荣作为自己的追求目标；不仅不把自己的意志强加给别人，而且尊重多样性、差异性，求同存异；不仅不会牺牲别人的利益来发展自己，而且会通过自己的发展促进世界上其他国家和

---

① 李云雷：《文学为表达中国传统提供新的可能》，《社会科学报》2011年11月。

民族的发展；更为重要的是，中国梦倡导的是世界上各个国家与民族和谐、共生的幸福生活。中国梦之所以有如此高的思想境界，是由中国的优良传统决定的，也是由马克思主义实践观的根本思想决定的。不消说，美国梦实现的至多是自己的梦，它的理论根基是主宰、征服世界，仍然是现代工业文明的延续；实践表明，现代工业文明已经是疾病缠身，不可能代表人类的未来，因此，美国梦不可能生成代表人类未来的新文明。相比之下，中国梦蕴含了中华民族五千年优秀思想的精华，并可以提升到马克思主义实践观中的核心领域，它生成的是代表人类美好未来的新文明。所以，中国梦对于现实的历史进程必将产生重大而深远的影响，必将对人类文明的进步起着不可或缺的重要作用，必将对人类新文明的塑造起着重要的促进作用。一言以蔽之，中国梦将实质性地推进人类新文明的发展与创新。

三　中国梦的思想高度

如果说，中国梦正是由于在实践上立足于中国特色社会主义道路，在理论上源于马克思主义的实践优先、开放创造，才具有独特的魅力；那么，中国梦之所以对于世界具有巨大的感召力，是因为它思想的创新性和包容性，满足了人类的渴望，使人类看到了一个更加美丽的世界。中国特色社会主义道路作为中华民族伟大复兴之路，是异于西方之路，其哲学也有自己的独特视域，就是以马克思主义为指导，具有开放、包容的哲学境界，这是中国梦的哲学基础，因而，中国梦不仅立足于中国，而且放眼世界，是中国眼光和世界眼光的辩证统一。

首先，中国梦的思想基础是马克思主义实践观。马克思在《共产党宣言》中提出，代替那存在阶级和阶级对立的资产阶级旧社会的，将是这样一个联合体，在那里，每个人的自由发展是一切人自由发展的条件。"每个人的自由发展是一切人自由发展的条件"是马克思终生追求的目标，也是马克思主义的核心思想，这是中国梦重要的思想基础。事实上，从邓小平的"三个有利于"到江泽民的"三个代表"，从胡锦涛的"立党为公、执政为民"到习近平的"让所有中国人梦想成真"，这深刻地表明，中国梦从实践和理论上践行着马克思"每个人自由全面发展"的思想。中国梦不仅体现在宏观方面，还体现在微观方面。事实上，马克思主义实践观绝不是从宏大的、空洞的、抽象的原则出发，而是从现实的个人出发；换言之，关心每个人的生存与发展，尤其关心弱势群体的生存与发展是马克思主义实践观的本质内涵。质言之，任何打着高尚道德的旗号，为特殊权势集团的利益辩护，无视弱势群体根本利益的人，尽管口号喊得震天响，调子唱得如何高，但骨子里都是反马克思主义实践观的。查尔斯·L.坎默曾经在一本书中写道："在犹太—基督教传统中，我们生活的各个方面均按照'以人为本'来安排。""基督教强调所有人的平等，强调需要用最不幸的人们的待遇来衡量我们的社会。""我们的所有政策，所有社会结构，必须首先根据对穷人、对无权势的人和对少数民族产生的作用而判断。这一考虑不能成为只对某些优先考虑增强国力或提高经济生产力的政策的事后回顾或拾遗补阙。""我们的社团必须设计成为可以确保穷人获得他们的人性全面发展所需要的一切必要资源，我们各种机构的结构必须使无权势者成为我们社会的完全的人和发挥作用的成员。"①坎默不是马克思主义者，但他的这些精辟见解可以为我们发展马克思主义提供思想资源。中国梦应该立足于马克思主义实践观，始终把以人为本，实现每个人的自由全面发展作为自己的价值旨趣，也就是习近平总书记所说的实现人民幸福。

其次，正如前文所述，中国传统文化源远流长、博大精深，是形成中国梦的思想基因。中国梦不是对中国传统文化的照抄照搬，而是实现中国传统文化的现代转型，使之转换解决当代中国及世界面临的问题。马克思告诉我们，先进阶级不能从过去，而只能从未来汲取自己的实情。它在破除一切对过去的事物的迷信以前，是不能开始承担自身的任务的。这就启示我们，实现中国传统文化的现代转型，本身就是马克思主义中国化的重要组成部分，也就是说，马克思主义与中国传统文化

---

① [美]查尔斯·L.坎默：《基督教伦理学》，王苏平译，中国社会科学出版社1994年版，第205—207页。

的"视域融合",是当代中国马克思主义实践观创新的需求,也是马克思主义当代意义的体现。应该说,恐怖主义问题、核威慑问题、生态问题、气候问题、生活世界的异化问题,等等,是当代中国和世界面临的共同问题。历史与实践表明,西方思想文化无法解决人类面临的这些问题。很多睿智的思想家已经敏锐地发现,真正解决这些问题,应该从中国传统文化中寻找思想资源。中国梦所蕴含的中国传统思想文化的现代转型及其对马克思主义实践观的创新,不仅具有中国意义,而且具有世界意义。

最后,中国梦具有开放、包容的思想境界,它充分吸收了西方思想文化的一切优秀成果,并创造性地运用与发展,从而真正成为"时代精神的精华"和"文明的活的灵魂"。可以说,中国梦的思想视野是宽广的,它开放、宽容,从不抱残守缺,而是勇于吸收一些新思想、新观点,从而使之始终站在时代的制高点上。中国梦催生人类新文明,并引领新文明的发展。

需要指出的是,中国梦以真理本身为对象。真理探讨本身应该是合乎真理的;合乎真理的,不仅要立足于当下的社会现实,而且要具有超越当下的社会理想。真理的各个分散环节最终都相互结合在一起。真理探讨的方式应该随着对象的改变而改变。中国梦创造性地实现了马克思主义、中国传统思想文化、西方思想文化优秀元素的辩证"融合",它既坚守了"中国特色",又充分吸收了人类文明的一切优秀成果。正因如此,中国梦站在当代中国和世界的制高点上,以思想的深刻性、凝练性、超越性引导人类走向美好的未来。所以,中国梦不仅是中国人的梦、民族的梦,同时也是世界人民的梦,这种崇高的思想境界是美国梦无法企及的。

总而言之,中国梦是时代的眼睛,是时代的真理,站在高处,居高临下,洞察时代的问题。一百年前,梁启超敏锐地指出:"今世纪之中国,其波澜俶诡,五光十色,必更有壮奇于前世纪之欧洲者。哲者请拭目以观壮剧,勇者请挺身以登舞台。"梁启超的这一梦想在当代中国正在变成现实。马克思认为,在每一时代,人类所创造的最细微、最精致的东西最终都凝聚和体现在哲学思想里。可以说，人类所创造的最细微、最精致的东西都体现在中国梦中，这是中国梦的魅力所在。

第三节　理解中国道路的马克思主义哲学中国化创新向度

中国道路的成功深藏于马克思主义哲学中国化的创新之中。这就启发我们，理解中国道路需要马克思主义哲学中国化向度，即是说，中国道路与马克思主义哲学中国化创新是内在统一的，马克思主义哲学中国化创新对中国道路的开辟具有根本性的指导意义，中国道路的开创丰富和发展了马克思主义哲学中国化的内涵。简言之，马克思主义哲学中国化创新与中国道路是本质同一的。

探索中国道路的丰富意蕴，应该立足于时代的真实内涵，"每一个时代的理论思想，从而我们时代的理论思想，都是一种历史的产物，它在不同的时代具有完全不同的形式,同时具有完全不同的内容"[①]。每一时代都是在历史的伟大实践中体现的，中国道路是时代的结晶，具有历史的必然性。深入研究表明，中国道路的成功得益于马克思主义哲学中国化的发展与创新。简言之，中国道路与马克思主义哲学中国化是内在统一的，中国道路的开创丰富和发展了马克思主义哲学中国化的内涵，而马克思主义哲学中国化为中国道路的开创指明了正确的方向。正是在这个意义上，理解中国道路的马克思主义哲学中国化向度，不仅对增强道路自信，而且对理解马克思主义哲学的本质精神都具有重要的意义。

---

① 《马克思恩格斯选集》第 3 卷，人民出版社 2012 年版，第 873 页。

一　中国道路与马克思主义哲学中国化的内在统一

马克思指出："一切划时代的体系的真正的内容都是由于产生这些体系的那个时期的需要而形成起来的。"① 马克思主义哲学中国化是在改革开放的伟大实践中发展和创新的，为适应改革开放的时代需要而不断被赋予新的内涵。从根本意义上说，马克思主义哲学中国化发展与创新是改革开放伟大实践的哲学自觉，它内在地表征了我们这个时代的精华和文明的活的灵魂，也就是说，马克思主义哲学中国化的发展与创新是中国道路的理论"航标"。

首先，这里所说的马克思主义哲学中国化发展与创新，意味着它的理论以马克思主义哲学在当代中国的发展与创新为前提，也就是马克思主义哲学中国化的最新理论形态，从邓小平理论到"三个代表"重要思想，从科学发展观到习近平重要讲话精神，都是马克思主义哲学中国化最新理论形态的结晶。这是因为马克思主义哲学中国化的最新理论形态真正地立足于中国的具体国情，坚定地遵循马克思主义哲学的本真精神，关注中国当代暴露的重大问题和不足，并予以解决和完善，使中国发生了翻天覆地的变化，它内在地表征了马克思主义哲学的创新精神。

众所周知，按照马克思的看法，中国社会的性质是极为特殊的，中国既没有经历过罗马的奴隶社会形态，也不曾存在过欧洲中世纪的封建社会，中国传统社会是以农村公社为核心的亚细亚生产方式，这就为超越资本主义创造了条件。所以，中国革命是一种特殊的存在。它不同于马克思所预见的传统的社会主义革命，即以吸收资本主义的一切优秀的文明成果为前提的革命，而是立足于东方落后国家的，既要跨越资本主义的卡夫丁峡谷又要享用资本主义成果的社会主义革命。正如葛兰西所说，对欧洲的社会主义革命而言，关键是如何掌握意识形态领导权；而对东方社会来说，关键是如何发展社会生产力。正是在这个意义上，邓小平把当代中国的社会定位为社会主义初级阶段，彻底摆脱欧洲中

---

① 《马克思恩格斯全集》第 3 卷，人民出版社 1960 年版，第 544 页。

心主义的羁绊，恢复中国作为东方大国的地位。① 正是中国国情的特殊性，才需要把马克思主义哲学的基本原理与中国的具体实践内在地联系起来，不断地发展与创新马克思主义哲学中国化，解决中国发展中的问题。邓小平深刻地把握了中国国情的特殊性，将马克思主义哲学的创新与马克思主义哲学的本质精神内在地结合起来，丰富和深化了中国特色社会主义道路的内涵，实现了马克思主义哲学中国化的新发展。显然，以马克思主义哲学真精神为核心的马克思主义哲学中国化的新形态，真正切入了中国的实际，并引领中国走自己的道路——中国特色社会主义道路。很显然，中国道路本身就是马克思主义哲学中国化的实践结晶。事实上，中国道路与马克思主义哲学中国化创新是一个有机的整体，彼此辩证地相互促进。

其次，马克思主义哲学中国化发展与创新必须立足于当代中国的历史性实践，需要对中国道路进行哲学提升。这也意味着，马克思主义哲学中国化与中国道路的关系是哲学中的问题与问题中的哲学的关系（陈先达语）。中国道路始终离不开马克思主义哲学精神的指导，倘若离开了马克思主义哲学的指导，中国将会多走弯路，甚至走上歪路、邪路。马克思主义哲学中国化发展与创新是对中国道路的哲学提升，是中国道路的哲学凝练。即是说，马克思主义哲学中国化发展与创新的深刻内涵在于：在实践基础、核心主题、问题导向、思想方式、价值目标、语言风格等方面，都是对中国道路诸问题的理论自觉。

毫无疑问，随着中国社会的发展迈入更加现代、更新现代、更加全球化、更加世界化的阶段，中国社会的发展将更具有创新性。这同时也意味着，中国特色社会主义的发展和创新打开了一个前所未有的新视域，表现出极大的自信，激发了社会发展的动力，迎来了更加光明的前途。显而易见，我们的马克思主义哲学研究，尤其是马克思主义哲学中国化的研究，在诸多方面还没有真正触及中国特色社会主义的重大实践。有的学者敏锐地指出，改革开放以来，中国的经济发展的奇迹使全

---

① 俞吾金：《被遮蔽的马克思》，人民出版社2012年版，第547—546页。

世界惊奇，无论是新自由主义，还是保守主义都无法解释中国经济的发展原因。我们在经济理论研究方面，可以获得多个诺贝尔奖。事实上，我们的实践发生了极大的转变，而我们的理论创新严重滞后。

进一步说，这就向我们提出了一个重要的问题：如何才能真实地把握当代中国的实际？毫无疑问，从时间上看，当代中国处在21世纪，但从历史的逻辑上看，问题较为复杂。这就意味着，我们必须站在历史发展的内在逻辑上，把握中国实际的内涵。我们认为，把握中国实际要从总体性的视域出发，彻底扬弃教条的、僵化的、简单看问题的视角。可以这样认为，中国总体上存在这样几种观念：一是前现代的价值观念，它的积极方面是天人合一、厚德载物、自强不息等；它的消极方面是等级至上、官本位、特权至上、身份本位等。在社会现实生活中，这些消极方面的观念甚至超过积极方面的观念，支配我们的行动。二是现代性的观念，积极的方面是珍惜生命、尊重人权、追求民主、崇尚自由等；消极的方面是信仰缺失、自我中心、利己主义、金钱权力至上等。三是后现代的观念，反省现代性的后果，它积极的方面是，注重差异性、多样性，追求公平正义，强化生态文明；消极的方面是急功近利、弱化共识、缺乏信仰、虚无主义盛行。[①] 应该说，中国道路从价值体系上看，存在上述多种价值旨趣，在马克思主义经典著作中，对上述问题的分析和批判都有明确的理论指向。问题是，我们今天的时代相比于马克思所处的时代发生了重大变化，这就需要从马克思主义哲学的内在精神中把握马克思主义哲学的当代意义，也就是我们常说的马克思主义哲学中国化发展与创新。

这就深刻地启发我们，不能照抄照搬西方，也不能盲目地跟着西方亦步亦趋，我们必须确定自己的"实际"。真正地说来，西方发达国家已经处在后现代阶段，而我们主要还处在现代阶段，甚至前现代的东西在我们的日常生活和思想中还根深蒂固。例如，辛亥革命已经发生一百多年了，但是，我们的官本位、等级制、特权思想还在从根本上起重要

---

① 俞吾金：《被遮蔽的马克思》，人民出版社2012年版，第407—408页。

作用，这是不争的事实。再如，按照马克思的看法，中国没有西方意义上的封建社会，中国传统社会的性质是血缘关系、等级关系，可是在我们的主流媒体中缺乏马克思主义哲学的真精神，更多的是僵化、教条、任性。

再次，正因如此，马克思主义哲学中国化发展与创新应该对中国的传统实现创造性转换，使之成为当代中国价值理念的新血液。事实上，真正的传统不是死的，而是仍然活在今天。这就意味着中国的传统文化在当代中国的历史性实践中具有不可或缺的重要作用。中国道路扎根于中国的传统之中，又对传统进行了创造性转换。这就启示我们，中国特色社会主义道路是中国人民实践智慧的结晶，具有鲜明的时代特色和民族特色。

这里，需要确证传统在马克思主义哲学中国化过程中的地位和作用。已有学者区分了传统文化和文化传统的内涵。文化传统是过去的东西，不可能对今天的生活起根本性的作用；而传统文化尽管在过去形成，但在今天仍然起重要的作用。正是从这个意义上说，文化是一个民族得以存在和发展的基石。换言之，一个民族之所以是该民族，是因为传统文化把这个民族紧紧地连接在一起。我们知道，犹太民族由于种种原因，两千多年来，没有国家，没有家园。犹太民族之所以没有灭亡，也没有被其他民族同化，主要原因在于，犹太民族坚守了自己的传统文化，而且不断地对自己的文化进行发展与创新，成为自己生存和发展的"灵魂"。从根本上看，马克思主义哲学中国化发展与创新离不开中国的传统文化，或者说，传统文化本身即是马克思主义哲学中国化的重要维度之一。当然，传统文化是不断地发展的，其内涵在不断地自我更新。

最后，中国道路处在"世界历史"的时代，地球成为地球村，世界密切地联系在一起。正因如此，它吸收了人类一切文明的优秀成果，并创造性地转变为自己的有机成分。这就意味着，马克思主义哲学中国化不仅具有民族性、时代性，而且具有世界性的意蕴。这就深刻地启示我们，马克思主义哲学中国化发展与创新不仅表征着中国道路，而且表征着人类文明的新境界。

事实上，无论是马克思主义哲学，还是马克思主义哲学中国化，抑或是中国道路，都不是孤芳自赏的，而是具有开阔的视野。这就是说，它们吸收了人类文明的一切优秀成果，或者说，它们本身就是人类文明的重要组成部分。人们常说，马克思主义既是世界主义，又是民族主义。马克思自己也曾经多次说过，越是世界的，就越是民族的；越是民族的，就越是世界的。就此而言，马克思主义哲学中国化发展与创新不仅要立足于中国，还要立足于世界。从矛盾的普遍性与特殊性的辩证关系来看，中国道路体现了矛盾的特殊性，世界历史视野体现了矛盾的普遍性，二者不是相互分离的，而是对立统一的。

从根本的意义上说，哲学是思想的事业，把坚持真理、捍卫真理作为自己的神圣职责，从而推动时代的发展。从最本质的意义上说，哲学是民族的灵魂，表征着一个民族对它自己的思想自觉所达到的高度和深度，体现着它的心智发育和成熟的水平。因此，马克思主义哲学中国化就是中华民族的思想自我，是中华民族伟大复兴的思想基因。① 这就提示我们，马克思主义哲学中国化发展与创新从思想上引导和开启中国道路，从而为实现中华民族伟大复兴创造源源不断的思想酵素。

二 中国道路的马克思主义哲学中国化的内涵

在更加深入的讨论中，我们发现，马克思主义哲学中国化发展与创新不仅具有坚实的哲学根基，而且深藏于改革开放的伟大实践之中。简而言之，马克思主义哲学中国化发展与创新就是中国道路的哲学理念，中国道路就是在马克思主义哲学中国化发展与创新的思想引导下形成与开创的。中国道路的马克思主义哲学中国化向度的深刻内涵体现在以下方面。

第一，实践优先、开放创造的哲学担当。中国道路不是在思辨中而是在生活实践中形成的。马克思指出，全部社会生活是实践的。任何理论只有在实践中才能得到验证与发展。这深刻地启示我们，当代

---

① 高清海：《思想解放与人的解放》，黑龙江教育出版社 2004 年版，第 238 页。

中国实践哲学把生活实践放在重要的地位,一切理论都要从生活实践中考量和检验。要言之,在理论与实践的关系中,实践居于优先的地位,理论必须遵循并创造性地响应实践,才能体现自己的价值,否则,它就会变为生活实践的拦路虎。理论只有随着社会现实生活的变化发展自身,创造性地更新自己的内容和形式,才能获得生命力。马克思从生活实践的观点出发,把开放创造作为自己理论的源泉,从根本上摈弃了依据教条和原则来宰制生活实践的意图,从而实现了理论的解放和实践的解放。实践优先、开放创造构成马克思主义哲学中国化发展与创新的思想境界。①事实上,凡是现代化成功的国家,除了物质和制度的现代化之外,还体现为它们能够进行哲学创新,从而塑造自己的时代精神和民族精神。质言之,如果没有哲学上的创新,形成自己的哲学思想,物质和制度现代化的成果就无法保证。意大利的人文精神、法国的启蒙思想、英国的经验主义、德国的古典哲学以及美国的实用主义,这些国家因为拥有自己的哲学思想,不仅彰显了他们的民族精神,而且推动了世界历史的发展。②马克思主义哲学中国化与意大利的人文主义、法国的启蒙思想、英国的经验主义、德国的古典哲学以及美国的实用主义相媲美,它是中国式现代化建设的哲学根基,从而使中国道路不断地创新,开辟出与西方现代化不同的新型现代化之路。历史与实践一再启发我们,一个国家、一个民族要想站在世界的高峰,必须立足于自己的实践,生发出自己独有的哲学思想,从而引导本国家、本民族不断地超越自我,开创出新的伟大实践。正是在这个意义上说,中国道路是中华民族伟大历史性实践的表征,而马克思主义哲学中国化发展与创新则是这一实践的哲学自觉。

第二,高扬人民主体性原则。主体性原则是马克思主义哲学中国化的另一重要维度。这里的主体是指人民大众,是处在改革开放伟大实践中的人民大众。所谓高扬主体性原则就是充分调动人民群众的积极性、

---

① 高清海:《思想解放与人的解放》,黑龙江教育出版社2004年版,第154—155页。
② 邹诗鹏:《理论自觉与当今中国哲学社会科学研究》,《学术月刊》2011年第6期。

创造性和能动性，使他们在伟大的历史性实践中不断创造新的历史，这也是马克思历史唯物主义的重要思想。

俞吾金教授指出，马克思的主体性，不仅具有认识论的意义，即是说，从认识论上看，主体性是人与自然界的关系；更为重要的是，主体性还具有本体论的意义，也就是说，从本体论上看，主体性涉及人与人、人与社会的关系，尤其社会生产关系。这就启示我们，改革开放的伟大实践使人民群众的主体性的本体论意义得到发扬，要言之，社会生产关系得到极大解放，从而激发了社会的活力。中国道路的成功开辟，正是高扬了主体性原则。改革开放的伟大实践创造了诸多世界奇迹，引起了全世界对中国道路的研究。毋庸置疑，中国的发展与创新，中国道路的形成与拓展，就在于发挥了人民群众的创新精神，最大限度地调动了他们的主体性，激发了他们的潜力，从而使他们在当代中国伟大的历史性实践中大显身手。要言之，广大人民群众的积极性、能动性和创造性被激发起来，才能开创人民主体性的创新性。① 广大人民群众以极大的热情和创造性投入中国特色社会主义现代化的建设中，才使中国道路真正成为中国人民在实践中创造出的适合中国实际的独特道路。

第三，实践辩证法的创造性应用。当代中国实践哲学的辩证法是实践辩证法，它不是靠抽象的理性形成的，而是在生活实践中形成的，是生活实践辩证法，它的真实根基是当代中国的伟大实践。正是在这个意义上，中国道路本身就是辩证法智慧的彰显，也就是说，中国道路不是靠先验的、抽象的原则，而是在实践中形成的。一方面，中国道路具有社会主义的普遍性，是当代中国具体化的科学社会主义；另一方面，它又具有特殊性，中国特色社会主义是立足于当代中国的伟大实践，立足于中国的具体国情，充分吸收和借鉴国际社会主义运动正反两方面的经验教训，在生活实践中形成的。毫无疑问，中国特色社会主义既继承了科学社会主义的内在精神，又保留了鲜明的民族特色。从这个意义上

---

① 丰子义：《中国道路的哲学自觉——实践唯物主义的当代意义》，《北京大学学报》（哲学社会科学版）2015年第4期。

说，中国特色社会主义是实现中华民族伟大复兴的根本，是我们民族的真理和良心。中国特色社会主义所赋予的实践特色、民族特色、时代特色，充分地表征了实践辩证法的智慧，是对马克思主义哲学智慧的充分应用。①

进一步说，对于中国道路，还需要从"历史转向世界历史"的视角看，这本身就是对马克思实践辩证法的创造性应用。实践辩证法是总体性的辩证法，强调总体的、历史的统一。从孤立的观点看，中国俨然跨越了资本主义的社会形态；但是从总体的观点看，即是说，从民族历史转向世界历史的总体观看，中国正是在世界历史的大环境中经历了资本主义的时代。资本主义最核心的表征就是资本，资本不断地超越国界，成为世界"公民"。正是资本的作用，把整个世界紧密地联系在一起。

从最根本的意义上说，世界的一体化成为人们考察问题的重要出发点。在这个前提条件下，没有对世界总体联系的把握，没有对中国与世界紧密联系的体悟，就不可能真正把握中国道路的特殊性。中国特色的"特"的主要含义，不仅仅是中国一国历史的规定，也是世界历史的一个特殊规定。这就是说，当代中国所处的世界历史环境也是中国实际的一个重要方面。②这就是说，把握中国道路，需要开阔的视野，既要立足于中国，又要从中国与世界的内在关系来看。中国道路的马克思主义哲学中国化向度，其根本原因在这方面。这里还须指出：目前学界在强调中国道路的独特性时，着重强调自己的国情（文化和地域），笔者认为，这是一种片面的观点。因为，其一，中国道路是扬弃资本逻辑，离开对资本的理解就无法理解中国道路；其二，中国道路超越了狭隘的民族主义和虚无的普世主义，本身是世界文明发展的重要组成部分；其三，中国道路唯有在世界历史环境的大视野中才能形成。

总之，马克思主义哲学中国化发展与创新通过实践优先、开放创造、高扬主体性、实践辩证法开启了中国道路，中国道路又丰富和发展

---

① 丰子义：《中国道路的哲学自觉——实践唯物主义的当代意义》，《北京大学学报》（哲学社会科学版）2015年第4期。

② 刘奔：《刘奔文集》，中国社会科学出版社2008年版。

了马克思主义哲学中国化的内涵，它们构成了内在统一的整体。也就是说，马克思主义哲学中国化是中国道路的哲学提升，是中国道路的哲学问题；中国道路蕴含的哲学问题是马克思主义哲学中国化的发展与创新，是中国道路问题中的哲学。

三　马克思主义哲学中国化视域中的中国道路的重要意义

如果说中国道路不是离开人类文明大道的"另类"，而是人类文明道路的开拓与创新，是对人类文明的重大贡献，理应是人类文明的重要组成部分；那么，马克思主义哲学中国化发展与创新开启的中国道路不仅是对中国问题的真实把握，而且也是对世界问题的真实体悟。从这个意义上说，中国道路不仅表征中国历史，而且表征世界历史。马克思曾经指出，德国实践政治派的狭隘性在于没有把哲学归入德国的现实生活，理论政治派的缺陷在于没有想到迄今为止的哲学本身就属于这个世界，而且是对这个世界的补充。马克思主义哲学中国化发展与创新克服了旧哲学的局限，一方面，它把自己建立在中华民族伟大的历史性实践基础之上，另一方面，它本身就属于当代中国乃至当代世界的重要组成部分。从根本的意义上说，马克思主义哲学中国化具有双重批判的功能，即理论批判与实践批判。所谓理论批判是对抽象的教条的批判，在实践中不断丰富和发展马克思主义，始终把马克思主义的创新精神作为自己的灵魂；所谓实践批判是指立足于中国的实际，对中国近代以来的历史性实践进行深刻反思，并从世界历史环境出发审视中国道路，从而开创出具有中国特色的道路，理论批判与实践批判的辩证统一不断地开创中国道路的新境界。

由此，我们可以引申出以下若干结论：

其一，中国道路是现代化建设的独特之路，完全是在独特的历史境遇中发展的，这是因为西方已经完成了现代化的道路，中国是后发国家，是在特殊的境遇中实现现代化的。黑格尔对于古希腊的文明有着这样的理解：希腊人既传承着自身的文化传统，又积极面对成就更高的东方国家的文化；要想激发自身的活力，创造自身的繁盛时代，唯有历经将自身传统文化与外来文化相结合的艰难实践。这就深刻地启示我们，马克思主义哲学中国化发展与创新既超越了自己的传统，又吸收了人类的优秀文明，因而，它所开启的中国道路才彰显出巨大的生机与活力。这里需要指出，我们所说的中国道路的"独特性"主要是指马克思主义哲学中国化指导下的中国道路，而不是离开人类文明大道的孤立的道路。一般认为，中国道路与资本主义道路是两种根本不同的道路，这大体上是正确的。但是，我们在认识中国道路时，不能把社会主义与资本主义绝对地划清界限，变成水火不容的事物。科学的理念是，资本主义的优秀元素不是资本主义独有的，而是人类文明的产物，是人类社会在一定发展阶段的产物，具有历史的意义。比如，资本是资本主义的本质特性之一，中国道路利用资本、发展资本、壮大资本，从而激发了社会的积极性和创造性。当然，我们也要认识到资本的负面作用，这需要我们在认识中国道路时，科学地评价资本的作用和局限。

其二，对于整个人类文明来说，现代性的发展在其独有的阶段具有绝对的权力，并成为普遍发展的形式，但毋庸置疑的是，历史在耗尽现代性本质力量的同时不能不将普遍发展的形式托付给新的发展实践，托付给新文明类型所具有的发展可能性。[①] 事实上，许多西方思想家已经敏锐地指出了西方文明的危机，如尼采的"上帝死了"、斯宾格勒的"西方的没落"、胡塞尔的"欧洲科学的危机"、海德格尔的"存在的遗忘"、卢卡奇的"理性的毁灭"以及罗素对人类未来的忧虑。这意味着，马克思主义哲学中国化发展与创新承担着这样的历史使命——开拓人类的新文明，而中国道路正是这一历史使命的实践结晶。这是因为，马克思的现代性批判思想至今仍是不可超越的，马克思的商品拜物教批判、货币拜物教批判以及资本拜物教批判真实地把握了现代社会的命脉和灵魂。正因如此，海德格尔在评价马克思时说："因为马克思在体会到异化的时候深入到历史的本质性的一度中去了，所以马克思主义关于历史

---

① 吴晓明：《论科学发展观的理论依据与实践基础》，《毛泽东邓小平理论研究》2013年第7期。

的观点比其余的历史性优越。但因为胡塞尔没有,据我看来萨特也没有在存在中认识到历史事物的本质性,所以现象学没有,存在主义也没有达到这样一度中,在此一度中才有可能有资格和马克思主义交谈。"①

其三,这也意味着,无论是马克思主义哲学中国化发展与创新,还是它所开启的中国道路,都必然是创新的,而且是意义重大的和总体性的创新。创新意味着,在人类历史上是一项新的事业,它不仅属于一个民族和国家,而且属于世界。事实上,马克思主义哲学中国化发展与创新以及由其开启的中国道路,都是创新的结晶。换言之,人类新文明的形成依赖于马克思主义哲学在中国的理论创新与中国道路的实践创新。正因如此,如果说当代中国实践哲学的创新引领着中国道路的创新,那么中国道路的世界性意义则深藏于以马克思主义创新精神为灵魂的马克思主义哲学中国化的发展与创新之中。这就深刻地启示我们,既然马克思主义哲学中国化和中国道路都是不断创新的;那么,中国道路就不是固定不变的模式,而是在实践中不断丰富自己的内涵。很显然,中国道路之源是马克思主义哲学的本质精神,马克思主义哲学是自我批判的,中国道路同样也是自我批判的。这种批判性由忧患意识、自我反思以及宽容意识构成。从某种意义上说,把中国道路看作静止的、固定的教条,肯定不是中国道路的内涵。这表明,唯有把创新作为中国道路的灵魂,中国道路才能真正越走越宽,对人类文明的贡献也就会越来越大。无论是中国道路的开拓,还是马克思主义哲学中国化的本质精神,都把创新作为自己的灵魂。从这个意义上说,中国道路与马克思主义哲学中国化本身就是有机的整体。

---

① 孙周兴选编:《海德格尔选集》上卷,上海三联书店1996年版,第383页。

第六章 共产主义的社会现实生活之维

第一节 马克思共产主义观的哲学意蕴及其当代意义

马克思共产主义观长期以来被当作乌托邦来理解,致使其深刻的意蕴被遮蔽。摆脱这种境况,澄明马克思共产主义观的哲学意蕴,是时代赋予我们的重大历史使命。马克思共产主义观的哲学意蕴体现在实践性、批判性和历史性三个重要维度,即是说,马克思共产主义观建立在社会实践基础之上,社会实践是批判的、历史的。马克思共产主义观立足于实践性、批判性和历史性辩证统一的关系之中,它不仅具有强烈的现实性,而且具有超越性。无疑,阐明马克思共产主义观的哲学意蕴,才能领悟马克思共产主义观的真实意蕴。很显然,深入研究马克思共产主义观的哲学意蕴及其当代意义,对于我们坚定共产主义信仰,领悟马克思主义的本质精神,都具有深远的历史意义。

人们通常把马克思共产主义观理解为理想,似乎共产主义是将来的事,与当下关系不大,这是对马克思共产主义观的误解。共产主义是我们改造客观世界和主观世界的实践活动,也是我们创造美好生活,从而使我们彻底摆脱阶级和物的压迫的实际行动。萨特把马克思共产主义观视为当代文化的主流,这表明,马克思共产主义观不仅是理想,而且还是具有实践目标的实践活动。从根本意义上说,马克思共产主义观建立在社会实践基础之上,社会实践是批判的、历史的。

很显然,对马克思共产主义观的哲学意蕴的理解,乃是对马克思主义最重要、最现实的问题的理解。从某种意义上说,不理解马克思共产主义观的哲学意义,很难真正理解马克思共产主义观的本真精神。随着中国特色社会主义进入新时代和当代世界发生新变化,马克思共产主义观的意义势必更加凸显出来。无疑,阐明马克思共产主义观的真实意蕴,对于我们坚定共产主义信仰,领悟马克思主义的本质精神,都具有深远的历史意义。

一 马克思共产主义观的实践性维度

在理解马克思共产主义观时,人们往往脱离社会现实生活的实践,抽象地理解。在马克思看来,问题本身是抽象的产物,其结果只能导致抽象的理解;放弃抽象,就能放弃抽象提问题的方式。马克思之所以创立共产主义思想,并使这一思想成为人类未来追求的目标,是因为共产主义思想建立在实践生存论的基础之上。实践生存论不是追问共产主义是什么,而是先澄明人类为什么需要共产主义,即是说,实践唯物主义—人类为什么需要共产主义—共产主义是什么,三者形成不可分割的内在实践逻辑。质言之,人类为什么需要共产主义与共产主义是什么是辩证地结合在一起的,这使共产主义进入实践语境之中。事实上,人们只有把共产主义建立在人类生存实践活动基础之中,才能扬弃对共产主义教条式的错误理解,从而使共产主义的真实意蕴向我们呈现出来。

马克思的哲学变革体现为革命的实践观,是对旧唯物主义和唯心主义实践观的扬弃。在马克思看来,旧唯物主义实践观片面强调物质生活环境的改变,唯心主义实践观强调人的思想观念的改变,都未能把社会环境的改变和人的思想观念的改变有机地统一起来。马克思新唯物主义实践观是革命的实践,是"环境的改变和人的活动或自我改变的一致"。马克思共产主义观就是新唯物主义实践观,不仅注重社会环境的改变,而且强调思想观念的改变。换言之，马克思共产主义实践观不仅具有共产主义的物质生活观，而且具有共产主义的思想观。马克思指出，共产主义就是实践的唯物主义，根本问题就是对世界的改造，在改造旧世界的过程中创造新世界，在改造旧生活的过程中创造新生活，从而使现实世界不断地变革。① 人们往往从理想的维度理解共产主义观，而非从实践的维度理解马克思共产主义观。事实上，马克思共产主义观是实践的共产主义，也就是说，人们在社会实践中，不断地改变现存的物质生活条件和思想观念基础，从而使人们不断地创造美好的物质生活环境和精神生活环境，物质生活环境和精神生活环境本身都依靠革命的实践形成。

一言以蔽之，实践唯物主义就是马克思的共产主义观。马克思认为，我们不是把共产主义看作经验性的存在，也不是脱离社会现实生活的理想。共产主义是改造世界的现实的活动，这个现实的活动是由物质生活环境和现实的个人以及他们的活动共同决定的。共产主义是现实的活动，是对经验的、常识的现存的一切的超越；要言之，现实不仅包含现状，而且是对现状的超越，现实从根本上说具有历史性和必然性。在马克思看来，共产主义作为现实的活动，蕴含着无产阶级和人类解放的伟大历史使命，这一伟大历史使命的主体是广大人民群众，也就是说，人民群众在历史性的伟大实践中，不断地以革命的实践改造旧世界，建构新世界，从而担当时代赋予的重大历史使命。人民群众作为创造历史的主体，不仅在改造世界中不断地铸造新的生活世界，而且人民群众自身也在伟大的历史性实践中改造自己，人民群众是新世界的创造者。质言之，作为共产主义实践主体的人民群众，他们在改造客观世界的过程中也不断地改造主观世界，从而凸显他们的能动性和创新性，彰显他们新世界观的创新性。实践唯物主义者就是共产主义者，共产主义者就是人民群众作为社会实践的主体，他们改造社会，创造历史，使人民享受美好生活。人民群众在创造社会历史的过程中，有着明确的目标，这个

---

① 《马克思恩格斯文集》第 1 卷，人民出版社 2009 年版，第 527 页。

目标就是人类的整体自由解放,人类的整体自由解放蕴含在人民群众创造社会历史的伟大实践之中,这是马克思所说的共产主义是现实的活动的根本含义。

在马克思看来,共产主义实践与共产主义思想是统一在一起的,没有共产主义实践,就不会形成共产主义思想;没有共产主义思想,也不会形成共产主义实践,理论与实践的统一体现在马克思的共产主义观上。历史将会形成共产主义实践和思想的内在统一,这是一个长期且艰难的过程。马克思共产主义观强调实践优先、开放创造的哲学担当,从事实与价值的辩证张力中思考无产阶级和人类解放的问题,脱离生存实践活动抽象地谈论共产主义是没有意义的,那种只考虑当下、脱离共产主义目标的活动,仍然是背离马克思共产主义观的危险行为。马克思共产主义观是在实践中对资本主义的扬弃,是对资本主义生产方式、生活方式和价值理念的总体扬弃。用以资本逻辑为核心的思想方式、价值理念和问题框架理解马克思共产主义观,必定会导致对马克思共产主义观的曲解。

比如,共产主义的爱情观是共产主义观的重要组成部分,是共产主义实践与思想的统一。一言以蔽之,共产主义爱情观不是以权力、地位、金钱来衡量爱情,而是以真挚的感情为衡量标准。也就是说,爱情双方以个性、兴趣和幸福为基础,双方互爱、互敬、互相体贴、心心相印。马克思指出,恋爱是双方的共同的情感的激发,一方的爱没有引起对方的爱,不是真正的爱;恋爱是生命实践活动,是爱和被爱的人的真正的生命活动的展示。也就是说,恋爱双方的生命活动通过对方的真挚的爱体现出来。[①] 马克思的共产主义爱情观是情感实践生存论。质言之,共产主义观的爱情观体现在共产主义的实践之中,它彻底超越了以资本逻辑为核心的爱情观,是人类幸福生活的重要组成部分。马克思共产主义观是通过在社会实践中创造美好生活体现出来的,这里的美好生活不是经验性的生活,而是总体性的生活。也就是说,总体性的生活是实践

[①] 《马克思恩格斯选集》第1卷,人民出版社1995年版,第365页。

的，在实践中不断地生成美好生活。概言之，马克思共产主义观的实践维度主要体现在以下三个方面。

共产主义是实践的理论和理论的实践的统一，是在革命的实践中对私有财产和人的异化的自我扬弃，不仅是对私有财产和人的异化的观念扬弃，更是对私有财产和人的异化的行动的扬弃，这里的自我扬弃是创造性地对资本主义社会的辩证否定。也就是说，自我扬弃本身就是实践的，实践不仅蕴含着革命性的批判，而且还蕴含着建构，是革命性和建构性的辩证统一。从根本意义上说，马克思共产主义观不仅具有现实性，而且具有超越性，这是马克思共产主义观独有的境界；因此，共产主义是在历史性的伟大实践中自我生成、自我发展和自我超越的。马克思共产主义实践反对任何形式的教条主义，是在批判旧世界中建构新世界，从这个意义上说，马克思共产主义观是变革社会现实的新世界观。

共产主义通过革命的实践实现无产阶级和人类的自由解放，在实现无产阶级和人类解放的实践历程中，占有人类文明的优秀成果。这就是说，共产主义是在人类历史的发展进程中，创造一切物质条件和思想条件，为无产阶级和人类解放奠定坚实的基础。正是在这个意义上说，共产主义不是脱离人类文明大道的神秘主义，而是在社会实践中吸收人类文明的一切优秀成果，从而生成每个人自由全面发展的真实共同体。

由于共产主义实践贯彻的是社会历史辩证法，这意味着，马克思不是把共产主义看成一成不变的，而是在现实历史的基础上能动地生成的。要言之，马克思共产主义观的方法论原则是社会历史辩证法，这里的社会历史辩证法不只是方法，而且还有实体性的内容，就是说，无产阶级作为社会历史辩证法的主体，不仅在社会历史的发展中创造性地扬弃旧的、落后的生产方式、思想方式和价值理念，而且还自我扬弃，从而实现整个人类的自由解放。实现人类的自由解放本身就体现了社会历史辩证法的否定之否定的方法论原则，同时也是社会历史的辩证发展之过程。

这意味着，共产主义实践批判精神，它从根本上同各种先验论、终极论和抽象论划清了界限。共产主义的世界观是实践的、革命的，是创造美好生活世界的世界观。脱离革命的实践批判精神，机械地、教条地理解马克思共产主义观，是对马克思共产主义观的误解。众所周知，马克思共产主义观是无产阶级和人类解放的思想武器，与抽象的空谈无关，而是变革社会现实，建构美好生活的思想。很显然，马克思共产主义观不是凝固不变的终极理想，而是随着时代和社会的发展不断地丰富自己的内涵，从而不断地回应和解答人类的重大问题，是对人类社会之谜的解答。毋庸置疑，马克思共产主义观在回应和解答人类的重大问题时，始终把人类的美好幸福生活，也就是把每个人的自由全面发展作为实践的动机和价值目标，这一实践动机和价值目标贯穿于马克思一生的实践和理论创造活动。

进一步说，马克思共产主义观是实践唯物主义，实践唯物主义就是历史唯物主义，历史唯物主义观就是马克思共产主义观。即是说，我们可以把它们的关系表述为：实践唯物主义—历史唯物主义—共产主义观。这表明，马克思共产主义观与实践唯物主义、历史唯物主义在本质上是统一的。马克思共产主义观改变世界，是因为这个世界存在诸多问题，即是说，物的发展没有给人类带来幸福，反而给人类造成诸多不幸。因此，马克思共产主义观始终坚持从物质实践出发，也是从人民的根本利益出发，共产主义观不仅在理论上，更在实践上代表人民的根本利益。从这个意义上说，历史唯物主义—共产主义观—人民的根本利益构成不可分割的有机整体，这是马克思共产主义观的生存论基础。

二 马克思共产主义观的批判性维度

很长时间以来，在当代中国的马克思共产主义思想研究中，存在这样的观念，即认为共产主义是未来的事情，与当下关系不大；尤其是马克思共产主义的批判精神，没有得到应有的重视。虽然偶尔也有学者注意到马克思共产主义的批判是马克思批判精神的重要组成部分，但是，没有把马克思共产主义批判精神视为马克思主义的重要组成部分，这在某种程度上弱化了马克思共产主义观的研究，并导致了马克思共产主义思想研究的功利化和浅显化。这种情况导致共产主义信仰的缺失。中国

第六章 共产主义的社会现实生活之维

现在有 9000 多万共产党员，只有他们都信仰共产主义，并在思想和行动上践行，才能使他们牢固树立为共产主义事业奋斗终生的志向。毋庸置疑，马克思共产主义观正是在批判资本主义的过程中形成的，也就是说，马克思的批判并不是全盘否定，而是在其基础上的超越与扬弃，批判本身就蕴含着建构的功能。马克思曾经说过，某个时代的主要问题，就是急于解决的问题，它在内容上有其内在的依据和合理的需求，问题的共同特质就是其内在根据和自身合理性。因此，我们面临的困难不是时代主要问题的答案，而是对问题本身的分析和把握。从这个意义上说，真正地解决问题，不是仅仅寻找答案，而是对问题的内涵及其特质进行深刻领悟。

毋庸置疑，无论是马克思的时代，还是我们今天所处的时代，乃至今后相当长的历史时期，我们都面临着这样的主要问题，也是现代社会的迫切问题，这个迫切问题就是资本与劳动的关系，也就是说，资本与劳动的关系是现代社会的主要问题，其他问题都是在其基础上派生出来的。很显然，对资本与劳动的关系问题的批判，也就是批判分析关涉着对现代社会的真正了解。马克思共产主义观的批判性维度主要体现在对现代社会的主要问题，也就是资本与劳动关系的批判分析上。马克思的批判分析并不是简单地给予经验性的、实证性的回答，而是对问题本身的批判分析。在对问题本身的批判分析中，马克思共产主义观具有问题解决的哲学意蕴。在马克思看来，资本主义的主要内涵体现在资本逻辑上，以资本逻辑为基础的资本文明从根本上说是虚无主义，是抽象劳动对感性的具体劳动的支配。现代社会尽管发生了巨大的变化——全球化、网络化、信息化、数字化等，但是从本质上没有发生变化。质言之，现代社会仍然以资本逻辑为中枢。在现代资本统治的前提下，我们把感性生命投入抽象劳动的积累之中，我们的个性和自由都必须投入资本逻辑之中。换言之，我们的个性、自由、兴趣、幸福等，都是资本的人格化，从而使我们在全面的异化劳动中生活。马克思认为，抽象劳动对具体劳动的统治，导致人的生活的全面异化，从而使资本获得飞速的发展。资本的发展有利于拓展物质财富的多样性，使物质财富过剩，从而使人类的物质生产不再停留在有限的几种使用价值范围之中，这就为人类的全面发展准备了物质条件，也就是说，为共产主义的形成奠定了物质基础。① 马克思批判资本繁荣发展对人的全面宰制，提出资本的发展与人的幸福背道而驰，但是，马克思在批判中，已经敏锐地发现资本的发展对人的全面发展为共产主义社会提供了条件。马克思的批判是历史批判与价值评价的内在统一。

列宁指出，马克思主义理论从根本上说是批判的和革命的，这一马克思主义的品格鲜明地体现在马克思共产主义观的批判性维度之中。马克思的批判不是简单地肯定或否定，而是站在历史的大视野中洞察问题的实质。缺乏马克思主义理论修养的人，无法理解马克思共产主义观的分析批判的真实内涵。马克思共产主义观的批判性维度不是把批判的成果变成固定的公式，成为绝对真理的化身，这必然导致生活的僵化和教条化。马克思共产主义观是不断变革资本主义社会的生活条件和陈腐思想；在历史的进程中，不断开辟通向真理和美好未来的道路；马克思共产主义观的真理性表明，马克思共产主义观是在实践批判中不断证明自己的真理性，离开了实践批判，就会走向真理的反面。这意味着，马克思共产主义观不是固定不变的，而是随着社会实践的变化不断地自我发展与创新的。马克思共产主义观作为真理，它在社会历史发展中不断地表征人类的光明和美好。马克思共产主义观的批判性还表明，理论只有坚持彻底的批判精神，才不会变为仰之弥高的抽象教条，才能在鲜活的社会现实生活中始终占据真理的制高点，从而避免把理论变为手段的手段、教条的教条、形式的形式、僵化的僵化，成为附属性的工具。② 马克思共产主义观正是坚持了彻底的批判精神，从而不断地在社会历史的进程中获得不断创新的内涵。

进一步说，在马克思看来，在共产主义社会中，资本逻辑彻底瓦解，因为社会生产的目的不是获取利润（实际上，共产主义社会中利润

---

① 王德峰：《寻觅意义：王德峰人文讲座·随笔》，上海锦绣文章出版社 2011 年版，第 67 页。
② 孙麾：《写在稿纸的边上》，中国社会科学出版社 2011 年版，第 51 页。

已不再存在），而是一切以美好生活为中枢。罗莎·卢森堡指出："在自己的生命史中，资本主义本身是一个矛盾，它的积累运动带来了冲突的解决，但同时，也加重了冲突。到了一定的发展阶段，除了实行社会主义外，没有其他的出路。而社会主义的目的不是积累，而是以发展全球生产力，来满足劳动人民的需要。因此，我们看到，社会主义由于它本身的特质，是一个和谐的、普遍的经济形态。"① 卢森堡所说的普遍的经济形态是社会主义经济形态，它以和谐、普遍发展为基础，这代表着共产主义经济形态的初步形成。共产主义经济形态形成之后，仍然坚持彻底的辩证法精神，从而使共产主义的经济形态获得更高水平的提升。这里我们需要强调，共产主义的经济形态蕴含着价值指向，这个价值指向就是每个人的自由全面发展。要言之，在共产主义经济形态中，经济的发展与每个人的自由全面发展是内在统一的，不存在根本的冲突性矛盾。

需要指出的是，马克思共产主义观的批判不是实体性的，一旦把批判视为实体性的对象，就会走向反面，历史与实践已经证明了这种批判的危险性。把共产主义理想实体化，并把它作为实际生活的样本来实现，最终会导致失败，国际共产主义和我国传统的计划经济充分证明了这一点。这意味着，共产主义观的批判维度不是树立一个标杆，使之成为人们追求的模式；而是把批判变为社会现实，这种批判本身就是在历史与实践中生成的。② 马克思共产主义批判性不是划定一个固定的标准，然后按照这个标准设置蓝本，而是批判旧世界与建构新世界的有机统一。马克思共产主义观的批判性体现在以下方面。

第一，批判是澄清前提，划清思想界限。共产主义是对资本主义的扬弃和超越，这一扬弃和超越表明，共产主义社会与资本主义社会的界限在于：资本主义社会存在对抗性的矛盾，共产主义社会存在非对抗性的矛盾。资本主义立足于市民社会，共产主义立足于人类社会。资本

---

① ［德］罗莎·卢森堡：《资本积累论》，董文琪译，商务印书馆2021年版，第465页。
② 孙利天、孙祺：《共产主义与人类团结的希望——从〈共产党宣言〉谈起》，《东岳论丛》2017年第1期。

主义是唯物主义和唯心主义的理论与实践表征，共产主义是实践唯物主义和历史唯物主义的理论与实践表征。资本主义社会的矛盾是靠自身无法解决的，自己给自己铸造了掘墓人；共产主义社会的矛盾是和谐中的矛盾。

第二，批判是分析和辨析。共产主义同各种错误的思想观念有着原则的区别和界限。马克思在《共产党宣言》中分析了各种打着共产主义旗号的错误思想，辨析它们的错误理论的根源及后果，从而为捍卫真正的共产主义观提供了理论风向标。马克思的分析和辨析不仅从理论上辨明错误的共产主义观的危害及其产生的历史根源，更为重要的是，从实践上分析和辨析了错误的共产主义观对无产阶级和人类解放事业，也就是对真正的共产主义事业的危害。马克思共产主义观的分析和辨析不是纯理论的，而是实践的，这意味着，马克思共产主义观正是在革命的批判中不断发展和创新，始终占据时代的制高点。

第三，批判是语言生存论的澄明。海德格尔说，语言是存在之家。维特根斯坦说，语言是世界观。马克思说，语言是直接的社会现实。语言不仅是交流的工具，是人类的社会现实的表达，也是感性的活动。也就是说，语言是实践的。共产主义观从语言生存论来看，表达共产主义语言的是个性、兴趣、幸福等语言现实，这与表达资本主义的语言异化、痛苦、不幸等形成了鲜明的对比。打个比方，一个学生特别喜欢读书，把读书看作生命的组成部分，而他自己又囊中羞涩。这时，他在书店遇到一套非常好的书，但是，这套书非常昂贵。他情不自禁地请求书店老板把这套书免费送给他，书店老板感觉这个学生脑子出了问题。这是因为，书店老板的语言是资本逻辑的语言，"天下没有免费的午餐"正是资本逻辑语言的表征；而这个学生的语言正是共产主义的语言。两种语言观实际上表达的是两种不同的思想和两种不同的生存实践方式，即资本主义的实践方式和共产主义的实践方式。

马克思共产主义观作为时代最敏感的神经，本身就是在对社会现实的批判中表达思想内涵，马克思共产主义观的真理性体现为它的彻底批判精神，这种批判精神就体现在不断地变革旧世界，建构新世界的历史进程中。这就启示我们,坚定的共产主义者一定是勇于批判的实践者,如果没有革命的实践和理论批判精神,做思想和实践中的顺风耳,见风使舵,见异思迁,绝不是真正的共产主义者。真正的共产主义者,为了共产主义事业,无所畏惧,信仰之坚定与坚守共产主义观的批判精神是有机地结合在一起的,是同一个硬币的两个方面。

三 马克思共产主义观的历史性维度

马克思共产主义观通过革命的实践维度,鲜明地表达了它的历史性维度,这是它的强大生命力得以表达的方式。之所以我们长期以来未能真正把握马克思共产主义观的真实意蕴,是因为我们没有深入马克思共产主义观的历史性维度研究与理解。

毋庸置疑,共产主义是关于无产阶级和人类解放条件的思想,这里的条件不仅指社会物质生活条件,而且还指社会思想条件。无论是社会物质生活条件,还是社会思想条件,都是在历史的实践过程中形成的,任何简单的比附和超越,都是对马克思共产主义观的误解,将导致共产主义事业的失败。正如前文所说,马克思共产主义观立足于实践唯物主义,实践唯物主义就是历史唯物主义,这不仅是对旧唯物主义的超越,而且是对唯心主义的超越。对于旧唯物主义来说,不可能理解共产主义,因为它立足于市民社会,市民社会是以原子式的个人和利己主义最大化为原则,资本主义社会是市民社会发展的最高阶段,也是最后阶段。共产主义以人类社会为基础,也就是说,共产主义是人类社会的真正开始,它结束了人类社会的史前时期,结束了对抗性的市民社会,这意味着,共产主义是以人与自然、人与社会和人与自我的和谐共生为基础的人类社会。

马克思赋予共产主义历史性的内涵,这里的历史性既是现实的,又是超越的。现实性和超越性构成共产主义观不可分割的两个方面。共产主义既立足于当下的生活实践,又在人类发展的大视野中展开,它深入人类历史的内在逻辑之中,从而解答人类所面临的问题和矛盾。马克思的共产主义观既是生存论,又是辩证法(这里的辩证法不只是方法,而且还具有深刻的内容,辩证法体现了社会主体在历史展开过程中的必然性)。如果说马克思共产主义的生存论和辩证法的深刻含义是人类创造美好生活的内在依据,那么,共产主义将生成人类的新文明,它的核心是为实现每个人的自由全面发展创造社会基础。共产主义的生存论和辩证法表明,共产主义不是静止的,而是发展的,是对以物的依赖性为基础的社会的超越,是在不断批判旧世界的过程中建构新世界。

在马克思看来:"全面发展的个人——他们的社会关系作为他们自己的共同的关系,也是服从于他们自己的共同的控制的——不是自然的产物,而是历史的产物。要使这种个性成为可能,能力的发展就要达到一定的程度和全面性,这正是以建立在交换价值基础上的生产为前提的,这种生产才在产出个人同自己和同别人的普遍异化的同时,也产生出个人关系和个人能力的普遍性和全面性。"[①] 这就深刻地启示我们,马克思共产主义不是超历史的抽象,而是根植于历史性的实践,所以,马克思共产主义观的实践—批判—历史维度的历史唯物主义同时也是实践唯物主义,这是马克思共产主义观的生存论基础。历史与实践表明,马克思共产主义观的价值不断地在时代的发展中被凸显出来,海德格尔看到了这点,他指出:"人们可以以各种不同的方式来对待共产主义学说及其论据,但从存在的历史的意义看来,确定不移的是,一种对有世界历史意义的东西的基本经验在共产主义中自行道出来了。谁若把'共产主义'认为只是'党'或只是'世界观',他就是像那些把'美国制度'只认为而且还加以贬谪地认为是一种特殊生活方式的人一样,以同样的方式想得太短浅了。"[②] 海德格尔关于马克思共产主义观的思想启示我们,必须从历史性维度理解马克思共产主义观,从而对马克思共产主义观的生存论维度作出正确的阐释。

习近平新时代中国特色社会主义思想作为 21 世纪马克思主义发展与创新的最新理论结晶,对马克思共产主义观的创新体现为人类命运共

---

① 《马克思恩格斯全集》第 46 卷(上册),人民出版社 1979 年版,第 108—109 页。
② 孙周兴选编:《海德格尔选集》(上册),上海三联书店 1996 年版,第 384 页。

同体思想的提出。在马克思那里，共产主义只有作为世界历史性的存在才能实现；在习近平总书记那里，人类生活在同一个地球，同一个世界，人类的命运、幸福和美好未来密切联系在一起，这是对马克思共产主义观的新发展。对于马克思共产主义观的历史性探讨使我们获得三个重要结论。

第一，马克思共产主义观以世界历史和世界物质交往的形成为前提，这就是说，没有世界历史和人类交往的普遍性的形成，共产主义社会是不可能形成的。从这个意义上说，马克思共产主义观不是欧洲中心论，也不是狭隘的民族主义和地域主义，而是世界性的实践的理论。

第二，马克思共产主义观的历史性是以实践唯物主义—历史唯物主义—共产主义为理论和实践基础的，这意味着，马克思共产主义观是在历史性的实践中生成的，并不断地获得自己的丰富意蕴。马克思共产主义观是开放的和生成的，是世界和人生意义的不断生成。这同时也意味着，马克思共产主义观不断地与社会现实对话，不断地与世界历史对话，不断地与问题意识对话，从而展现它的强大生命力。

第三，历史与实践表明，马克思共产主义观坚持的是自然历史过程与人的主体创造性的辩证统一，违背这一历史性原则，会对共产主义事业造成严重的损害。国际共产主义运动的历史为我们提供了极其重要的教训。20世纪30年代，斯大林宣布苏联进入共产主义社会；后来，勃列日涅夫又宣布退回发达社会主义国家；20世纪90年代初，苏联解体，俄罗斯已经退回资本主义社会。中国在20世纪50年代后期也宣布进入共产主义社会，很显然，这种违背马克思共产主义观的自然历史过程的思想，给共产主义事业造成巨大的灾难。[①]

这里需要指出，共产主义社会、共产主义实践和共产主义精神的联系与区别，认识到这一点，意义十分重大。共产主义社会是资本主义社会之后的社会，是人类社会的真正开始。共产主义实践是我们坚持共产主义目标的改造世界的实践活动，目标就是实现共产主义社会。

---

① 俞吾金：《被遮蔽的马克思》，人民出版社2012年版，第350页。

共产主义精神是我们改造世界，追求共产主义价值目标所体现的精神。在共产主义社会实现之前，共产主义实践、共产主义精神并没有完全统一。共产主义社会实现之后，共产主义实践与共产主义精神实现了真正统一。

四 结语

马克思共产主义观是实践的、批判的和历史的，这是马克思共产主义观的哲学意蕴，马克思共产主义观之所以是当代人类文明的真理和良知，是因为它始终把实现无产阶级和人类自由解放建立在革命的实践基础之上，并在社会历史的进程之中，不断地发展与创新共产主义观的深刻内涵。这就深刻地启发我们，领悟马克思共产主义观的真实意蕴是我们时代的重大课题和思想任务，这是真正的希望工程！

其一，把马克思共产主义观作为脱离社会现实的乌托邦，从根本上背离了马克思共产主义观的真谛。从我们考察马克思共产主义观的三个重要维度——实践性、批判性和历史性来说，马克思共产主义观在马克思主义中处于核心地位。从某种意义上说，不理解马克思共产主义观的真实意蕴，就不可能真正领悟马克思主义的本真精神。

其二，当今世界面临着诸多困境和危机，如何解决这些困境和危机，尽管诸多思想家提出了诸多真知灼见，比如，斯宾格勒的西方的没落，海德格尔对存在意义的追问，胡塞尔的科学的危机，卢卡奇的理性的毁灭，罗素对人类前途的思考，等等。但是，这些思想家无法解决人类面临的困境和危机。马克思共产主义观是实践生存论，这不仅体现在它对现代社会的批判之中，而且还体现在对人类未来的建构之中。马克思共产主义观深入历史性的实践之中，这使其与各种浪漫主义、空想主义，也与各种实证主义有着原则性的区别。一言以蔽之，各种浪漫主义、空想主义和实证主义尽管从道德的义愤中谴责现代社会的弊端，但是，他们没有深入历史性的实践之中，没有从实践唯物主义的总体性视域破解现代社会危机的根源，并开辟人类文明的新境界。这就深刻地提示我们，马克思共产主义观是我们这个时代精神的精华，需要我们从实践和思想上践行。

其三，当前马克思主义研究的危机是把马克思共产主义观与马克思主义的关系分割开来，导致马克思主义研究的空心化和表层化。值得注意的是，人们不是从实践生存论的视域理解马克思共产主义观，而是把马克思共产主义观看作遥不可及的梦想，根本不可能实现。无论是伯恩施坦的运动就是一切，目标微不足道，还是戈尔巴乔夫的改革新思想，都是因为他们背离了马克思共产主义观的本真精神，对社会主义事业造成巨大的损害。历史与实践表明，只有深入地理解马克思共产主义观在马克思主义中的重要地位，才能从根本上避免社会主义事业在理论和实践上偏离马克思主义方向。

其四，共产主义不是遥远的未来，而是在我们的生活实践之中，我们努力工作，追求美好生活本身就是共产主义实践，共产主义精神就是人民创造美好幸福生活的精神。中国特色社会主义进入新时代，正在由对物的依赖向自由人联合体过渡，共产主义实践和共产主义精神在当代中国体现为新时代中国特色社会主义伟大实践和习近平新时代中国特色社会主义思想，这是马克思共产主义观在当代中国的具体实践和创新。

古人说得好："万物得其本者生，百事得其道者成。"共产主义是共产党人的理想信念，共产主义世界观是科学社会主义的世界观，广大共产党员和干部只有牢固树立马克思共产主义观的本真精神，真正得其"本"和"道"，才能在新时代中国特色社会主义伟大实践中建功立业。

第二节　每个人的自由发展：历史唯物主义的最高价值诉求

马克思历史唯物主义是在学术与社会现实的内在统一中，揭示资本逻辑的内在矛盾生发"每个人的自由发展"的历史必然性和价值指向性。"每个人的自由发展"的深刻内涵体现为正确揭示了现实的个人与一般人、真正的共同体与每个人的自由发展、每个人的自由发展与职业分工、每个人的自由发展与共产主义实践的内在关系。"每个人的自由发展"具有实践性、历史性和超越性维度，是历史唯物主义的核心主题和理论硬核，也是历史唯物主义的最高价值诉求。深刻领悟"每个人的自由发展"思想的内涵及其当代价值，对于我们坚持马克思主义的本真精神和中国特色社会主义道路自信，具有重大的理论与现实意义。

众所周知，《共产党宣言》提出过一个重要的核心命题，即是说，资产阶级社会是人类社会最后一个对抗社会，以"每个人的自由发展"为基础的联合体将代替存在阶级和阶级对立的资产阶级社会。[①]值得我们思考的是，19世纪末，意大利的卡内帕请求恩格斯为即将出版的《新纪元》周刊题词，概括马克思主义的核心思想，恩格斯经过反复考量和周密思考后认为，就表述未来社会新纪元的核心思想和表达马克思历史唯物主义的核心思想而言，除了上述命题再也找不出合适的了。

但是，长期以来，这一命题在马克思历史唯物主义中的地位不断地遭到误解，或者得不到应有的重视。事实上，马克思历史唯物主义是在学术与社会现实的内在统一中，揭示资本逻辑的内在矛盾生发"每个人的自由发展"思想；"每个人的自由发展"是贯穿马克思一生的核心主

[①] 《马克思恩格斯选集》第1卷，人民出版社2012年版，第422页。

题和"理论硬核",是马克思历史唯物主义的最高价值诉求。毋庸置疑,正确地理解"每个人的自由发展"思想的深刻内涵及其当代意义,对于我们坚持马克思历史唯物主义的真精神和中国特色社会主义道路自信具有重要的意义。

一 "每个人的自由发展"思想的内在逻辑

马克思历史唯物主义的最高价值诉求,指的是马克思历史唯物主义的根本原则和最高价值指向,也就是说,马克思历史唯物主义的某个原则、命题在马克思历史唯物主义中处于基础性的核心地位,具有超越性和普遍性的理论品格。"每个人的自由发展"是马克思历史唯物主义的根本原则和最高价值指向,深刻地表征了马克思历史唯物主义的理论内涵,从根本上体现了马克思历史唯物主义的实质。

进而言之,马克思哲学的变革就是马克思历史唯物主义的形成,历史唯物主义使哲学关注的主题发生了根本的变革。在历史唯物主义形成之前,哲学关注的主题是解释世界,落脚点是抽象的人或者个人;历史唯物主义关注的主题是改造世界,在批判旧世界中建设新世界,落脚点是现实的个人。

马克思历史唯物主义是在对资本主义生产方式的批判中,揭示出人的异化、物的异化、社会的异化的历史根源。马克思发现,资本主义生产方式使物与物的关系掩盖了人与人的关系,只有革命的实践才能彻底扬弃资本主义生产方式,从而为人类解放开辟新的道路,进而实现"每个人的自由发展"。马克思认为,物质生产生活不断地推动人的对象性活动的发展与创造,提升人的主体性自觉,从而不断地改变人类的生存与发展的方式。

马克思通过对分工、私有制和资本逻辑共谋形成的物的异化和人的异化的批判,发现了人类获得解放和自由的途径。也就是说,人类的物质生产生活领域的发展孕育着每个人自由发展的酵素。恩格斯认为,通过物质生产生活能保证社会的成员使他们的体力和智力逐渐得到充分的自由发展。马克思在《资本论》第三卷中指出,只要以必要性和外在目的规定性为基础的劳动没有消除，只要以生存为基础的强制性劳动没有结束，真正的自由王国就不会开始形成。从这个意义上看，按照事物的真实面目来说，自由王国存在于物质生产领域的彼岸。物质生产领域是必然王国，物质生产领域的彼岸才能形成以人的能力发挥为目的的自由王国。自由王国必须建立在必然王国的基础上，没有必然王国做基础，自由王国就会成为轻飘飘的芦苇，根本就不可能形成。自由王国真正繁荣起来，工作日的缩短是根本条件。① 这就深刻地启发我们，自由王国是在历史性的实践中形成的，物质生产领域是通达自由王国的途径，自由王国具有历史必然性。

当代哲学家海德格尔认为，马克思在体会异化的时候，深入了历史的本质性，因而，马克思的历史理论比其他的历史理论都优越。马克思深入历史的本质性，就是发现了人类异化的根源，并把"每个人的自由发展"作为最高价值诉求，每个人的自由发展这一自由王国的实现具有历史的必然性。

必须指出，在马克思历史唯物主义的理论与实践中，理论硬核与价值目标不是僵化、教条、截然分开的，更不是事先设定好的理念或目标，而是在实践中不断地发展和创新的，但是"每个人的自由发展"始终是马克思一生思考的核心。马克思在《莱茵报》时期提出的"个人以整体的生活为乐事，整体以个人的信念为乐事"；在《1844年经济学哲学手稿》中提出的"通过人并且为了人的本质的真正占有"；马克思恩格斯在《德意志意识形态》中提出的"在真实的集体条件下，各个人在自己的联合中并通过这种联合获得自由"；恩格斯在《爱尔菲特的演说》中提出的"每个人都能自由地发展他的人的本性"，在《共产主义信条草案》中提出的"社会的每一个成员都能完全自由地发展和发挥他的全部才能和力量"；马克思在《资本论》中提出的"以每个人的全面而自由发展为基本原则"，所有这一切表明，"每个人的自由发展"是马克思历史唯物主义的核心主题，也是马克思历史唯物主义的最高价值诉

---

① 《马克思恩格斯全集》第25卷，人民出版社1974年版，第927页。

求。马克思既是革命家，又是理论家，他的所有的一切理论创造和学术创造都服务于无产阶级和劳苦大众的解放，进而使人类获得自由发展。所以，马克思历史唯物主义具有鲜明的价值指向，价值指向蕴含在历史唯物主义的实践之中。

进一步说，马克思是基于历史与现实的考量，形成"每个人的自由发展"思想的。在《1857—1858年经济学手稿》中，马克思指出，人的依赖性关系开始完全是自然发生的，这是最初的社会形式和社会形态。在这种最初的社会形式和社会形态下，人的生产能力的发展受到极大的限制，即是说，它只能在孤立的狭小的视域内发展，这种发展只能是片面的、狭隘的。第二大社会形式和社会形态是以物的依赖性为基础，形成独立的个人。在这种社会形式和社会形态下，才能从根本上形成普遍的社会物质变换、全面的关系和多方面的需要以及全面的能力发展的体系。个人全面发展成为现实，自由个性得到充分保障和发展，社会以"自由人联合体"为根基，这是人类社会的第三大形态。第二个阶段为第三个阶段的到来创造了充裕的社会物质条件。所以，现代社会是随着传统社会的瓦解而产生的，也就是说，传统社会是以使用价值为基础，现代社会以交换价值为基础，一言以蔽之，现代社会是与商业、奢侈品、货币、交换价值同步发展起来的。① 马克思的三形态理论不仅仅是对社会形态的描绘，更是对人类社会发展中的事实与价值关系的深刻表述。马克思的三形态理论启示我们，人类社会从个人没有独立到个人具有抽象独立，再到每个人的自由发展的社会，都是人类历史实践的历程，这正表明，"每个人的自由发展"具有历史的必然性。

需要指出的是，在对马克思历史唯物主义的阐释中，"每个人的自由发展"遭到不同程度的遮蔽和曲解，每个人的自由发展被理解为空想、碎片，脱离实际的、无法实现的乌托邦。他们不理解，每个人的自由发展不是自然的产物，而是历史的产物，体现了人类实践活动的历史

---

① 《马克思恩格斯全集》第46卷（上册），人民出版社1979年版，第104页。

必然性。宾克莱在《理想的冲突》中说，马克思对资本主义社会中的人抱有过于悲观的看法，而对无产阶级社会梦想中的人却抱有过于乐观的看法。宾克莱不理解马克思的历史批判的方法。弗洛姆认为，马克思废除私有制的目的不是改善工人阶级的地位，使之获得财富；而是使异化劳动变成自由自觉的活动，使人们从职业分工的畸形发展中，从各种经济的、政治的和意识形态的压迫中解放出来。弗洛姆的这一看法是卓有见地的。在马克思看来，人类生活在异化的社会现实中，人的价值都是由资本来衡量的，资本具有独立性和个性，而现实的人没有独立性和个性；共产主义社会之所以是对物的依赖性的超越，也就是对资本独立性的超越，是因为共产主义社会把"每个人的自由发展"作为衡量目标，而人的个性、兴趣、能力、素质是无法用资本逻辑来衡量的，只能用共产主义实践衡量。这也难怪，生活在以资本逻辑为基础的人的依赖性的社会中，难免对共产主义社会产生误解。在马克思看来，消除误解，不能靠观念，需要革命的实践。

"每个人的自由发展"思想形成的内在逻辑，是与马克思历史唯物主义对资本逻辑的批判密切结合在一起的。马克思认为，资本具有文明的一面，也就是说，资本对人类历史的发展具有极大的促进作用，没有资本逻辑的形成，就不会形成世界历史，克服民族和地域的狭隘性，从而为"每个人的自由发展"奠定坚实的基础。关于资本的历史作用，马克思认为，以资本逻辑为基础的生产，不仅创造出以剩余劳动创造剩余价值为基础的劳动体系，而且还创造出普遍有用的体系，充分发挥了人的自然性和人本身所具有的属性。科学也发挥了它的无与伦比的作用，把人的物质的和精神的属性充分地调动起来，而且发挥最大的能量。因此，只有资本逻辑才能创造出资产阶级社会，在资产阶级社会中，资本构成其核心和命脉。资本还创造出整个社会成员对自然界和社会联系本身的普遍占有和普遍宰制，整个自然界和社会都成为资本的"羔羊"，资本的伟大的文明作用由此而生成；资本创造了这样一个社会阶段和历史时期，与这个社会阶段和历史时期相比，以前的一切社会阶段都只表现为人类的地域性发展和对自然的崇拜，自然成为人类顶礼拜膜的对象。只有在资本主义制度下,也就是说,只有在以资本逻辑为基础的社会中,人才成为真正的主体,正如康德所说,人为自然立法,自然界才是人的真正对象,是人类的有用物,人类可以征服和改造自然;资本按照自己的这种趋势,也就是说,资本利用它自己的本性,不仅要克服民族界限和民族偏见,而且还要克服把自然神化的现象,克服流传下来的、在一定界限内和范围内闭关自守、满足于重复旧生活方式和思想方式的状况。资本不断地破坏这一切并使之不断革命化,彻底摧毁一切阻碍发展生产力的因素,彻底打破阻碍扩大需要、使生产形式多样化、利用和交换自然力量和精神力量的因素。① 在马克思看来,资本主义生产方式自身的矛盾必然使自身走向灭亡,换言之,马克思对资本逻辑的批判是建立在历史辩证法之上的,历史辩证法是马克思历史唯物主义的重要方法。

按照马克思的看法,资本本身的矛盾包含着自己的反面,资本本身铸造了自己走向灭亡的历史必然性。这是因为:资本创造财富的新源泉,由于自身无法克服的矛盾变成贫困的源泉。资本逻辑导致的技术的进步、生产力的发展,是以道德的失落和颓废为代价的。随着人类控制自然、征服自然的能力的提升,个人却愈来愈成为别人宰制的对象和自身的奴隶。这表明,人类创造的一切发现和进步,并没有给人类带来真正的发展和进步,物质力量变成有生命的东西,而人的生命无足轻重,成为物质力量的牺牲品。一个无可争辩的事实是,现代工业和科学与现代贫困和颓废成为对抗性的不可调和的矛盾,当代社会生产力与社会关系成为对抗性的不可调和的矛盾,这一切都是资本逻辑内在矛盾所导致的,这就必然从以资本逻辑为核心的社会走向以"每个人的自由发展"为核心的共产主义社会。

二 "每个人的自由发展"思想的丰富内涵及意蕴

如前文所述,马克思历史唯物主义是在学术与社会现实的内在统一

---

① 《马克思恩格斯文集》第 2 卷,人民出版社 2009 年版,第 580 页。

中，揭示资本逻辑生发"每个人的自由发展"的历史必然性和价值指向性。"每个人的自由发展"既符合是人类社会发展的历史必然性，又是人类实践活动的最高价值目标，具有丰富而深刻的内涵。质言之，"每个人的自由发展"的深刻内涵体现为正确揭示了现实的个人与一般人、真正的共同体与每个人的自由发展、每个人的自由发展与职业分工、每个人的自由发展与共产主义实践的内在关系。

首先，马克思在这里提出的是"每个人的自由发展"的理念，而不是"人的自由发展"的理念。据俞吾金教授考证，马克思使用的德语名词 Individuum（复数为 Individuums 或 Individuen），专指"个人"，而不是指一般意义上的"人"。在德语中，一般意义上的"人"通常用另一个名词 Mensch（复数为 Menschen）来表示。事实上，每个人的自由发展的立足点是具体的个人，人的自由发展立足点是一般意义上的人；一般意义上的人是抽象的，具体的个人才是现实的。

这里的"每个人"是现实的个人，不是抽象的个人。资本主义的个人是立足于"市民社会"的，是抽象的原子式的个人，也就是说，资本的抽象性变成人的抽象性；个人受抽象的资本统治，不可能实现自由发展。"每个人的自由发展"中的每个人立足于"人类社会"，即共产主义社会，共产主义社会彻底扬弃了资本逻辑，使每个人能自由地发展自己，实现自我价值。

长期以来，在对马克思历史唯物主义的理解中，只强调人民群众创造历史的重要作用，忽视个体对历史发展的重要性，从而导致把历史唯物主义抽象化、虚无化，历史唯物主义的划时代意义没有被揭示出来，在某种程度上误解了马克思历史唯物主义的真实内涵。事实上，马克思历史唯物主义强调的是现实的个人推动历史发展，是创造历史的真正力量。在马克思看来，人类的历史始终是个体发展的历史，人类的物质关系是一切关系的基础。物质关系是人类物质的和个体的活动创造历史的基础条件，其中，交往形式是推动个体发展的重要力量，也是推动历史发展的重要力量。马克思指出，交往形式是不断发展的，辩证地处于有机联系之中，即是说，旧的交往形式只适应于旧的生产力的发展水平，当新的生产力形成与发展时，迫切需要与之相应的新的交往形式，这样，新的交往形式就会代替旧的交往形式。新的交往形式随着历史的发展也会成为阻碍社会进步的绊脚石，成为阻碍个人自主活动的拦路虎，由此，这就必然会被另外的交往形式所代替。毋庸置疑，别的交往形式随着历史性实践的变革，会被更新的交往形式替代，周而复始、循环往复。显然，交往形式在历史发展的每一阶段都是与同一时期的生产力的发展水平相适应的，所以交往的历史同时也是发展的和不断创新的，"为各个新的一代所承受下来的生产力的历史，从而也是个人本身力量发展的历史"①。这里，我们可以清晰地看出，马克思历史唯物主义的核心范畴是个体、个人、交往方式、物质关系，历史唯物主义的最高价值诉求是现实的个人的自由发展，也就是"每个人的自由发展"。

其次，在人类历史上，存在两类性质不同的"共同体"，马克思恩格斯在《德意志意识形态》中，对两类性质不同的共同体进行了详细的区分。马克思恩格斯指出，人类社会的史前时期，每个人都处在虚假的集体之中，在这种虚假的集体中，某种独立的东西使自己与每个人成为对抗的关系。无疑，这种虚假的集体是以一个阶级与另一个阶级的对抗为基础的。对于被统治阶级来说，不仅是一个虚假的集体，而且成为自己发展的镣铐。也就是说，被统治阶级只能成为这个虚假集体的牺牲品。要言之，只有在真实的集体的条件下，"各个个人在自己的联合中并通过这种联合获得自由"②。在这里，马克思强调了两类性质不同的共同体：一是"虚假的共同体"，二是"真正的共同体"。在虚假的共同体中，特殊利益与普遍利益成为尖锐的、不可调和的矛盾，特殊利益以虚假的方式表现为普遍利益，实际上虚假的共同体只不过是为少数人提供特殊利益，普遍利益只是掩盖特殊利益的遮羞布而已。在真实的共同体中，特殊利益与普遍利益融合，也就是说，不存在特殊利益与普遍利益的矛盾。这是因为，在真实的共同体中，实现了"每个人的自由发展"，

---

① 《马克思恩格斯全集》第3卷，人民出版社1960年版，第81页。
② 《马克思恩格斯全集》第3卷，人民出版社1960年版，第84页。

而不是统治阶级内部的个人的自由发展。马克思强调,真实的共同体不是作为阶级的共同体,而是全人类的共同体,阶级已不再存在。虚假共同体是阶级的共同体,只确保阶级成员实现每个人的自由发展,只有阶级成员才享有一切社会特权和利益。

从根本意义上说,真正的共同体为每个人的自由发展提供坚实的基础和保障,每个人只有在真实的共同体中才能真正实现自由发展。反过来说,真实的共同体也依赖于每个人的自由联合,每个人的自由联合不是作为阶级成员的联合,而是作为个性充分发展的人的自由联合。共产主义实践鲜明地体现了真正的共同体与每个人的自由发展的辩证关系,也就是说,共产主义实践不仅使真正的共同体成为可能,而且使每个人真正成为具有共产主义思想的主体,因为共产主义实践实现了环境的改变和人的自我改变的内在统一。①很显然,只有在真正的共同体中,每个人的自由发展才能成为现实,每个个体只有成为真正的主体,真正的共同体才能形成。

再次,在马克思看来,由于分工、私有制和资本逻辑共谋导致异化的物对人的全面统治,使人变成抽象的存在物,物的异化和人的异化辩证地结合在一起。物质财富的极大丰富,也就是说,在这种社会形态下,人的本质在异化劳动中遭遇全面的异化,物的增殖同人的贬值成正比,人的价值被同一于物的价值,这正是资本主义社会的主要特征。②如前文所述,在资本主义社会中,资本具有独立性和个性,而现实的人没有独立性和个性,现实的人成为资本的附属物,失去应有的现实性和个性。"每个人的自由发展"彻底消除了分工、私有制和资本逻辑共谋形成的异化的物对人的统治,使人成为独立的、有个性的"现实的个人"。马克思在《共产党宣言》中指出,在共产主义社会里,职业的分工将不再存在,任何人都没有特殊的职业要求,而是根据自己的需要和兴趣从事各种活动,活动的性质也经常改变,人可以在任何部门发展,

---

① 侯才:《马克思的"个体"和"共同体"概念》,《哲学研究》2012 年第 1 期。
② 钟启东:《马克思恩格斯思想政治教育理念论》,人民出版社 2023 年版,第 213 页。

从事自己喜爱的活动。整个生产不是根据市场的需要或者社会的需要调节，而是社会统一调节，满足于个人兴趣的需要。这就意味着，人们可以凭借自己的兴趣调节自己的职业。"因而使我有可能随自己的兴趣今天干这事，明天干那事，上午打猎，下午捕鱼，傍晚从事畜牧，晚饭后从事批判"[1]，如此，就不会使人们固定地从事某一个职业，制约人的兴趣和发展。马克思在这里形象地描绘了"每个人的自由发展"的内涵，也就是说，社会满足人的兴趣、能力、素质的自由发展，职业不是人的生存的需要，而是人的兴趣的需要。

最后，没有每个人的自由发展，一切人的自由发展就不可能实现。但是，每个人的自由发展实现之后，一切人的自由发展能够保证吗？答案是肯定的，这是因为：马克思所说的自由发展不仅仅是物质财富的发展，还包括人的精神境界、道德觉悟的发展。无疑，没有物质财富的发展，自由发展就不可能实现；同样，没有人的精神境界、道德觉悟的发展，人的自由发展也不可能实现。正是从这个意义上说，共产主义实践是每个人的自由发展的基础，没有共产主义实践，每个人的自由发展是不可能的，因为只有共产主义实践才能真正实现人类的物质生产生活与人的精神境界同时发展，而且发展到能保证每个人的自由发展。

马克思认为，在私有制条件下，每个人都力图创造出一种支配他人的、异己的本质力量，以便找到自己利己的根据。生活在私有制为主的社会中的人，很难想象，人的思想境界、道德情操、素质能力的全面提升会成为可能。因为共产主义实践不是以私有制为基础，而是以"真实的共同体"为基础，它为每个人的自由发展提供坚实的社会根基。"每个人的自由发展"，每个人不是作为阶级、集团、等级的个人，而是作为真正的个人、现实的个人、有个性的个人。自由发展，就是使人的本质力量都发挥出来，全面地占有自己的本质，制约自己发展的物质条件和社会条件已不复存在。

---

[1] 《马克思恩格斯文集》第 1 卷，人民出版社 2009 年版，第 537 页。

三 "每个人的自由发展"思想的重要维度

很多人误解了马克思历史唯物主义中的经验事实与历史事实的区别与联系。经验事实是实证科学研究的对象,是可以在经验中把握的事实;历史事实是人类在社会实践活动中把握的事实,是历史唯物主义研究的对象。历史唯物主义中的历史事实,不仅立足于当下的社会现实生活,而且具有超越当下社会现实生活的品格。从这个意义上说,"每个人的自由发展"是历史事实,具有实践性、历史性和超越性三个重要维度;这三个维度不是相互独立的,而是辩证地结合在一起。

（一）实践性维度

在马克思历史唯物主义的视野中,实践不仅具有认识论的意义,而且具有生存论的意义,所谓存在论的意义是指人的内在规定性是基于人所生活环境的规定性,改变的生活环境是人的存在的意义规定。生活环境不断改变,人的自我意识也在不断改变,生活环境决定人的自我意识。马克思的实践是两种实践,一是异化实践,主要是分工、私有制和资本逻辑导致的物的异化和人的异化。实践异化必然导致人的片面发展、畸形发展,甚至丧失人的内在本性。马克思认为,资本主义社会是实践异化的社会,因而,物和人都全面异化了。二是革命的实践,也就是共产主义实践。马克思认为,革命的实践是环境的改变和人的自我改变的一致。马克思在《1844年经济学哲学手稿》中指出,共产主义积极扬弃了私有财产和人的自我异化,真正实现了把人的本质还给人,人是人的最高本质。从这个意义上说,共产主义继承了以前的社会财富,实现了人向自己和社会的回归,解决了人与自然界、人与社会和人与自我的内在矛盾,真正实现了人与自然界、人与社会和人与自我的和谐统一。一言以蔽之,共产主义是"存在和本质、对象化和自我确证、自由和必然、个体和类之间的斗争的真正解决。它是历史之谜的解答,而且知道自己就是这种解答"[①]。自然主义与人道主义、人与自然界、人与人

[①]《马克思恩格斯全集》第42卷,人民出版社1979年版,第120页。

之间、存在与本质、对象化与自我确证、自由与必然、个体与类的矛盾的真正解决，实现它们的内在一致，正是革命实践的初步表达，这一思想在《关于费尔巴哈的提纲》和《德意志意识形态》中进一步发展。事实上，这两种实践观构成马克思考察、批判资本主义社会的理论基础，实践的价值指向就是每个人的自由发展。

进而言之，"每个人的自由发展"建立在科学原则的基础之上，这个科学原则就是历史唯物主义原则。历史唯物主义坚持事实与价值在实践中的统一性。在马克思看来，实践是环境的改变和人的自我改变的一致，环境改变人，人也改变环境。从根本上说，人和人生活的环境都是历史的产物，实践的产物，环境创造人，人也创造环境。在实践的过程中，本身就蕴含着事实与价值的统一性，没有所谓脱离事实的纯价值，也没有脱离价值的纯事实，正如恩格斯所说，历史不过是追求着自己目的的人的活动而已。历史唯物主义坚持社会现实生活决定意识，而不是意识决定社会现实生活。在资本主义社会，社会现实生活异化了，这就必然导致异化的意识，只有在共产主义社会，彻底消除异化的社会生活，回归真正的社会现实生活，人们才能克服观念的异化。

当马克思恩格斯说"在思辨终止的地方，在现实生活面前，正是描述人们实践活动和实际发展过程的真正的实证科学开始的地方"，学者误解马克思历史唯物主义的"实证科学"，把马克思的实证科学当作自然科学、社会科学的实证科学。事实上，马克思的实证蕴含着历史辩证法的内涵，即是说，马克思的实证科学通过对资本主义生产方式的内在矛盾的批判及超越中生发出每个人的自由发展的实践境遇。

共产主义实践不仅使人类生活的社会环境发生根本的改变，使之符合每个人自由发展的环境，而且使人的观念发生根本性的变革。在马克思看来，共产主义实践就是同传统的所有制关系实行彻底的决裂，与此同时，它在自己的发展进程中也要同传统的观念实行彻底的决裂。决裂不是马上决裂，而是在历史进程中彻底决裂。

（二）历史性维度

在马克思看来，历史是人们追求自己的活动，一切事物都是历史的产物，具有特定的历史价值；没有纯粹的事实，事实本身就是历史的，是在人类创造历史的活动中形成的，也就是说，离开了现实的历史，事实就是抽象的。在人类创造历史的过程中，本身就是事实与价值的辩证统一。① 马克思进而认为，人类创造的一切存在物都是历史的，就要历史地对待一切存在物。马克思《资本论》的副标题是"政治经济学批判"，这表明，《资本论》与国民经济学的重要区别在于：能否历史地对待一切存在物，能否从对存在物的肯定中发现自身的否定因素。

恩格斯说，历史不过是人创造自己的活动而已。按理说，人们创造历史是为了人的自由发展，可是人们创造的东西反而成为宰制自己的对立面，人们并没有享受自己的创造物。马克思并不是简单的道德义愤，而是历史评价。马克思说，异化的形成与异化的扬弃走的是同一条道路。马克思认为，发展着物质生产和物质交往的人们，在改变自己的现实的同时，自己的思想观念也在不断地改变。

有些论者，缺乏对马克思历史唯物主义历史观的理解，认为资本主义与社会主义水火不相容，这是对马克思历史唯物主义的误解。在马克思看来，资本主义与共产主义的关系并不是简单分开的，而是具有历史性的超越。资本主义生产方式的自我矛盾不断自我扬弃、自我发展和自我更新，最终会走向共产主义，实现每个人的自由发展。恩格斯认为，资本主义制度给人民带来无穷的灾难和痛苦，但是，只有资本主义才是新社会制度形成的可能条件，这里的新社会制度就是共产主义社会制度。恩格斯同样认为，只有当社会生产力发展到一定阶段，发展到在现代社会条件下很高的阶段，才有可能把生产力提高到消除阶级差别的程度，而且这种成果能得到持久巩固，保证社会生产方式不再停滞、衰落；但是，社会生产力只有在资产阶级手中才能达到这样的水平。这意味着，没有资本主义生产方式自我矛盾的发展，不可能形成每个人的自由发展的坚实基础。学术界有论者坚持马恩对立论，马恩对立论的主要依据之一是恩格斯的《自然辩证法》，马克思研究社会，恩格斯研究自

---

① 马拥军：《历史唯物主义的"实证"性质与马克思的正义观念》，《哲学研究》2017 年第 6 期。

然。他们不理解,马克思恩格斯从来没有把自然界与人类社会分开,他们都是在历史中认识自然界和社会的。

马克思指出,如果追溯历史,就会发现,进行生产的个人更加不独立,更加从属于一个更大的整体,起初还是非常自然地在家庭和扩大成为氏族的家庭之中;再往后,由于氏族的冲突和融合,从属于形成的各种形式的公社之中。直到 18 世纪,在以市民社会为主导的社会中,个人才是达到私人目的的手段,才具有外在的必然性。"但是,产生这种孤立个人的观点的时代,正是具有迄今为止最发达的社会关系(从这种观点看来是一般关系)的时代。"① 在这里,马克思指出了"独立个人"形成的历史条件,也就是说,在人的依赖性社会中,不可能形成"独立的个人",只有在发达的社会关系中,才能形成独立的个人。也就是说,没有市民社会的形成,独立的个人意识是不可能形成的。中国传统社会是以人的依赖性为基础的社会,长期以来,自然经济占据基础性地位,人作为虚假的群体而存在,"独立的个人"的思想没有形成。今天,在人们的潜意识中仍然存在的官本位、等级本位、权力本位等思想,乃是中国传统社会缺乏"独立的个人"意识在观念上的映照。

必须指出,"每个人的自由发展"建立在历史唯物主义基础之上,也就是说,"每个人的自由发展"只有在一定的历史条件下才能实现。马克思指出,要想形成全面发展的个人,必须形成全面发展的社会关系,社会关系不是自然的产物,而是历史的产物。建立在交换价值基础上的生产,才能为个性的形成、能力的发展提供保障。显然,"这种生产才在产生出个人同自己和同别人的普遍异化的同时,也产生出个人关系和个人能力的普遍性和全面性"②。在这里,马克思强调:一方面,"每个人的自由发展"不是自然的产物,而是历史的产物,以交换价值为基础的生产不仅生产出人的普遍异化,而且生产出人的素质和能力的提升。另一方面,"每个人的自由发展"体现在每个人的能力发展的全

---

① 《马克思恩格斯全集》第 46 卷(上册),人民出版社 1979 年版,第 21 页。
② 《马克思恩格斯全集》第 46 卷(上册),人民出版社 1979 年版,第 109 页。

面性和普遍性上，这种全面性和普遍性的获得没有经过普遍的人的异化是不可能实现的。

（三）超越性维度

前面所述，历史辩证法是马克思历史唯物主义的重要维度，不理解历史辩证法的真实内涵，就无法理解扬弃资本逻辑会走向"每个人的自由发展"。马克思历史唯物主义是真正的实证科学。这里的实证科学不是孔德意义上的社会科学，也不同于自然科学的实证科学，因为它们都是从肯定方面理解一切存在物。马克思的真正的实证科学就是马克思的历史唯物主义，它不仅从肯定的方面理解一切存在物，而且从否定方面理解一切存在物。所以，马克思的实证科学贯穿于历史辩证法，它既是现实的，又是超越的。历史不是一些僵死的事实的汇集，而是不断进行自我发展和自我超越的。

在马克思历史唯物主义的视域中，实践表征着人类生活世界得以生成和发展的内在根据，它既是人的现实生活世界的创造活动，又是一切未来的开创活动。马克思的实践是鲜活的，自我发展、自我创新、自我超越、自我批判是其自身的属性。马克思对人类的生活进行历史性实践的诠释，历史性实践既是现实的，又是超越的。马克思的思想运作，在人们当下的社会现实生活与人类生存与发展的未来指向中反复不断地展开。马克思的思想不断地深入人类历史的过去和未来，又从过去和未来返回当下的时代语境，不断深化对人类命运的解答。[①] 正是从这个意义上说，马克思历史唯物主义不仅是现实的，而且是超越的，从而解答人类的命运问题，而"每个人的自由发展"正是人类命运的答案。

很显然，现实性和超越性构成马克思历史唯物主义的两翼。每个人的自由发展具有现实性和超越性内在统一的维度。在马克思看来，只有在共产主义社会，每个人的自由发展才能真正实现。这里有两个问题需要回答：共产主义社会之前和之后，每个人的自由发展的状况是怎样

---

① 张曙光：《马克思主义哲学研究应有的现实性与超越性——一种基于人的存在及其历史境遇的思考与批评》，《中国社会科学》2006年第4期。

的？马克思认为，在共产主义社会之前，不是真正的人类社会，是人类社会的史前时期，这个时期，是不可能实现每个人的自由发展的。但是，每个人的自由发展是人类追求的目标，也是人类的崇高理想。事实上，尽管这个时期，人类的实践活动是异化的，但在人类异化的实践中也蕴含着每个人的自由发展的思想，只不过这一思想没有变成现实而已。共产主义社会实现了每个人的自由发展，并不意味着每个人的自由发展就具有固定的模式，而是每个人的自由发展在共产主义实践中不断发展、自我创新和自我超越。

四 "每个人的自由发展"思想的当代意义

马克思历史唯物主义研究的理论自觉，必须坚持"每个人的自由发展"这一最高价值诉求。今天，资本主义已有几百年的历史，社会主义也经历了一百多年的实践，马克思主义也经历了一百多年的发展与创新。面临未来的挑战和危机，我们必须在理论与实践上坚持马克思历史唯物主义这一最高价值理念。

第一，历史学家汤因比说过，西方文明是人类二十一个文明中的一个，它也无法避免其余文明所遭受的失败，应该对西方文明从深度上反思。汤因比的问题值得我们反思。事实上，西方很多思想大师在思考这个问题。斯宾格勒的"西方的没落"，卢卡奇的"理性的毁灭"，胡塞尔的"欧洲科学的危机"，罗素对人类未来的忧虑，海德格尔的"存在的遗忘"，弗洛姆的"逃避自由"，布洛赫的"希望的追寻"，这些思想大师都在思索人类文明的未来走向。

而且，当代社会生活正在发生急剧的变化，科学技术迅猛发展，网络虚拟世界不断地把人虚无化；影响人类生存与发展的各种矛盾更加突出，全球性问题导致的危机更加尖锐；这些都更加凸显了"每个人的自由发展"对人类未来发展的重要意义，更加凸显马克思主义哲学这一最高价值诉求的重要性。毋庸置疑，人类文明正处在重要转折的历史时期，走出以资本逻辑为核心的文明，进入人与自然、人与社会和人与自我和谐共生的新文明是人类的追求，也是人类克服各种危机的重要选择。很显然,要真正解决人类的各种危机,就必须深谙"每个人的自由发展"的深刻内涵及其当代价值。历史与实践一再表明,人类新文明的形成必须坚守全人类的利益高于一切,真正把"人类命运共同体"作为我们共同的原则和价值理念,而"每个人的自由发展"正是它们的思想基础。

第二,众所周知,由于现实社会主义都是在经济、政治、文化落后的国家中建成的,民主法治不健全,旧的、落后的文化观念在左右着人们的思想观念;对马克思为我所用,随意解释、歪曲、误解马克思主义的现象比较严重,结果导致对"每个人的自由发展"的严重背离。东欧之所以会发生巨变,根本原因之一就是背离了"每个人的自由发展"这一马克思历史唯物主义的最高价值诉求。中国特色社会主义在理论与实践中,既坚持从当下的一切实际出发,又坚持马克思"每个人的自由发展"的价值目标。中国特色社会主义之所以取得伟大胜利,就在于始终把"每个人的自由发展"作为核心价值目标,从邓小平理论到"三个代表"重要思想,从科学发展观到习近平重要讲话精神,始终贯穿着"每个人的自由发展"这一最高价值诉求。

第三,当前马克思主义哲学研究的危机感体现在三个方面。其一,马克思主义哲学研究在概念和范畴中自娱自乐,根本无视社会现实问题;其二,马克思主义哲学研究不是为了解决当代中国的社会现实问题,而是为了获得经费和学科点博士学位的获批;其三,马克思主义哲学研究不是建立在信仰马克思主义的基础上,而是把马克思主义哲学视为发财致富的途径。法国马克思主义哲学家阿尔都塞曾经精辟地说过,马克思的大多数继承者所要做的工作无非是对马克思本人的思想加以重复。也就是说,对马克思的思想只是注释和解释;一言以蔽之,对马克思的思想只是跟着说,照本宣科,而不是接着说,创造性地说,马克思思想的丰富内涵没有阐发出来。更为值得思考的是,大多数马克思思想的继承者闭着眼睛跳进茫茫黑夜,即是说,他们对于国家、对于意识形态、对于党、对于政治是无知的。更有甚者,他们把马克思的思想无中生有、混淆是非、颠倒为与马克思思想根本不相容的东西,马克思研究的危机已经到了非常严重的地步。这就深刻地提示我们,研究马克思主义,必须坚持马克思主义的理论硬核和核心价值理念,而"每个人的自由发展"则是这一理论硬核和核心价值理念的表征;只有在研究马克思主义和应用马克思主义中始终坚守马克思的这一最高价值诉求,才不会迷失方向,真正做到以马克思主义的态度对待马克思主义。

总之,马克思关于"每个人的自由发展"的思想是马克思历史唯物主义的核心主题,也是马克思历史唯物主义的最高价值诉求。我们应该领会它的深刻内涵及其当代意义,使这一思想的丰富内涵和当代意义不断地被揭示出来,这是真正的希望工程!

第三节 重思马克思主义现实与理想的关系

马克思主义现实与理想不是外在的,而是内在统一的关系。现实是马克思主义的重要组成部分,理想同样是马克思主义的重要组成部分。要言之,现实与理想是马克思主义不可分割的两个重要维度,舍弃任何一个方面,都会背离马克思主义的本质精神。在新的历史条件下,重新思考马克思主义现实与理想的内在关系,对于把握马克思主义的本质精神,坚定共产主义的理想信念,具有不可或缺的重要意义。

习近平总书记在哲学社会科学工作座谈会上指出,只有真正弄懂了马克思主义,才能在揭示共产党执政规律、社会主义建设规律、人类社会发展规律上不断有所发现、有所创造,才能更好识别各种唯心主义观点,更好抵御各种历史虚无主义谬论。习近平总书记的这一思想,见解深刻,意义深远,是马克思主义研究者必须遵循的指导方针,需要认真领悟和贯彻。

必须指出的是,在对马克思主义的研究中,大多研究者取得的共识是:关注现实是马克思主义的重要维度。然而,如果我们追问,仅仅强调马克思主义关注现实的维度,忽视马克思主义自身的现实性与理想性内在统一的维度,会背离马克思主义的本质精神,甚至会走向马克思主义的反面。这听起来不合时宜,却是毋庸置疑的事实。

何以言之呢？首先,研究者没有真正反思马克思主义现实与理想的真实内涵以及它们之间的辩证关系。其次,研究者没有区分马克思主义本身的现实性与马克思主义对现实的指导的区别与联系,正如有的学者所敏锐地指出的,作为现实之组成部分的马克思主义与受马克思主义引导的现实是两个不同的概念,研究者只是强调受马克思主义引导的现实,而没有注意到,现实本身就是马克思主义的重要组成部分。最后,无论是作为现实之组成部分的马克思主义,还是马克思主义指导下的现实,现实本身就蕴含着理想。质言之,在马克思主义视域中,现实与理想是不可分割的,是同一个问题的两个方面。事实上,马克思主义不仅具有现实性,而且具有超越现实的理想性,现实性与理想性蕴含在马克思主义总体性之中。换言之,割裂马克思主义现实与理想的关系,会导致对马克思主义本真精神的误解。在认真学习习近平总书记重要讲话精神的基础上,笔者对马克思主义与理想的关系、马克思主义现实与理想的关系谈一点拙见,以求教于学界同人。

第一,众所周知,马克思主义并不是一个固定不变的概念,而是不断发展变革的概念,马克思主义的内涵始终与时代对话,丰富和发展自己的内涵；也就是说,马克思主义反对各种教条主义,在实践中不断地自我发展和创新。正因如此,马克思主义自产生之日起,不断地遭到误解,以至于恩格斯不得不强调:"所有这些先生们都在搞马克思主义,然而他们属于10年前你在法国就很熟悉的那一种马克思主义者,关于这种马克思主义者,马克思曾经说过:'我只知道我自己不是马克思主义者。'马克思大概会把海涅对自己的模仿者说的话转送给这些先生们:'我播下的是龙种,而收获的却是跳蚤。'"① 当马克思反对把自己称为"马克思主义者"时,表明马克思反对的是歪曲自己思想的假马克

---

① 《马克思恩格斯文集》第10卷,人民出版社2009年版,第590页。

思主义者，马克思并不反对理解自己思想的真马克思主义者。其实，对马克思主义的理解，不仅要立足于马克思所处的时代语境，而且还要用发展的眼光理解马克思主义，真正理解马克思主义的方法论。回顾马克思主义诞生之后，各种非马克思主义者对马克思主义的歪曲、责难和误解，以及马克思主义者"无意识"之中对马克思主义的遮蔽，由此导致社会主义事业的挫折、灾难，教训是极其深刻的！这就启示我们，真正领会习近平总书记所说的"真正弄懂马克思主义，使其成为我们的看家本领"的深刻内涵，是多么的重要！

进一步说，尽管马克思主义是不断发展、不断创新的理论，但马克思主义者对马克思主义的理解也存在诸多差异，仅仅从西方马克思主义者对马克思主义的理解来看，观点和思想是仁者见仁，智者见智，诸如黑格尔主义的马克思主义、结构主义的马克思主义、社会批判理论的马克思主义、女权主义的马克思主义、解构主义的马克思主义、日常生活批判的马克思主义、人道主义的马克思主义、辩证的马克思主义、实证的马克思主义、解放理论的马克思主义、生态学的马克思主义、分析的马克思主义、有机的马克思主义、现象学的马克思主义，等等。但是，这并不意味着我们在理解马克思主义时没有共同的东西，马克思主义始终有一个"灵魂"在贯穿马克思主义发展与创新之中。从某种意义上说，正是由于马克思主义思想的博大精深和远大的目光，才使我们在理解马克思主义时出现表面上的"分歧"。深入的研究表明，马克思主义在发展、创新中，有其最核心的"理论硬核"，这个理论硬核是马克思主义的"灵魂"，是我们理解马克思主义的根本。换言之，如果我们理解、发展和创新马克思主义时，脱离了这个"理论硬核"，就会脱离马克思主义的轨道，就会走向马克思所反对的"马克思主义"。于是，我们发现，马克思主义的"理论硬核"包含实践层面、价值层面和信仰层面，这三个层面构成马克思主义最本质的东西，是马克思主义的本质精神。要言之，马克思主义各种表现形态千差万别、多姿多彩，但是，马克思主义始终围绕它的"理论硬核"来展开。马克思主义自形成之日起，迄今已经170多年，马克思主义者始终围绕它的"理论硬核"，丰富、发展和创新马克思主义，从而使马克思主义能够解答时代所面临的重大问题。

首先，从实践层面说，马克思主义是改变世界的理论，它立足于历史性的伟大实践，不断地触及时代的各种矛盾和问题，并提出解决时代重大问题的思想，从而推动社会的重大变革。正是在这个意义上，马克思主义不断地与时代对话，不断地与人类文明的一切优秀成果对话，从而丰富自己的理论内涵。应该说，在革命战争年代，马克思主义凸显的是革命理论；在社会主义建设和改革时期，马克思主义彰显的是建设理论。事实上，马克思主义是革命理论与建设理论的统一，二者始终保持着辩证的张力。这意味着，马克思主义始终把"实践优先、开放创造"作为自己的理论特质，正如马克思所说的，全部社会生活是实践的，凡是把理论引向神秘主义的东西，都能在实践中得到合理的解决。所以，马克思主义是自我发展、自我变革、自我创新的理论，是在与时代的对话中不断彰显自己的理论特质的理论。一言以蔽之，马克思主义总是具有强烈的"问题意识"，总是面向真实的社会现实生活，总是站在时代的前列，总是具有超前的眼光，从而在批判旧世界中建构新世界。马克思主义的"问题意识"和"现实关怀"，都是立足于革命的实践，所以马克思主义是真正的"时代精神的精华"和"人类文明的活的灵魂"。

众所周知，传统教科书把马克思主义的实践理解为改造客观世界的物质性活动，这一理解本身并没有真正切入马克思主义实践观的真实内涵。马克思在《关于费尔巴哈的提纲》中，批判了旧唯物主义的实践观（包括费尔巴哈），即是说，旧唯物主义只强调改造环境，而没有注意到人的自我改变。马克思批判唯心主义的实践观只强调人的自我改变，而没有注意到环境的改变。马克思主义实践观是革命的实践，也就是说，环境的改变和人的自我改变是一致的。我们之所以说马克思主义哲学是改变世界的哲学，这里的"改变世界"是指，不仅要改变客观物质世界，而且要改变人自身，二者是有机地结合在一起的。这就深刻地启发我们，无论是革命时代，还是建设、改革时代，我们都要始终坚持马克思主义的实践观。要言之,我们不仅要改造物质环境,而且要改造人的思想,使之具有坚定的共产主义理想信念,这是马克思主义实践观的活的灵魂。遗憾的是,诸多研究者并没有注意到马克思主义实践观的真实内涵,导致片面理解马克思主义。

其次,从价值层面说,马克思主义是关于人类自由和幸福的理论。马克思主义改造世界的目的是造福于人类的幸福与自由。马克思在《1844年经济学哲学手稿》中指出,幸福是通过人并且为了人而对人的本质的真正占有,人的本质就是实现人的幸福。在《德意志意识形态》中,马克思强调,在共产主义社会里,任何人都没有特殊的活动范围,而是都可以在任何部门内发展;人不是像逃避瘟疫一样逃避劳动,而是把劳动作为人生幸福的根本。恩格斯在《艾尔菲特的演说》中也着重指出,我们谈的是为所有的人创造生活条件,以便每个人都能自由地发展他的个性,使每个人的兴趣和爱好都能真正实现。在《共产主义信条草案》中,恩格斯进一步指出,未来社会是这样,使社会的每一个成员都能完全自由地发展和发挥他的全部才能和力量。在《共产党宣言》中,马克思恩格斯指出,每个人的自由发展是一切人的自由发展的条件。在《资本论》中,马克思指出,资本具有独立性,而现实的人没有独立性;马克思正是通过对资本逻辑的批判,回到现实的人的幸福。所有这些论述都表明,实现人类的幸福和自由是马克思主义的最高价值诉求,马克思主义的一切实践活动都蕴含着这个价值目标。应该说,把人类的幸福和自由作为理论与实践的内涵,这是马克思主义独有的境界。马克思把一生都献给了无产阶级和人类的解放事业,始终把人类的幸福和自由作为革命的实践之要义。

最后,从信仰层面说,马克思主义是关于共产主义信仰的理论。无论马克思主义内涵在实践中怎样发展与创新,都必须始终坚持共产主义信仰。事实上,共产主义信仰是马克思主义最核心的部分,也是马克思主义生机与活力的彰显。信仰应该具有真理性和价值性,也就是说,真理和价值是信仰的两个重要维度,是同一个硬币的两个方面,信仰的真理性与价值性被赋予崇高的意义。正是构成信仰的真理与价值的崇高性，决定了信仰本身的崇高性。① 共产主义不是虚无缥缈的幻想，而是现实的活动。换言之，共产主义既具有真理性，又具有价值性。一言以蔽之，共产主义具有两个重要的维度：真理性与价值性，共产主义的真理性体现为结束人类的"史前时期"，真正使人类进入"人类社会"。在马克思看来，共产主义社会之前的社会之所以是"史前时期"，是因为都是一种压迫替代另一种压迫，一种剥削替代另一种剥削，一种宰制替代另一种宰制。从根本上说，共产主义之前的社会是不公平、不正义的社会，人类没有进入自己"真正的历史"。马克思进一步认为，只有到共产主义社会，人类才能进入"真正的历史"，才能实现真正的幸福和自由。当然，共产主义社会并不是固定不变的，而是在实践中不断发展和创新的，共产主义的原则是通过批判旧世界去发现一个新世界。这意味着，共产主义信仰不是在遥远的"天国"，而是在人们的现实生活之中。人们在社会现实生活的实践中丰富和发展共产主义思想。

之所以人们对共产主义信仰产生诸多误解，是因为人们的现实生活异化了。在今天资本逻辑和实践异化支配下的生活中，人们成为受资本任意宰制的"羔羊"，完全失去了自我。

进而言之，马克思主义"理论硬核"的三个层面互为前提和条件，构成鲜活的有机整体，任意割裂三个层面的内在统一，会遮蔽马克思主义的本真精神。需要指出的是，当前，在对马克思主义的研究中，出现值得注意的两种现象：强制解释和弱解释。所谓"强制解释"，其含义是：把不是马克思主义的强加给马克思主义，马克思主义是一个筐，什么都往里装，马克思主义变成什么都行的"普遍真理"，结果，把马克思主义打扮成什么都行的、万能的"救世主"。所谓"弱解释"，主要是指：缩小马克思主义指涉的范围，马克思主义应有的精神没有阐发出来，其表现是，借口时代的变化，把马克思主义变成过时的理论，否定马克思主义的当代生命力。毋庸置疑，这两种解释都是马克思所坚决反对的假马克思主义。这就提示我们，无论何时，坚持马克思主义的"理

---

① 黄慧珍：《信仰与觉醒》，人民出版社2007年版，第281页。

论硬核",才能识别各种假马克思主义,才能使我们用马克思主义的态度对待马克思主义。

第二,正如前文所述,一提到马克思主义的理想,人们很自然地想到共产主义,甚至有人把共产主义理解为乌托邦。即使信仰共产主义的马克思主义者中,也有不少人认为,共产主义是将来的事,当务之急是做好眼前事,这就是所谓的"务实主义"。问题并不是如此的简单,这实际上关涉是否坚持马克思主义理想的大问题、是否坚持马克思主义本真精神的大问题。著名学者陈学明教授不仅把研究马克思主义作为自己的事业,而且始终真正信仰马克思主义,把马克思主义融入人生之中。坚持共产主义理想信念是陈学明教授的人生追求,这是值得我们敬仰和学习的。改革开放的历史实践表明,一旦我们脱离马克思主义现实与理想关系的轨道,我们的改革就会出现重大的社会问题,甚至会脱离社会主义的轨道。

事实上,马克思在《德意志意识形态》中告诉我们,对于实践的唯物主义者,即共产主义者来说,全部问题都在于使现存世界革命化,实际地反对和改变事物的现状。①研究者对"实践的唯物主义者"进行了大量的研究,并辨明了实践的唯物主义者与实践唯物主义的区别与联系,但是对于"使现存世界革命化,实际地反对和改变事物的现状"的真实内涵以及划时代意义缺乏深度的研究,甚至出现诸多误解;事实上,马克思的共产主义思想体现在对这一问题的见解中。马克思在这里清楚地告诉我们,实践的唯物主义者就是共产主义者。事实上,"使现存世界革命化,实际地反对和改变事物的现状"具有深刻的意蕴,这也是共产主义的深刻意蕴。要言之,共产主义的主要内涵是在实践中改变不合理的社会关系和社会制度,创生出以"人类幸福和自由"为基础的社会关系和社会制度,从而形成有利于人类幸福和自由的生存环境,这也是共产主义的真实内涵。这意味着,共产主义是现实的活动,在现实的活动中蕴含价值目标——理想。正如有的学者所指出的,共产主义不

---

① 《马克思恩格斯文集》第 1 卷,人民出版社 2009 年版,第 527 页。

仅为每个人的自由全面发展奠定坚实的物质基础,而且还要为其奠定思想基础。这意味着,共产主义是物质财富的丰富和人的精神境界的提升的有机统一。共产主义的价值旨趣不是利润至上、利益至上、资本至上,而是人的自由全面发展至上、人的兴趣至上、人的幸福至上,所以,每个人的自由全面发展和幸福是共产主义的应有之义。这表明,共产主义不仅意味着资本的私人界限的消失,而且意味着资本的民族界限和一切其他界限的消失。这样,每个人的自由全面发展和幸福便成为共产主义社会的必然归宿。

如前文所述,共产主义既是真理,又是价值,这意味着,共产主义既是现实的活动,同时又是崇高的理想,因为历史的全部实践活动是共产主义的现实的产生活动,共产主义是自我超越和自我扬弃的。现实应该趋向于共产主义理想,同时共产主义理想也应该趋向于现实。历史的全部活动就是这种共产主义的现实的产生活动,即是说,共产主义的经验存在的产生活动,与此同时,对共产主义的思想着的意识来说,又是它的被理解和被认识到的生成运动。这表明,共产主义本身产生于现实的历史活动之中,人们对共产主义的理解是共产主义现实活动的重要组成部分。毫无疑问,研究者对马克思主义现实与理想的关系存在误解:一方面,他们把现实与理想脱离开来,在他们看来,谈论理想,就会失去现实,变成抽象的、虚幻的教条;另一方面,只谈理想,忽视当下的现实,把一切都寄希望于未来。事实上,他们不理解马克思主义现实与理想的内在关系。黑格尔有一句名言:凡是现实的,都是合理的;凡是合理的,都是现实的。黑格尔说得很明确,现实不等于现存。恩格斯对此强调:"在黑格尔看来,决不是一切现存的都无条件地也是现实的。在他看来,现实性这种属性仅仅属于那同时是必然的东西。"① 黑格尔把现实理解为必然性,是理性的必然性。马克思主义把现实同样视为必然性,但这里的必然性不同于黑格尔的必然性,是历史性实践的必然性。这意味着,现实不是现状,不是固定

---

① 《马克思恩格斯文集》第 4 卷,人民出版社 2009 年版,第 268 页。

不变的；而是历史必然性，是不断地变革的。马克思主义理想扎根于现实之中，马克思主义理想也是历史必然性的，是历史性实践问题。这就启发我们，只有从历史性实践出发，马克思主义的现实与理想的关系才能向我们显现出来。

何以如此？这是因为马克思主义对人类生活给予历史性的理解，这里的历史性既是现实的，又是理想的，它们本身是人类历史性实践活动的重要维度。这意味着，人类历史性实践活动既是现实的，又是理想的；人类历史性实践视域中的现实与理想既不可分割地联系在一起，同时又保持着内在的张力，彼此构成有机的整体。正因如此，人类历史是自我超越、自我辩证和自我发展的；在这一实践过程中，人类历史不断地面向过去、现在和未来，推动人类文明的发展与创新。马克思主义不断地深入人类过去和未来的实践之中，又不断地从过去和未来的实践中返回当下的历史境遇，从而解答人类的命运问题。① 对人类命运问题的解答需要革命的实践，革命的实践不仅具有当下的现实性，而且具有超越当下的理想性。从这个意义上说，马克思主义的实践不是僵化的，而是鲜活的；不仅蕴含着现实性，而且蕴含着超越现实的理想性；现实和理想都不是固定的、僵化的教条，而是与社会实践一起处于不断生成的过程中。正如马克思所说的，环境的改变和人的改变是革命的实践的一致。这就提示我们，对于马克思主义研究者来说，不关心社会现实问题，不是马克思主义者；不坚定马克思主义的共产主义理想信念，同样不是马克思主义者；割裂马克思主义现实与理想的关系，会走向马克思主义的对立面。

历史是最好的老师，让我们回顾一下历史，也许有助于我们理解马克思主义现实与理想的内在关系。以伯恩斯坦为代表的第二国际之所以背叛马克思主义，是因为他们没有坚持马克思主义的现实与理想的关系，最终走向反马克思主义的修正主义。伯恩斯坦提出"最终目标是微

---

① 张曙光：《马克思主义哲学研究应有的现实性与超越性——一种基于人的存在及其历史境遇的思考与批评》，《中国社会科学》2006年第4期。

不足道的，运动就是一切"，意思是，只关注当下的现实，至于未来的目标无须过问，这实际上是否认了马克思主义的共产主义理想，完全割裂了马克思主义的现实与共产主义理想的辩证关系，把马克思主义变成改良主义和修正主义，最终走向马克思主义的对立面。

历史与实践也一再启发我们，马克思主义的现实与共产主义理想的辩证关系是马克思主义的精髓，割裂这一辩证关系，必然会给马克思主义事业和社会主义实践带来挫折或灾难。众所周知，自马克思恩格斯逝世之后，世界形势发生了巨大变化。部分马克思主义者不理解，为什么资本主义没有灭亡？为什么东欧会发生巨变？尤其是有着70多年历史的苏联为什么会走向崩溃？从马克思主义现实与共产主义理想的内在关系，我们很清楚地看到：苏联共产党已经失去了马克思主义政党的性质，退化为修正主义的资产阶级政党。当时的苏联总统戈尔巴乔夫不再坚持共产主义的理想信念，而是按照民主社会主义政党的标准改造苏联共产党，使苏联共产党放弃了马克思主义的共产主义理想，最终导致苏联的崩溃。[①] 历史与实践表明，中国共产党之所以能够领导中国人民在革命战争时期、社会主义建设和改革时期取得伟大的胜利，是因为中国共产党始终把马克思主义的现实与共产主义理想结合起来，真正坚持马克思主义的这一本质精神。

总之，无论是以伯恩斯坦为代表的第二国际强调运动就是一切，目标微不足道，还是戈尔巴乔夫对马克思主义的歪曲，否定马克思主义的共产主义理想，把马克思主义变成人道的、抽象的假马克思主义，都是对马克思主义的错误理解。由于他们缺乏马克思主义现实与共产主义理想的辩证法，缺乏马克思主义的理论素养，缺乏真懂马克思主义的理论勇气，缺乏马克思主义的"理论硬核"，走上反马克思主义的道路就不奇怪了，最终给马克思主义的事业造成巨大的灾难。这意味着，真正掌握马克思主义现实与理想的内在关系，真正把握马克思主义的本真精神，才能在实践中坚持与运用马克思主义。

---

① 马拥军：《马克思主义与中国梦》，天津人民出版社2015年版，第100页。

第三，需要进一步指出的是，目前的马克思主义研究者给人的印象是关注现实，其实是形式主义的"包装"，缺乏实质性的内涵。马克思主义关注现实不是对号入座，也不是简单地对政策方针进行阐发，而是通过对现实的批判和超越，阐发马克思主义的真精神，从而使我们在实践中真正沿着马克思主义的道路前行。这就需要马克思主义研究者不仅要深入马克思主义经典著作之中，认真阅读和领会马克思主义经典著作蕴含的马克思主义本真精神；而且还需要关注社会现实，把社会现实中的问题升华为马克思主义的核心问题，真正形成具有思想性、学术性和现实性的马克思主义研究成果，为党和国家的政策提供马克思主义思想资源。一般来说，人们都强调马克思主义的批判精神，这是对的，但不全面。事实上，马克思主义不仅是批判的理论，而且是建设的理论，批判与建设始终内在地结合在一起，这意味着，现实与理想的辩证统一始终是马克思主义的特质。马克思主义的辩证法不是变戏法，而是历史辩证法，即是说，马克思主义始终坚持对社会现实生活的批判与建构的内在统一。这实质上就是马克思主义的理论品格，即是说，现实与理想的内在统一是马克思主义的重要理论品格，或者说，是马克思主义的重要组成部分。正如前文所说，马克思主义现实与理想是辩证地结合在一起的，是同一个硬币的两个方面，舍弃任何一个方面，都会割裂马克思主义的本真精神。

匪夷所思的是，最早阐发马克思主义现实与理想的内在统一关系的是西方马克思主义。西方马克思主义自20世纪80年代在中国开始研究，至今已经30多年了。应该说，我们通过对西方马克思主义的研究，对马克思主义的认识和理解也更加深刻，西方马克思主义是马克思主义发展史的重要支脉。西方马克思主义在批判第二国际理论家对马克思主义的误解、歪曲时，阐发了他们的马克思主义观。应该说，西方马克思主义的马克思主义观并非都符合马克思主义的本质精神，但大部分对马克思主义的理解是正确的。西方马克思主义的开创者卢卡奇在《历史与阶级意识》中谈到了马克思主义现实与共产主义理想的内在关系。卢卡奇这样写道："修正主义者把运动和最终目标分开，是向工人运动的最初阶段的倒退。因为最终目标不是在某处等待着离开运动和通向运动的道路的无产阶级的'未来国家'。它不是在日常斗争的紧张中能愉快地被忘怀，只有在与日常操劳呈鲜明对照的星期日布道时才能被记起的情况。它也不是用来规范'现实'过程的一种'义务'、'观念'。应当说最终目标是与总体（即被视为过程的社会整体）的关系，由于这种关系斗争的各个环节才获得它的革命意义。"①

从卢卡奇的这段话中我们可以引申出以下结论：第一，卢卡奇批判修正主义把现实与共产主义目标分开，这是马克思主义理论的倒退，是修正主义的表征。卢卡奇强调："一切想把无产阶级的'最终目标'或'本质'从与（资本主义的）存在的一切不纯接触中挽救出来的企图，最后总导致跟修正主义一样远离现实，远离'具体的、批判的活动'。"②卢卡奇提示我们，只有把当前的行动与共产主义目标结合起来，才能真正把握马克思主义的现实。修正主义之所以背叛马克思主义，主要原因之一在于没有理解马克思主义现实观的真正内涵。第二，卢卡奇分析了对共产主义目标的三种错误理解。其一是把共产主义目标视为与当前的现实不相干的无产阶级的"未来国家"；其二是把共产主义目标理解为在日常的工作中可以愉快地忘记，而只有在重大的庆典时被记起；其三是把共产主义目标看作规范现实过程的一种义务和观念。很显然，卢卡奇批判的三种割裂马克思主义现实与共产主义目标的关系的现象，在当代中国还存在许多，这应该引起我们的警觉！第三，卢卡奇认为，共产主义在社会过程的整体中实现的，也就是说，共产主义目标在社会现实之中，也就是在历史必然性之中。"正统马克思主义的任务，即战胜修正主义和空想主义，绝不可能是一劳永逸地打败各种错误倾向。""马克思主义正统绝不是守护传统的卫士，它是指明当前任务与历史过程的总体的关系警觉的预言家。"③卢卡奇启发我们，真正把握马克思主义，需

---

① ［匈］格奥尔格·卢卡奇：《历史与阶级意识》，杜章智等译，商务印书馆2004年版，第74页。
② ［匈］格奥尔格·卢卡奇：《历史与阶级意识》，杜章智等译，商务印书馆2004年版，第74页。
③ ［匈］格奥尔格·卢卡奇：《历史与阶级意识》，杜章智等译，商务印书馆2004年版，第75—76页。

要我们把马克思主义的现实与共产主义理想紧密地结合起来,并在实践中牢牢地坚守这一关系。马克思主义总体性是把马克思主义现实与理想结合在一起的总体性,坚持这一总体性思想就是坚持马克思主义的真精神,卢卡奇的这一思想真正切入了马克思主义的本质精神。

综上所述,正确认识马克思主义现实与理想的关系,不仅是一个重大的理论问题,而且是重大的实践问题,更是关涉中国特色社会主义事业的重大问题。众所周知,中国是以马克思主义为指导的社会主义国家,这意味着,马克思主义现实与理想的关系本身就是中国特色社会主义的重要组成部分。"中国特色社会主义"这个概念是中国人民在伟大的历史性实践中形成、发展的,这意味着,中国特色社会主义的实质和内容必然是马克思主义的。这也意味着,中国特色社会主义必然把共产主义理想作为自己的奋斗目标,而这个目标始终贯穿在中国特色社会主义整个实践过程之中,贯穿于中国特色社会主义现实之中,贯穿于实现中华民族伟大复兴的中国梦之中。这还意味着,我们不仅要坚定中国特色社会主义的"四个自信",而且还要坚定共产主义的信念,这是同一个问题的不可分割的两个方面。这就启示我们,只有准确地理解马克思主义现实与理想的关系,才能真懂马克思主义,才能使中国特色社会主义的伟大实践始终沿着马克思主义所指引的方向前进,中华民族伟大复兴的中国梦才能真正实现。这是真正的希望工程!

参考文献

（一）中文文献

专著

《马克思恩格斯选集》第 1—4 卷，人民出版社 2012 年版。
《马克思恩格斯文集》第 1—10 卷，人民出版社 2009 年版。
《马克思恩格斯全集》第 1 卷，人民出版社 1956 年版。
《马克思恩格斯全集》第 2 卷，人民出版社 1957 年版。
《马克思恩格斯全集》第 3 卷，人民出版社 2002 年版。
《马克思恩格斯全集》第 4 卷，人民出版社 1995 年版。
《马克思恩格斯全集》第 5 卷，人民出版社 2002 年版。
《马克思恩格斯全集》第 6 卷，人民出版社 1961 年版。
《马克思恩格斯全集》第 7 卷，人民出版社 1979 年版。
《马克思恩格斯全集》第 9 卷，人民出版社 1961 年版。
《马克思恩格斯全集》第 19 卷，人民出版社 1963 年版。
《马克思恩格斯全集》第 20 卷，人民出版社 1971 年版。
《马克思恩格斯全集》第 23 卷，人民出版社 1972 年版。
《马克思恩格斯全集》第 25 卷，人民出版社 1974 年版。
《马克思恩格斯全集》第 26 卷，人民出版社 1979 年版。
《马克思恩格斯全集》第 28 卷，人民出版社 1973 年版。
《马克思恩格斯全集》第 30 卷，人民出版社 1995 年版。

《马克思恩格斯全集》第 35 卷，人民出版社 1971 年版。
《马克思恩格斯全集》第 39 卷，人民出版社 1974 年版。
《马克思恩格斯全集》第 40 卷，人民出版社 1979 年版。
《马克思恩格斯全集》第 42 卷，人民出版社 1979 年版。
《马克思恩格斯全集》第 46 卷（上册），人民出版社 1979 年版。
《马克思恩格斯全集》第 46 卷（下册），人民出版社 1980 年版。
《马克思恩格斯全集》第 47 卷，人民出版社 2004 年版。
《列宁选集》第 1 卷，人民出版社 1995 年版。
《毛泽东文集》第 8 卷，人民出版社 1999 年版。
《毛泽东选集》第 2 卷，人民出版社 1991 年版。
［德］A.施密特：《马克思的自然概念》，商务印书馆 1988 年版。
［英］安东尼·吉登斯：《现代性的后果》，田禾译，译林出版社 2011 年版。
［英］戴维·麦克莱伦：《马克思传》，王珍译，中国人民大学出版社 2010 年版。
［德］路德维希·费尔巴哈：《费尔巴哈哲学著作选集》上卷，荣震华等译，商务印书馆 1984 年版。
［德］弗里德里希·尼采：《历史的用途与滥用》，上海人民出版社 2005 年版。
［匈］格奥尔格·卢卡奇：《关于社会存在的本体论》上卷，本泽勒编，白锡壁等译，重庆出版社 1996 年版。
［匈］格奥尔格·卢卡奇：《历史与阶级意识》，杜章智、任立、燕宏远译，商务印书馆 1996 年版。
［美］赫伯特·马尔库塞：《单向度的人》，刘继译，上海译文出版社 2014 年版。
［德］黑格尔：《小逻辑》，贺麟译，商务印书馆 1980 年版。
［德］马克斯·霍克海默、［德］西奥多·阿道尔诺：《启蒙辩证法》，渠敬东、曹卫东译，上海人民出版社 2006 年版。
［英］杰拉德·德兰蒂：《现代性与后现代性——知识，权力与自我》，李

瑞华译，商务印书馆 2012 年版。

[德]卡尔·科尔施:《马克思主义和哲学》，王南湜译，重庆出版社 1993 年版。

[德]康德:《未来形而上学导论》，李秋零译，中国人民大学出版社 2013 年版。

[德]罗莎·卢森堡:《资本积累论》，彭尘舜、吴纪先译，生活·读书·新知三联书店 1959 年版。

[美]R. T. 诺兰等:《伦理学与现实生活》，姚新中译，华夏出版社 1988 年版。

[法]让·鲍德里亚:《消费社会》，刘成富、全志钢译，南京大学出版社 2008 年版。

[美]塞缪尔·P. 亨廷顿:《变化社会中的政治秩序》，王冠华、刘为译，上海人民出版社 2008 年版。

[美]塔尔科特·帕森斯:《社会行动的结构》，载何兆武等主编《中国印象——世界名人论中国文化》，广西师范大学出版社 2001 年版。

[英]特里·伊格尔顿:《马克思为什么是对的》，李杨、任文科、郑义译，新星出版社 2011 年版。

[英]以赛亚·伯林:《自由论》，胡传盛译，译林出版社 2010 年版。

[德]尤尔根·哈贝马斯:《现代性的哲学话语》，曹卫东译，译林出版社 2011 年版。

俞吾金:《被遮蔽的马克思》，人民出版社 2012 年版。

俞吾金:《实践与自由》，武汉大学出版社 2010 年版。

期刊

安启念:《马克思的大唯物史观及其史学价值》，《理论探索》2016 年第 1 期。

卞绍斌:《现代性批判与马克思社会概念的多重向度》，《山东大学学报》（哲学社会科学版）2011 年第 1 期。

陈学明:《马克思"新陈代谢"理论的生态意蕴——J. B. 福斯特对马克思

生态世界观的阐述》,《中国社会科学》2010年第2期。

丰子义:《从话语体系建设看马克思主义哲学创新》,《哲学研究》2017年第7期。

丰子义:《历史唯物主义与马克思主义哲学主题》,《中国社会科学》2012年第3期。

丰子义:《全球化与文明的发展和建设》,《山东社会科学》2014年第5期。

丰子义:《中国道路的哲学自觉——实践唯物主义的当代意义》,《北京大学学报》(哲学社会科学版)2015年第4期。

高云涌:《资本逻辑的中国语境与历史唯物主义的当代使命》,《北京行政学院学报》2016年第1期。

韩庆祥、张键:《中国特色社会主义建设实践的内在逻辑与发展趋向》,《中国社会科学》2012年第3期。

郝立新:《历史唯物主义的理论本质和发展形态》,《中国社会科学》2012年第3期。

何萍、骆中锋:《国外生态学马克思主义的新发展》,《吉林大学社会科学学报》2015年第11期。

何中华:《"新唯物主义的立脚点"与"从后思索"》,《山东社会科学》2013年第7期。

贺来:《历史唯物主义的辩证本性》,《中国社会科学》2012年第3期。

贺来:《有尊严的幸福生活何以可能?》,《哲学研究》2011年第7期。

侯才:《马克思的"个体"和"共同体"概念》,《哲学研究》2012年第1期。

胡刘:《"资本批判"与历史认识论的科学建构》,《山东社会科学》2015年第8期。

解保军:《马克思恩格斯对资本主义的生态批判及其意义》,《马克思主义研究》2006年第8期。

旷三平、郑丽娟:《历史唯物主义理论创新的三重视界》,《社会科学》2012年第9期。

李成旺:《历史唯物主义的超越对象与超越路径》,《马克思主义与现实》2014年第5期。

李佃来:《历史唯物主义的"实践"维度与"理论"维度》,《哲学研究》2017年第5期。

李佃来:《论历史唯物主义与政治哲学的内在会通》,《中国人民大学学报》2015年第1期。

李景源:《现代性与人的全面发展探讨》,《学习与探索》2005年第5期。

刘林涛:《文化自信的概念、本质特征及其当代价值》,《思想教育研究》2016年第4期。

刘仁胜:《马克思关于人与自然和谐发展的生态学论述》,《教学与研究》2006年第6期。

卢德友:《历史唯物主义守护当代现实的思想自律》,《武汉大学学报》(人文科学版)2017年第1期。

罗骞:《历史唯物主义:一种可能性思想》,《哲学研究》2010年第6期。

马拥军:《"马恩对立论"之根源何在》,《学术月刊》2013年第3期。

马拥军:《历史唯物主义的"实证"性质与马克思的正义观念》,《哲学研究》2017年第6期。

任平:《论历史唯物主义的当代形态》,《学术月刊》2012年第11期。

孙利天、孙祺:《共产主义与人类团结的希望——从〈共产党宣言〉谈起》,《东岳论丛》2017年第1期。

孙正聿:《历史的唯物主义与马克思主义的新世界观》,《哲学研究》2007年第3期。

唐正东:《历史唯物主义的方法论视角及学术意义——从对西方学界的几种社会批判理论的批判入手》,《中国社会科学》2013年第5期。

万俊人:《美丽中国的哲学智慧与行动意义》,《中国社会科学》2013年第5期。

王德峰:《简论中国文化精神及其在当代复兴的可能性》,《哲学研究》2005年第5期。

王南湜:《历史唯物主义何以可能——历史唯物主义之"历史"双重意义的统一性》,《学习与探索》2009年第5期。

吴晓明:《历史唯物主义与中国道路的理论与实践》,《学习与探索》2016年第11期。

吴晓明:《论科学发展观的理论依据与实践基础》,《毛泽东邓小平理论研究》2013年第7期。

吴晓明:《马克思主义哲学与当代生态思想》,《马克思主义与现实》2010年第6期。

吴晓明:《世界历史与中国道路的百年探索》,《中国社会科学》2021年第6期。

仰海峰:《政治经济学批判中的历史唯物主义》,《中国社会科学》2010年第1期。

叶汝贤:《每个人的自由发展是一切人的自由发展的条件——〈共产党宣言〉关于未来社会的核心命题》,《中国社会科学》2006年第3期。

俞吾金:《从科学技术的双重功能看历史唯物主义叙述方式的改变》,《中国社会科学》2004年第1期。

俞吾金:《论两种不同的历史唯物主义概念》,《中国社会科学》1995年第6期。

俞吾金:《物、价值、时间和自由——马克思哲学体系核心的概念探析》,《哲学研究》2004年第11期。

俞吾金:《再论异化理论在马克思哲学中的地位和作用》,《哲学研究》2009年第12期。

俞吾金:《资本诠释学——马克思考察、批判现代社会的独特路径》,《哲学研究》2007年第1期。

[美]约翰·B.福斯特、刘仁胜:《历史视野中的马克思的生态学》,《国外理论动态》2004年第2期。

张盾:《马克思的"新唯物主义"如何可能?——论实践哲学的构成和限度》,《哲学研究》2019年第2期。

张汝伦:《现代性与哲学的任务》,《学术月刊》2016 年第 7 期。

张汝伦:《再论人文精神》,《探索与争鸣》2006 年第 5 期。

张曙光:《马克思主义哲学研究应有的现实性与超越性——一种基于人的存在及其历史境遇的思考与批评》,《中国社会科学》2006 年第 4 期。

郑杭生:《当代中国社会转型的实质:新型社会主义的成长》,《中国社会科学内刊》2007 年第 2 期。

邹诗鹏:《何以要回到历史唯物主义研究范式?》,《哲学研究》2010 年第 1 期。

邹诗鹏:《理论自觉与当今中国哲学社会科学研究》,《学术月刊》2011 年第 6 期。

(二)外文文献

Stuart Sim, Post-Marxism, *An Intellectual History*, Routledge, 2000.

Beyler, Richard H., *Nitzan Lebovic, Philosophy of Life and Death: Ludwig Klages and the Rise of a Nazi Biopolitics*, 2015.

Henri Lefebvre, *The Sociology of Marx,* Random House, New York, 1968.

Henri Lefebvre, *Critique of Everyday Life*, Verso, 1991.

Kai Nielsen, *Marxism and the Moral Point of View: Morality, Ideology and Historical Materialism*, Westview Press, 1989.

James O'Connor, *Natural Causes: Essays in Ecological Marxism*, New York, The Cuilford Press, 1998.

G.A.Cohen, *Karl Marx's Theory of History: A Defence*, Princeton, Princeton University Press.

Hall, *On Postmondernism and Articulation : An Interview with Stuart,* 1996.

Ellen Meiksins Wood, *The Retreat from Class,* Verso, 1980.

Chantal Mouffe ed., *Gramsci and Marxist Theory, London,* 1979.

后　记

呈现在读者面前的这本书，是我近几年对历史唯物主义的本真精神及其当代意义的思考。历史唯物主义是时代的真理和良知。因此，历史唯物主义是解决当代社会危机、破解社会现实生活的密码，从而使人类走向美好未来生活的科学理论。历史唯物主义的深刻内涵体现在：强烈的问题意识、鲜明的时代精神、学术性与现实性的内在统一、实践性与理想性的有机统一。基于上述认识，本书立足于历史唯物主义本真精神，从总体上研究社会现实生活的历史唯物主义向度，即是说，从实践批判、交往理论、文化批判、生态文明、中国道路、共产主义等方面揭示历史唯物主义对社会现实生活的指导意义与价值，从而彰显历史唯物主义当代生命力。

这部著作得以付梓，首先感谢复旦大学孙承叔教授。长期以来，孙老师在研究上给了我悉心的指导和帮助，又慷然为本书写序，使我感到师恩的力量是永恒的。

本书在写作的过程中，借鉴、参考了诸多专家学者的研究成果，这在页下注、主要参考文献中已列出。在此，向他们表示真挚的谢意！

回想起自己走过的学术道路，得到了众多学界前辈、知心好友的无微不至的关心和指导。在此，向他们表示衷心的感谢！感谢在我人生疲惫、生活遇到重大困难和挫折的时候提供帮助的所有人！正是他们的关心和帮助，使我战胜一切困难从事学术研究。

这部著作的出版，得到了山东理工大学领导、同仁好友的帮助和关心。在此，向他们表示由衷的感谢！

中国社会科学出版社杨晓芳编审为本书的出版付出了辛勤的劳动，多次亲自修改、完善，这种无私奉献的精神，令我感动。在此，向杨老师表示衷心的感谢！

本书稿在修改的过程中，得到了我的研究生齐承水、杨新宇、安连新、李宗省、徐翰婕等同学的大力协助，在此一并表示感谢！

最后，感谢我的妻子和女儿！她们无微不至地关心和照顾我，使我始终感到家庭的温馨和幸福。妻子善良温柔贤惠，承担了所有的家务，女儿聪明可爱，没有她们多年来的照顾、关心和体贴，我不可能专心致志地从事学术研究，就不可能有今天我所有的一切，也不可能有这本书的问世。

由于我本人学识和能力的局限，本书存在着诸多不足之处，敬请专家学者批评指教！

孙民

2024年7月6日于山东理工大学